효율성이 배가되는
WSL2 가이드북

Windows Subsystem for Linux(WSL2) Tips, Tricks and Techniques

효율성이 배가 되는 WSL2 가이드북

1쇄 발행 2022년 3월 18일

지은이 스튜어트 리크스
옮긴이 박진수
펴낸이 장성두
펴낸곳 주식회사 제이펍

출판신고 2009년 11월 10일 제406-2009-000087호
주소 경기도 파주시 회동길 159 3층 3-B호 / **전화** 070-8201-9010 / **팩스** 02-6280-0405
홈페이지 www.jpub.kr / **원고투고** submit@jpub.kr / **독자문의** help@jpub.kr / **교재문의** textbook@jpub.kr

편집팀 김정준, 이민숙, 최병찬, 이주원, 송영화 / **소통 · 기획팀** 이상복, 송찬수, 배인혜
소통지원부 민지환, 김수연 / **회계팀** 김유미

진행 이주원 / **교정 · 교열** 이미연 / **내지디자인** 이민숙 / **내지편집** 성은경 / **표지디자인** 미디어픽스
용지 신승지류유통 / **인쇄** 해외정판사 / **제본** 일진제책사

ISBN 979-11-91600-63-6(93000)
값 24,000원

제이펍은 독자 여러분의 아이디어와 원고 투고를 기다리고 있습니다. 책으로 펴내고자 하는 아이디어나 원고가 있는 분께서는 책의 간단한 개요와 차례, 구성과 저(역)자 약력 등을 메일(submit@jpub.kr)로 보내 주세요.

효율성이 배가되는
WSL2 가이드북

스튜어트 리크스 지음 / 박진수 옮김

제이펍

차례

옮긴이 머리말 —————— viii
베타리더 후기 —————— ix
이 책에 대하여 —————— xii

PART I 소개, 설치, 구성

CHAPTER **1** WSL 살펴보기 3

WSL이란 무엇인가? —————————————————— 4
WSL1과 WSL2의 차이점 살펴보기 ————————————— 6
요약 ———————————————————————— 9

CHAPTER **2** WSL 설치 및 구성하기 11

WSL 활성화 —————————————————————— 11
WSL에 리눅스 배포판을 설치하기 —————————————— 15
WSL 구성 및 제어하기 ——————————————————— 17
요약 ————————————————————————— 25

CHAPTER **3** 윈도우 터미널을 출발점으로 삼기 27

윈도우 터미널 살펴보기 ——————————————————— 28
윈도우 터미널 설치하기 ——————————————————— 29
윈도우 터미널 사용하기 ——————————————————— 30
윈도우 터미널 구성하기 ——————————————————— 32
요약 ————————————————————————— 45

PART II   **윈도우와 리눅스 — 승리하는 조합**

CHAPTER **4**   윈도우에서 리눅스를 함께 쓰기 49

윈도우에서 리눅스 파일에 접근하기 ————————————————— 50

윈도우에서 리눅스 애플리케이션을 실행하기 ——————————— 53

윈도우에서 리눅스 웹 애플리케이션에 접근하기 ————————— 58

요약 ——————————————————————————————————— 61

CHAPTER **5**   리눅스에서 윈도우를 함께 쓰기 63

리눅스에서 윈도우 파일에 접근하기 ——————————————— 64

리눅스에서 윈도우 애플리케이션을 호출하기 ——————————— 65

리눅스에서 윈도우 스크립트를 호출하기 ————————————— 67

상호 운용 요령과 기법을 살펴보기 ——————————————— 71

요약 ——————————————————————————————————— 85

CHAPTER **6**   윈도우 터미널에서 더 많은 것을 얻기 87

탭 제목을 사용자 맞춤형으로 지정하기 ————————————— 88

동시에 여러 창을 사용해 가며 작업하기 ————————————— 96

사용자 지정 프로필 추가하기 ——————————————————— 103

요약 ——————————————————————————————————— 105

CHAPTER **7**   WSL 안에서 컨테이너를 사용해 일하기 107

컨테이너 살펴보기 ——————————————————————————— 108

WSL과 도커를 함께 설치해 사용하기 ——————————————— 108

도커를 사용해 컨테이너를 실행하기 ——————————————— 111

도커에서 웹 애플리케이션을 빌드하고 실행하기 ————————— 114

오케스트레이터 살펴보기 ————————————————————— 121

WSL 안에서 쿠버네티스를 설치하기 ——————————————— 122

쿠버네티스 안에서 웹 애플리케이션을 실행하기 ————————— 124

요약 ——————————————————————————————————— 128

CHAPTER **8**   WSL 배포판을 사용해 일하기 131

WSL 배포판을 내보내고 가져오기 —————————————— 132
사용자 지정 배포판 생성과 실행하기 ——————————— 137
요약 ——————————————————————————————— 148

PART **III**   **WSL을 사용해 개발하기**

CHAPTER **9**   비주얼 스튜디오 코드와 WSL 151

비주얼 스튜디오 코드 살펴보기 ——————————————— 152
Visual Studio Code Remote 살펴보기 —————————— 154
Remote-WSL 시작하기 ———————————————————— 155
Remote-WSL 작업을 위한 요령 ——————————————— 170
요약 ——————————————————————————————— 176

CHAPTER **10**   비주얼 스튜디오 코드와 컨테이너 179

Remote-Containers 살펴보기 ———————————————— 180
Remote-Containers 설치하기 ———————————————— 182
개발용 컨테이너 생성하기 ——————————————————— 183
개발용 컨테이너에서 컨테이너화된 앱을 사용해 일하기 ————— 188
개발용 컨테이너에서 쿠버네티스를 사용해 일하기 ——————— 193
개발용 컨테이너를 사용해 일할 때의 요령 —————————— 199
요약 ——————————————————————————————— 208

CHAPTER **11**   명령줄 도구로 생산성을 높이는 요령 209

깃 작업 ———————————————————————————————— 210
JSON 작업 ———————————————————————————————— 220
애저 CLI 작업 —————————————————————————————— 232
쿠버네티스 CLI 작업 ———————————————————————— 242
요약 ——————————————————————————————— 252

찾아보기 ——————— 254

옮긴이 머리말

도스DOS/윈도우Windows와 유닉스Unix/리눅스Linux 같은 운영체제를 써 보던 시절을 거쳐서 WSL2가 나오는 시절에 이르고 보니 감개무량합니다. 그 수십 년의 세월 동안 늘 바랐던 것 중의 하나는 윈도우와 유닉스 계열 운영체제의 통합이었고, 특히 윈도우에서 리눅스를 자유롭게 쓸 수 있기를 바랐습니다. 지금 이 글을 쓰고 있는 옮긴이의 의자 뒤편으로는 리눅스가 설치된 노트북 컴퓨터 한 대가 놓여 있습니다. 때로는 리눅스에서, 때로는 윈도우에서 프로그램을 따로따로 사용해야 했기 때문입니다. 물론, 윈도우에서 리눅스 프로그램을 실행할 수 있게 하는 환경을 구성할 수 없었던 건 아니었지만 아무래도 약간의 불편함이 있었습니다.

그런데 이번에 WSL2를 다룬 이 책을 번역하면서 이제는 제 의자 뒤에 놓인 노트북 컴퓨터를 쓸 일이 드물겠다고 생각하게 되었습니다. WSL2를 사용해 윈도우에서 리눅스와 그 밖의 리눅스 관련 유틸리티를 비교적 막힘없이 사용할 수 있는 상황을 직접 체험해 본다면 아마도 제가 떠올린 생각을 독자 여러분도 공감하시지 않을까 생각합니다.

이 책을 번역하는 동안 이처럼 기꺼운 마음이 들었지만, 한편으로는 불안한 마음도 들었습니다. 원서 내용에 대해 역자가 부연 설명을 해주어야만 할 부분들이 있었기 때문입니다. 이와 관련된 참고 문헌 또한 드물었기에 무척 난감했고, 어찌어찌해서 번역 원고를 출판사에 보냈지만, '내가 올바로 번역했나?', '내가 덧붙인 부연 설명이 적절했나?' 등의 생각으로 인해 불안감을 떨칠 수 없었습니다. 다행히 여러 선독자(베타리더)께서 실무 경험을 바탕으로 다양한 의견을 제시해 주셔서 잘 마무리할 수 있었습니다. 잘못된 번역에 대해 적절한 지적이나 개선안을 제시해 주셨고 그 밖의 여러 문제에 대해서도 자세한 해법을 제시해 주셨습니다. 정말 고맙게 생각합니다. 이 책과 관련해 칭찬을 받게 된다면 그 영광 대부분을 베타리더께 돌리고 싶습니다. 그리고 이 책을 진행하느라 애써 주신 출판사 관계자들께도 감사드립니다.

박진수 드림

베
타
리
더 후기

 사지원(뉴빌리티)

우분투 리눅스 환경에서 개발하는 개발자에게 윈도우 환경은 계륵과도 같은 존재였습니다. 윈도우 환경이 필요하지만, 번거로운 경우가 많았죠. 하지만 WSL2의 등장으로 많은 것들이 달라졌습니다. 이 책은 공통된 도커 이미지를 만들어 개발 환경을 통일하고, 이것을 윈도우 환경에서 동작하는 방법을 소개합니다. 책 내용이 군더더기 없이 매우 깔끔하고 잘 만들어졌다고 생각합니다. 주변에 많은 개발자에게 소개하고 싶은 내용이 가득하여 하루빨리 출간되길 기대하고 있습니다.

 신진규(JEI)

개발/코딩을 위한 컴퓨터로 맥을 추천하는 경우가 많았습니다. 하지만, WSL2와 윈도우 터미널의 등장으로 윈도우도 맥과 견줄 만해졌다고 생각합니다. 거기에 비주얼 스튜디오 코드와 도커까지 연계된 환경은 맥 이상의 강력함과 편리함을 제공합니다. 이 책은 단순 개발 환경부터 K8s 환경과 스크립트 작성까지 소개하고 있습니다. 많은 주제를 가볍게 소개하다 보니, 초심자에게는 다소 불친절하거나 어려울 수 있습니다. 그리고 책 자체의 난도는 높지 않으나 후반부 실습에는 선행 지식이 많이 필요합니다. 하지만 개발 환경으로서의 윈도우의 발전 모습이 잘 나타나 있는 좋은 책이라고 생각합니다. 특히, 10장의 경우 시니어급 개발자도 다뤄 보지 못했을 법한 현대적인 개발 환경을 접할 수 있어서 좋았습니다. 이 책을 통해 새롭고 강력해진 윈도우 환경을 꼭 접해 보기 바랍니다.

 양성모(현대오토에버)

윈도우 커맨드 라인에 무의식적으로 grep, cat, du 명령을 입력하고 안타까웠던 분께 이 책을 추천합니다.

이요셉(지나가던 IT인)

윈도우에서도 WSL2를 통해 리눅스를 사용할 수 있다는 것은 알았지만, 이 책을 통해 새롭게 눈을 뜬 기분입니다. 이 책에서 다루는 WSL2의 운영체제 간 파일 시스템 상호 접근이나 CLI 파이프 기법으로 리눅스-윈도우 간 서로 결괏값 주고받기, 도커와 쿠버네티스 활용 등은 윈도우를 주된 개발 환경으로 활용하는 사용자라면 반드시 배워야 할 내용이라고 생각합니다. 빠른 호흡으로 주제에 집중한 책으로, WSL2에 가볍게 입문하고자 하는 모두에게 추천합니다.

 이현수(유노믹)

WSL2는 마이크로소프트 윈도우 운영체제가 가진 개방성의 상징이라고 할 수 있습니다. 덕분에 리눅스와 윈도우를 넘나들며 개발이 매우 편리해졌습니다. 이렇게 안내서가 나와서 WSL2 활용 방법을 널리 알릴 수 있게 되어 반가움을 느낍니다. 이 책을 통해 많은 분이 WSL2을 잘 활용하게 되면 좋겠습니다.

 정태일(삼성SDS)

윈도우 OS에서 리눅스 기반 명령어와 애플리케이션을 사용할 수 있는 WSL의 다양한 활용 방법에 대해 배울 수 있습니다. 리눅스 활용을 위한 기본 환경 구성은 물론이고, 도커와 쿠버네티스 등 컨테이너 기반 환경 구축 및 활용 방법도 다룹니다. 리눅스 사용을 위해 VM을 띄우거나 OS 자체를 변경하는 수고 없이 간단히 윈도우와 리눅스 환경을 오가며 작업 효율을 높이고 싶은 분께 추천합니다. 이 책을 접하기 전까지는 WSL를 사용해 우분투 설치 후 리눅스 기반의 간단한 작업만을 했었는데, WSL를 통해 할 수 있는 다양한 작업을 배울 수 있어서 유익했습니다.

차준성(서울아산병원)

WSL2의 강력한 기능을 통해 윈도우와 리눅스를 넘나들며 사용자 경험이 매우 뛰어난 작업 환경을 구성해 볼 수 있었습니다. 특히, 실습해 보다가 막히는 부분이 있을 때마다 '옮긴이의 설명'을 보면서 해결할 수 있었는데, 역자께서 얼마나 정성 들여 책을 번역했는지 느낄 수 있었습니다. 매우 재미있는 주제를 다룬 책을 읽어볼 수 있어서 좋았습니다. 특히, 친절하게 번역해 주신 역자분께 감사드립니다.

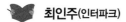 **최인주(인터파크)**

이 책은 WSL의 숨은 기능을 많이 다룹니다. 개인적으로 WSL을 사용하고 있지만, 알지 못했던 숨은 기능을 이 책을 통해 접하게 되어 많은 도움이 되었습니다. 특히, 윈도우와 리눅스를 자유롭게 사용할 수 있는 기능과 WSL 배포판을 다른 작업 환경으로 내보내고 가져오는 기능은 번거로운 작업을 줄일 수 있다는 점에서 특히 주목할 부분입니다. WSL로 작업 환경의 효율성을 높이고 싶은 모든 분에게 도움이 될 책입니다.

제이펍은 책에 대한 애정과 기술에 대한 열정이 뜨거운 베타리더의 도움으로
출간되는 모든 IT 전문서에 사전 검증을 시행하고 있습니다.

이 책에 대하여

WSL_{Windows Subsystem for Linux}(윈도우 기반 리눅스)은 마이크로소프트에서 만든 기술로, 이 기술을 사용해 윈도우에서 리눅스를 이용할 수 있을 뿐만 아니라, 리눅스 바이너리를 수정하지 않은 채 윈도우에서 곧바로 실행할 수 있다. 기존에는 윈도우에서 격리된 일종의 VM_{Virtual Machine}(가상 머신)에서 리눅스를 실행해야 했다. 하지만 WSL에서는 각 운영체제가 제공하는 도구를 함께 가져와 쓸 수 있게 하는 식으로 상호 운용 기능을 풍부하게 제공하므로, 여러분은 자신이 하는 작업에 가장 적합한 도구를 골라 쓰기만 하면 된다.

마이크로소프트는 WSL의 성능을 높이고 전체 시스템 호출 호환성을 부여하는 식으로 개선한 WSL2를 내놓았고, 여러분이 WSL의 특성을 지렛대로 삼아 더 많은 기능을 지닐 수 있게 하였다. 또한 도커 데스크톱_{Docker Desktop}과 비주얼 스튜디오 코드 같은 그 밖의 기술적 제품에서도 WSL을 지원할 수 있도록 함으로써, 이러한 기술적 제품을 더 다양한 방식으로 활용할 수 있게 했다.

도커 데스크톱에 WSL을 통합해 사용하면 WSL에서 도커 데몬을 실행하여 볼륨_{volume}(장치)을 마운트_{mouting}(탑재)할 때 성능 향상 등의 다양한 이점을 제공할 수 있다.

비주얼 스튜디오 코드 안에 WSL을 통합해 두면 프로젝트 도구와 종속 파일을 소스 코드와 함께 WSL에 설치할 수 있고, 윈도우 사용자 인터페이스를 WSL에 연결함으로써 WSL에서 코드를 로드하고 애플리케이션을 실행하고 디버깅할 수 있다.

모든 면에서 WSL은 일상의 작업 흐름_{workflow}을 크게 개선한 기술로서 흥미를 끈다. 여러분도 이 책을 읽으면서 그러한 흥미를 느낄 수 있을 것이다!

대상 독자

이 책은 윈도우에서도 리눅스 도구를 사용하고 싶은 개발자를 위한 것으로, 프로젝트를 진행하는 데 필요해서 리눅스 환경으로 쉽게 옮기고 싶어 하는 윈도우 기반 프로그래머나 최근에 윈도우로 전향한 리눅스 개발자가 주된 독자가 될 것이다. 이 책은 오픈소스 프로젝트에서 루비 또는 파이썬처럼 리눅스를 더 중요시하는 도구를 사용하여 작업하는 웹 개발자나 앱 테스트를 위해 컨테이너와 개발 컴퓨터 사이에서 빠른 전환을 필요로 하는 개발자를 위한 것이다.

주요 내용

1장 WSL 살펴보기에서는 WSL이 무엇인지를 간단히 살펴보고 WSL1과 WSL2 사이에 어떤 점이 서로 다른 것인지를 살펴본다.

2장 WSL 설치 및 구성하기에서는 WSL2 설치 과정을 살펴보고, WSL을 사용해 리눅스 배포판을 설치하는 방법, WSL을 제어하고 구성하는 방법을 안내한다.

3장 윈도우 터미널을 출발점으로 삼기에서는 새로운 윈도우 터미널을 소개한다. 마이크로소프트가 만든 이 새로운 오픈소스 터미널은 급속히 발전하고 있으며, 이것을 기반으로 WSL2를 사용해 셸에서 작업하는 멋진 체험을 해 볼 수 있을 것이다. 윈도우 터미널을 설치하는 방법, 이것을 사용해 일하는 방법, 터미널의 모양을 자신에게 맞게 바꾸는 방법을 알 수 있다.

4장 윈도우에서 리눅스를 함께 쓰기에서는 리눅스용으로 배포한 파일과 애플리케이션에 윈도우 쪽에서 접근access하는 방법을 살펴봄으로써 WSL이 제공하는 상호 운용 기능을 파헤쳐 보기 시작한다.

5장 리눅스에서 윈도우를 함께 쓰기에서는 윈도우 파일과 애플리케이션에 리눅스 쪽에서 접근하는 방법과 몇 가지 상호 운용 요령과 기법을 보여줌으로써 WSL 상호 운용 기능을 계속 탐색한다.

6장 윈도우 터미널에서 더 많은 것을 얻기에서는 탭 제목을 자신에게 맞게 바꾸는 일이나 탭을 여러 창으로 나누는 일 같은, 윈도우 터미널의 몇 가지 심층적인 측면을 살펴본다. 명령줄에서 윈도우 터미널을 제어하는 방법(및 실행 중인 윈도우 터미널에서 작업하기 위해 명령줄 옵션을 재사용하는 방법)을 포함하여 이에 대한 다양한 선택지가 표시된다. 또한, 자신에게 알맞은 프로필을 추가해 일상적인 작업 흐름을 개선하는 방법도 볼 수 있다.

7장 WSL 안에서 컨테이너를 사용해 일하기에서는 도커 데스크톱을 사용해 WSL2 안에서 도커 데몬을 실행하는 방법을 다룬다. 샘플용 웹 애플리케이션용 컨테이너를 빌드하고 실행하는 방법을 볼 수 있다. 이번 장에서는 도커 데스크톱에서 쿠버네티스를 통합할 수 있게 활성화하고, 이것을 사용해 WSL의 쿠버네티스에서 샘플 웹 애플리케이션을 실행하는 방법도 보여준다.

8장 WSL 배포판을 사용해 일하기에서는 WSL 배포판_{WSL distribution, WSL distro}을 내보내고 가져오는 과정을 안내한다. 이 기술은 배포판을 다른 시스템에 복사하거나 로컬 시스템에 복사본을 만드는 데 사용할 수 있다. 컨테이너 이미지를 사용해 새 WSL 배포판을 빠르게 만드는 방법도 알아본다.

9장 비주얼 스튜디오 코드와 WSL에서는 비주얼 스튜디오 코드_{Visual Studio Code}의 WSL 배포 파일 시스템에서 코드 작업을 할 수 있게 하는 Remote-WSL 확장 프로그램_{extension}(확장체, 확장 소프트웨어)을 탐색하기 전에 비주얼 스튜디오 코드에 대해 간략히 소개한다. 이 접근 방식을 사용하면 코드 파일, 도구, 애플리케이션이 모두 WSL에서 실행될 수 있게 하는, 비주얼 스튜디오 코드의 풍부한 GUI 환경을 유지할 수 있다.

10장 비주얼 스튜디오 코드와 컨테이너에서는 프로젝트와 관련한 모든 종속 파일을 컨테이너 안에 꾸려 넣을 수 있게 하는 Remote-Containers 확장 프로그램을 살펴봄으로써 비주얼 스튜디오 코드에 대한 탐색을 계속한다. 이 접근 방식을 사용하면 프로젝트 간의 의존성을 격리하여 충돌을 방지할 수 있으므로, 새로운 팀원이 빠르게 프로젝트에 적응하게 할 수 있다.

11장 명령줄 도구로 생산성을 높이는 요령에서는 명령줄에서 깃_{Git}으로 작업하기 위한 몇 가지 요령을 살펴본 후에 JSON 데이터를 다루기 위한 몇 가지 방법을 살펴본다. 그런 후에 애저_{Azure}의 명령줄 유틸리티, 쿠버네티스_{Kubernetes}의 명령줄 유틸리티, JSON 데이터 처리에 관해 더 살펴보면서 이세 가지별로 정보를 쿼리하는 데 사용할 수 있는 방법을 살펴본다.

이 책을 최대한 활용하려면

이 책에 나오는 예제를 따르려면 WSL2 버전과 호환되는 윈도우 10 버전이 필요하다(다음 표 참조). 도커 데스크톱_{Docker Desktop}과 비주얼 스튜디오 코드도 필요하다.

프로그램을 작성해 본 경험이나 개발을 해 본 경험이 필요하고 또한 파워셸_{PowerShell}, **bash**, 윈도우 명령 프롬프트_{Windows Command Prompt}에서 작업을 실행하는 방법을 기초 수준에서 이해하고 있어야 한다.

이 책에서 다루는 소프트웨어와 하드웨어	필요한 운영체제
도커 데스크톱	윈도우 10
비주얼 스튜디오 코드	X64 기반 시스템이라면 1903 버전의 18362 빌드 이상이어야 함.
	ARM64 기반 시스템이라면 2004 버전의 19041 빌드 이상이어야 함.
	https://docs.microsoft.com/en-us/windows/wsl/install-win10#requirements 페이지를 참조할 것.

이 책의 전자책을 읽고 있다면 전자책에서 코드를 따서 직접 IDE에 입력해 보기를 권하며, 그게 아니라면 깃허브 리포지터리(다음 절에 링크가 나옴)를 통해 코드를 따서 쓰기를 권한다. 이렇게 하면 코드를 복사하고 붙여넣는 과정에서 생길 수 있는 실수를 예방할 수 있을 것이다.

마이크로소프트에서 발표한 WSL의 추가 특성(⬛ GPU 지원 특성과 GUI 애플리케이션 지원 특성)이 있지만, 이 글을 쓰는 시점에서는 이러한 특성이 안정되어 있지 않으며 초기 미리보기 형식으로만 제공되고 있다. 이 책은 WSL의 특성 중에 안정되고 릴리스된 특성에만 초점을 맞추고 있으므로, 현재로서는 WSL의 현상태 그대로 명령줄 중심으로 WSL을 살펴본다.

예제 코드 파일 내려받기

이 책에 나오는 예제 코드 파일을 깃허브 주소인 *https://github.com/PacktPublishing/Windows-Subsystem-for-Linux-2-WSL-2-Tips-Tricks-and-Techniques*(또는 *https://bit.ly/jpubwsl2*)에서 내려받을 수 있다. 코드를 고친 경우에는 이 깃허브 리포지터리에 반영해 두겠다.

사용된 규칙

다음과 같이 글자 표기 규칙을 정해 두고 이 책 전반에 걸쳐서 사용했다.

본문 내에서 고정폭 서체로 표시한 경우: 내 코드 단어, 데이터베이스 테이블 이름, 폴더 이름, 파일 이름, 파일 확장자, 경로 이름, 사용자 입력 및 트위터 핸들을 나타낸다. 다음은 그 예다.

"UI에서 프로필의 순서를 변경하려면 settings.json 파일의 profiles 아래에 있는 list의 항목 순서를 변경할 수 있다."

코드는 다음과 같이 전체를 고정폭 서체로 표시했다.

```
"profiles": {
    "defaults": {
        "fontFace": "Cascadia Mono PL"
    },
```

코드 블록 중에 특정 섹션(부분)을 강조해야 할 때는 해당 줄이나 해당 항목을 굵게 표시했다.

```
"profiles": {
    "defaults": {
        "fontFace": "Cascadia Mono PL"
    },
```

명령줄 입력 내용이나 명령줄 출력 내용을 다음과 같은 모양으로 표시한다.

```
git clone https://github.com/magicmonty/bash-git-prompt.git
~/.bash-git-prompt --depth=1
```

고딕체를 사용한 경우: 새 용어나 중요 단어 또는 화면에 표시되는 단어를 나타낸다. 예를 들어, 메뉴나 대화 상자의 단어가 이와 같이 본문에 나타난다. 다음은 그 예다.

"플레이그라운드는 복잡한 쿼리를 작업할 때 유용한 환경이 될 수 있으며 맨 아래의 **명령줄** Command Line 섹션은 스크립트에서 복사하여 사용할 수 있는 명령줄도 제공한다."

> 요령이나 중요, 참고 사항은 약간씩 다르겠지만 대개 이런 형식으로 되어 있을 것이다.

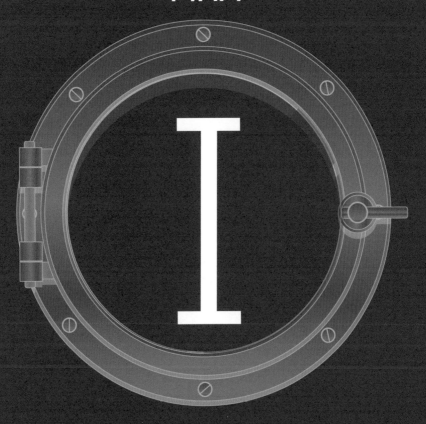

PART

I

소개, 설치, 구성

WSL이 무엇이며, 이것이 기존 VM과 어떻게 다른지를 개관할 수 있다. WSL을 설치하고 필요에 맞게 구성할 수 있다. 새 윈도우 터미널을 설치할 수도 있다.

1부는 다음 장들로 구성된다.

CHAPTER 01	WSL 살펴보기
CHAPTER 02	WSL 설치 및 구성하기
CHAPTER 03	윈도우 터미널을 출발점으로 삼기

01

WSL 살펴보기

이번 장에서는 **WSL**Windows Subsystem for Linux(리눅스용 윈도우 하위 시스템)에 대한 몇 가지 사용 사례를 배우고, WSL이 실제로 무엇인지를 알아본다. 또한, 리눅스 **VM**Virtual Machine(가상 머신, 가상 기계)만 실행할 때와 WSL을 실행할 때를 비교해 본다. 이번 장이 책의 나머지 부분을 이해하는 데 도움이 될 것이다. 나머지 부분에서는 WSL에 관한 내용 전부와 WSL을 설치하고 구성하는 방법을 배우고 개발자 작업 흐름을 최대한 활용하는 데 필요한 요령을 알 수 있다.

WSL을 사용하면 윈도우 안에서 리눅스용 유틸리티들을 실행할 수 있으므로, 여러분은 일을 쉽게 완성할 수 있다. (이처럼 WSL을 사용하면) 리눅스 전용 도구들(예를 들면 리눅스용 디버거)을 (윈도우에서 사용해) 리눅스 애플리케이션을 빌드할 수 있으므로, 여러분은 리눅스 기반 빌드 시스템들만을 사용해서 프로젝트를 진행하게 될 수 있다. 이처럼 리눅스 기반 빌드 시스템들만을 사용해 진행된 프로젝트 중 대다수 프로젝트에서는 윈도우용 바이너리 파일(즉, 윈도우용 실행 파일)도 산출해 내지만, 그렇게 산출한 파일에 윈도우 개발자가 접근하기도 어렵고 향후에 해당 파일을 개선하는 데 기여하기도 어렵다. 그러나 WSL을 사용하면 윈도우 기능과 리눅스 기능을 결합할 수 있으므로, WSL로 이 모든 작업을 수행할 수 있다. 따라서 앞에서 언급한 모든 작업을 WSL로 수행할 수 있다. 물론, WSL을 사용해 작업하는 중에도 여러분이 선호하는 윈도우용 유틸리티를 사용할 수 있다.

이 책은 기존 WSL 버전 1(이하 WSL1로도 표기)의 기능을 크게 개선해서 출시한 WSL 버전 2(이하 WSL2로도 표기)에 중점을 두고 있으며, 이번 장에서는 이 버전의 작동 방식을 개관하면서 버전 1과 비교해 볼 것이다.

이번 장에서 다룰 내용은 다음과 같다.

- WSL이란 무엇인가?
- WSL1과 WSL2의 차이점

그러므로 이제 WSL을 정의하는 일부터 해 보자!

WSL이란 무엇인가?

한마디로 표현하자면, WSL이란 윈도우에서 리눅스 바이너리를 실행할 수 있게 하는 것이다. 적어도 **시그윈**Cygwin(*https://cygwin.com*)과 같은 프로젝트가 이전부터 있었다는 점에 비춰 보면, 리눅스 바이너리를 윈도우에서 실행하고 싶어 하는 열망이 수년 전부터 있었다는 점을 알 수 있다. 시그윈의 공식 홈페이지에 따르면 시그윈이란 **윈도우에서 리눅스 배포판과 비슷한 기능을 제공하는, GNU 및 오픈소스 진영 도구들의 대규모 모음**이다. 리눅스용 애플리케이션을 시그윈에서 실행하려면 소스 코드를 다시 작성해야 한다. 반면에 WSL을 사용하면 리눅스 바이너리를 수정하지 않은 채 윈도우에서 실행할 수 있다. 즉, 여러분이 선호하는 애플리케이션의 최신 릴리스를 가져오자마자 바로 활용할 수 있다.

윈도우에서 리눅스 애플리케이션을 실행하려는 이유는 많고도 다양하며, 다음과 같은 이유도 있다.

- 현재 윈도우를 사용하고 있지만 리눅스 애플리케이션과 유틸리티를 사용한 적이 있고 이와 관련한 지식도 있는 경우
- 윈도우에서 개발하는 애플리케이션을 리눅스용으로 배포(직접 배포하거나 컨테이너에 담아서 배포)하려고 하는 경우
- 리눅스상에서 더 강력한 생태계를 이뤄 큰 힘을 발휘하는 개발자용 스택(웹 일부 라이브러리가 리눅스 전용으로 작성된 파이썬)을 사용하고 있는 경우

윈도우에서 리눅스 애플리케이션을 실행하려는 이유가 무엇이든 간에, 이에 필요한 기능을 WSL이 제공하기 때문에 새롭고 생산적인 방식으로 업무를 수행할 수 있다. 오랫동안 Hyper-V 안에서 리눅스용 **VM**Virtual Machine(가상 머신, 가상 기계)을 실행할 수 있었지만, VM을 실행하면 작업 흐름에 몇 가지 장벽이 생긴다.

예를 들어, VM을 기동starting하는 데 걸리는 시간이 길기 때문에 생각의 흐름이 끊어질 수 있으며, 호스트 시스템에 상당히 많은 메모리가 VM 전용으로 사용되어야 한다. 게다가 VM 내 파일 시스템을 해당 VM에만 쓸 수 있으며, 이 파일 시스템은 호스트와 별개로 돌아간다. 즉, 윈도우 기반 호스트와 리눅스 기반 VM 간에 파일을 주고받으려면 게스트 통합 서비스Guest Integration Service를 위한 Hyper-V 기능을 구성하거나 기존 네트워크 파일 공유 환경을 구성해야 한다. VM이 격리되어 있다는 말은 VM 내부 프로세스와 외부 프로세스가 서로 쉽게 통신할 수 없다는 말이기도 하다. 그래서 기본적으로 VM 내부에서 작업하면서 동시에 VM 외부에서도 작업해야 한다.

WSL을 사용해 처음으로 터미널을 시작하게 되면, 리눅스 셸을 한 개 실행 중인 터미널 애플리케이션이 윈도우 시스템에 있게 된다. VM 환경과는 대조적으로, 이처럼 단순해 보이는 차이가 이미 작업 흐름에 잘 통합되어 있다. 이는 윈도우 애플리케이션과 VM 세션 내의 애플리케이션 간 전환보다 동일한 시스템을 기반으로 삼은 창(윈도) 간의 전환이 더 쉽기 때문이다.

그러나 WSL 안에 윈도우와 리눅스 환경을 모두 통합하는 일이 이보다 더 진보하고 있다. VM에서는 그 설계 사상에 맞춰 파일 시스템이 격리될 수밖에 없지만, WSL에서는 기본적으로 사용자에게 맞춰 파일 시스템 접근 방식을 구성한다. 윈도우에서 WSL이 실행되고 있으면 \\wsl$\라고 표시되는, 네트워크에 연결된 새 파일 공유 장치(자동으로 사용할 수 있고 리눅스 파일 시스템에 접근할 수 있게 하는 장치)에 접근할 수 있다. 한편, 리눅스에서는 기본적으로 여러분의 로컬 윈도우 드라이브를 알아서 마운트해 준다. 예를 들어, 윈도우의 C: 드라이브가 리눅스에서는 /mnt/c로 마운트된다.

더욱 인상적인 점은 윈도우에서 리눅스 프로세스를 호출할 수 있으며, 그 반대의 경우도 마찬가지라는 점이다. 예를 들어, WSL에서는 bash(배시)를 스크립트의 한 섹션을 사용해 윈도우 애플리케이션을 호출할 수 있을 뿐만 아니라, 리눅스 애플리케이션들로 파이프를 구성해 파이핑 처리를 했던 것처럼 WSL에서도 윈도우 애플리케이션의 출력 내용을 리눅스상의 다른 명령으로 파이핑piping하여 처리할 수 있다.

이런 식으로 통합되었기 때문에 윈도우와 리눅스가 각기 지닌 장점을 모두 제공받을 수 있게 되었는데, 이는 기존 VM으로 달성할 수 있었던 효과보다 더 크다. 또한 이런 방식으로 윈도우 기능과 리눅스 기능을 모두 사용해 개발해 내는 환경, 즉 단일 생산 환경을 구성할 수 있으므로 놀랄 만한 기회를 누릴 수 있다!

WSL을 사용해 윈도우 호스트와 리눅스 VM 환경을 통합한 일은 인상적이다. 그러나 WSL1을 사용해 본 적이 있거나 작동 방식을 잘 알고 있다면, WSL2가 VM을 사용하지 않던 이전 아키텍

처에서 벗어난 이유를 궁금해할 수도 있다. 다음 절에서는 WSL1이 WSL2로 개선되는 과정에서 쓰인 아키텍처들을 개략적으로 살펴보겠다. 또한, 방금 살펴본 통합 수준을 구현하기 위해 WSL 팀이 직면했던 추가 문제에도 불구하고 VM 사용으로 얻을 수 있는 이점을 간략하게 살펴보겠다.

WSL1과 WSL2의 차이점 살펴보기

이 책에서는 WSL2를 설명하지만, WSL1의 작동 방식도 간략하게 살펴보는 게 좋겠다. WSL1의 제약사항을 이해하고, WSL2에서 변경한 아키텍처와 이로 인해 사용할 수 있게 된 신규 기능에 대한 맥락을 짚을 수 있기 때문이다. 이번 절에서는 이 내용을 다루며, 이후 책의 나머지 부분에서는 WSL2에 초점을 맞출 것이다.

WSL1 살펴보기

WSL 팀은 첫 번째 WSL 버전에서 리눅스와 윈도우 간 변환 계층translation layer을 만들었다. 이 계층이 윈도우 커널 위에서 **리눅스 시스템 호출**Linux syscalls을 구현하므로 리눅스 바이너리를 수정하지 않은 채로 윈도우에서 실행할 수 있었다. 리눅스 바이너리가 실행되고 나서 시스템 호출을 수행할 때 실제로 호출되는 것은 WSL 변환 계층이며, 이 호출이 윈도우 커널에 대한 호출로 변환된다. 다음 그림에서 이 과정을 볼 수 있다.

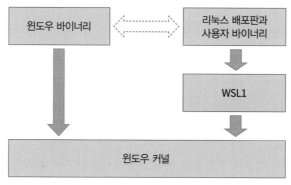

그림 1.1 **WSL1 변환 계층**

변환 계층 외에도 윈도우와 WSL 간 파일 접근, 두 시스템 간 바이너리를 호출하는 기능(출력 캡처 포함)과 같은 다른 기능을 활성화하기 위한 투자도 있었다. 이러한 기능들은 전반적으로 풍부한 특징들을 갖추게 하는 데 도움이 된다.

WSL1에서 변환 계층을 만든다는 과감한 조치 덕분에 윈도우에서 새로운 가능성을 열었지만, 모든 리눅스 시스템 호출system call, sys call이 구현되지는 않았다(참고로, 리눅스 바이너리는 자신에게 필요한 모든 시스템 호출이 구현되어 있어야만 실행된다). 다행히 이미 구현된 시스템 호출들만 사용해도 상당히 많은 애플리케이션(**파이썬**이나 **Node.js** 같은 것)이 실행되었다.

변환 계층이 리눅스와 윈도우 커널 간 격차를 해소해 주었지만 문제도 몇 가지 있었다. 어떤 경우에는 이러한 격차를 해소하는 과정에서 성능상의 오버헤드overhead가 더해졌다. 파일에 자주 접근하는 애플리케이션들이 WSL1에서 실행될 때 그 실행 속도가 눈에 띄게 느려졌다. 이는 리눅스 세계와 윈도우 세계 간에 변환 처리해야 하는 오버헤드 때문이었다.

또 다른 예를 들자면, 리눅스와 윈도우의 차이점이 더 많아지는 바람에 이를 조율하는 방법을 찾기가 더 어려워졌다. 윈도우에서는 디렉터리에 포함된 파일이 열려 있을 때 디렉터리 이름을 바꾸려고 하면 오류가 발생하는 반면에, 리눅스에서는 그런 상황에서도 디렉터리 이름을 쉽게 바꿀 수 있다. 이러한 차이점을 변환 계층이 어떻게 해결할 수 있었는지 확인하기가 더 어렵게 된다. 따라서 시스템 호출을 구현할 수 없었고, WSL1에서 실행하기 어려운 리눅스 애플리케이션이 생길 수밖에 없었다.

다음 절에서는 WSL2의 변경 사항과 이 문제를 해결하는 방법을 살펴본다.

WSL2 살펴보기

WSL1의 변환 계층이 인상적인 업적이기는 했지만, 언제나 성능과 관련한 도전 과제와 시스템 호출 문제가 수반되었기에, 이 과제와 문제는 구현하기도 어려웠을 뿐만 아니라 불가능하기까지 했다. WSL 팀은 이러한 문제에 대한 해결책을 찾기 위해 다시 설계 단계로 돌아가서 **VM**을 생각해 냈다. 이 새로운 접근 방식에서는 리눅스 커널을 실행하여 WSL1의 변환 계층을 회피한다.

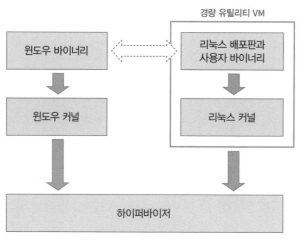

그림 1.2 WSL2 아키텍처

VM을 생각해 본다면, 여러분은 아마도 실행이 시작되기까지 상당한 시간이 걸리는 것(적어도 셸 프롬프트가 기동하는 데 걸리는 시간에 비한다면 더 느린 것), 실행 시에는 메모리를 많이 차지하는 것, 그리고 호스트로부터 격리되어 실행되는 것을 떠올리게 될 것이다. 표면적으로만 본다면, 두 가지 서로 다른 환경을 WSL1으로 통합하기 위한 작업이 이미 이뤄진 상태에서 다시 WSL2에서 가상화 작업을 하는 게 뜬금없는 일로 보일 수 있다. 실제로 윈도우에서 리눅스 VM을 실행하는 기능이 오랫동안 존재해 왔다. 그렇다면 WSL2가 VM을 실행하는 일과 다른 점이 무엇일까?

큰 차이점은 관련 문서에서 **경량 유틸리티 VM**lightweight utility virtual machine이라고 부르는 것을 사용한다는 점이다(*https://docs.microsoft.com/en-us/windows/wsl/wsl2-about*을 참조하자). 이 VM이 처음으로 실행되는 속도는 빠르고 메모리도 적게 차지한다. 메모리 공간을 쓰게 될 프로세스를 실행하면 VM의 메모리 사용량이 동적으로 증가한다. WSL2에서는 그러한 메모리가 VM 내에서 해제될 때 호스트로 반환하는 장점도 추가했다.

WSL2에 필요한 VM을 실행한다는 것은 현재 리눅스 커널을 실행 중이라는 의미가 된다(이에 대한 소스 코드는 *https://github.com/microsoft/WSL2-Linux-Kernel*에 있다). 이는 결국 WSL1 변환 계층에서 직면했던 문제를 풀었다는 점을 의미한다. WSL2에서는 성능과 시스템 호출 호환성이 모두 크게 개선되었다.

WSL2에서는 WSL1에서 경험할 수 있었던 점(윈도우와 리눅스 간의 상호 운용성, 즉 두 운영체제를 함께 쓰기)을 전반적으로 보존하면서도 대부분의 상황에서 더 나은 면을 보여준다.

대부분의 사용 사례use cases에서 WSL2가 제공되는 호환성과 성능으로 WSL2를 더 선호하게 되겠지만, 한편으로는 유념해 둘 만한 사항이 몇 가지 있다. 그중에 하나는 (이 글을 쓰던 시점을 기준으로) 일반적으로 사용 가능한 WSL2 버전이 GPU와 USB에 대한 접근을 지원하지 않는다는 점이다[1](자세한 내용을 *https://docs.microsoft.com/en-us/windows/wsl/wsl2-faq#can-i-access-the-gpu-in-wsl-2-are-there-plans-to-increase-hardware-support*에서 볼 수 있다). 2020년 5월 빌드 콘퍼런스에서 GPU를 지원한다는 발표가 있었으며, 이 책을 쓰는 시점에서는 윈도우 참가자 프로그램(*https://insider.windows.com/en-us*)에서 이런 지원 내용을 제공하고 있다.

그 밖에 고려해야 할 점은 WSL2가 VM을 사용하기 때문에 WSL2에서 실행되는 애플리케이션은 호스트(별도의 IP 주소가 있는 호스트)에 있는 별도의 네트워크 어댑터를 거쳐야만 네트워크에 연결된다는 점이다. **5장 리눅스에서 윈도우를 함께 쓰기**에서 볼 수 있듯이 WSL 팀은 네트워크 상호 운용에 투자하여 이로 인한 영향을 줄였다.

다행히 WSL1과 WSL2를 병행해서 쓸 수 있으므로 WSL1이 필요한 특정 시나리오가 있는 경우에는 WSL1을 사용하고, 그렇지 않다면 WSL2를 사용하면 될 것이다.

요약

이번 장에서 WSL이 무엇인지를 살펴보았고, 윈도우와 리눅스 환경 전반에 걸쳐 파일 시스템과 프로세스 간 통합을 허용한다는 게 전통적인 VM에 대한 경험과 어떻게 다른지도 살펴보았다. 또한, WSL1과 WSL2 간 차이점과 대부분의 경우에 향상된 성능과 호환성으로 인해 WSL2가 선호되는 경우들을 개략적으로 살펴보았다.

다음 장에서는 WSL과 리눅스 배포판을 설치하고 구성하는 방법에 대해 알아본다.

---

1 [옮긴이] 이 책이 출간되는 시점에서는 해당 부분이 개선되었다.

02

WSL 설치 및 구성하기

WSL은 기본 설치 사양이 아니다. 따라서 WSL을 실행하려면 가장 먼저 여러분이 선택한 리눅스 **배포판**distribution, 약칭은 distro을 설치하면서 WSL도 설치해야 한다. 이번 장이 끝나면 WSL을 설치하는 방법과, 이와 함께 사용할 리눅스 배포판을 설치하는 방법을 알 수 있을 것이다. 리눅스 배포판을 검사하고 제어하는 방법과 WSL에서 추가 속성을 구성하는 방법도 볼 수 있다.

이번 장에서는 특히 다음과 같은 주요 주제를 다룰 것이다.

- WSL 활성화
- WSL에 리눅스 배포판을 설치하기
- WSL 구성 및 제어하기

WSL 활성화

WSL을 실행하기 위해 컴퓨터를 설정하려면 이를 지원하는 윈도우 버전을 사용하고 있는지 확인해야 한다. 그런 다음에 비로소 WSL을 실행하는 데 필요한 윈도우 기능을 활성화하고 리눅스 커널(리눅스 배포판을 설치할 수 있게 준비된 것)을 설치할 수 있다. 그리고 나면 마침내 여러분은 실행할 리눅스 배포판을 한 가지 이상 설치할 수 있다.

우선 최신 버전 윈도우를 사용하고 있는지 확인하는 일부터 해 보자.

필요한 윈도우 버전 확인

WSL2를 설치하려면 최신 윈도우 10 빌드가 깔려 있어야 한다. 실행 중인 윈도우 10 버전을 확인하려면(그리고 업데이트가 필요한지 아닌지를 알려면) ⊞와 Ⓡ을 동시에 누른 다음 winver를 입력한다.

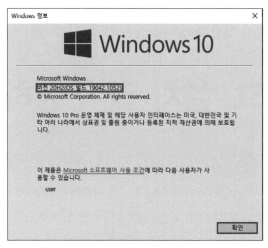

그림 2.1 **20H2 업데이트를 보여주는 윈도우 버전 대화 상자**

시스템이 20H2 릴리스를 실행 중임을 나타내는 **버전 20H2**를 볼 수 있다. 그리고 **OS 빌드**가 19042.1052임을 알 수 있다.

WSL2를 실행하려면 버전이 1903 이상이어야 하고 OS 빌드는 18362 이상이 설치되어 있어야 한다(ARM64 시스템에는 OS 빌드 버전이 2004 이상이어야 하고 OS 빌드가 19041 이상이어야 한다). 자세한 내용을 *https://docs.microsoft.com/en-us/windows/wsl/install-win10#requirements*에서 확인할 수 있다.

버전 번호가 낮다면 컴퓨터에서 **Windows 업데이트**로 이동하여 아직 업데이트하지 않은 내용을 업데이트하자.

> **중요** 윈도우 10 업데이트 판들의 이름이 조금 혼란스러워 보일 수 있다. 이는 1903과 1909(이보다 더 나쁜 경우는 2004로, 이는 마치 2004년을 가리키는 것처럼 보인다)처럼 버전 번호의 정확한 의미를 알기 어렵기 때문이다. 이런 이름은 업데이트가 yymm 형식으로 릴리스(release, 출시)할 것으로 예상하는 연도와 월을 조합해서 지은 것이다. 여기서 yy는 연도의 마지막 두 자리이고 mm은 월의 두 자리 형식이다. 예를 들어, 1909 업데이트는 2019년 9월에 할 예정이었다는 말과 같으며, 이는 곧 2019년 9월에 릴리스할 예정이었다는 말과도 동일하다. 같은 방식으로 2004 릴리스는 2020년 4월 릴리스를 목표로 한 것이었다.

여러분이 필수 윈도우 버전을 사용한다는 점을 확인했다면 이제 WSL을 사용하도록 구성해 보자.

쉬운 설치 옵션 확인

2020년 5월에 열린 빌드 콘퍼런스BUILD conference에서 마이크로소프트는 자신들이 만들고 있던 'WSL을 새롭고 간단하게 설치하는 방법'을 발표했지만, 이 책을 쓰는 시점에서는 이 새로운 접근 방식을 아직 사용할 수 없다. 그러나 이 방법은 빠르고 쉬운 방법이므로 이 책을 읽을 때 사용할 수 있는 경우를 대비하여 더 긴 설치 단계 조합을 사용하기 전에 시도해 보겠다.

이것을 시도해 보려면 원하는 프롬프트(**데 명령 프롬프트**)를 관리자 권한으로 열어 다음 명령을 입력하자.

```
C:\> wsl.exe --install
```

이 명령이 실행된다면, 이는 여러분에게 쉬운 설치 옵션이 있다는 의미가 되며, WSL이 자동으로 설치된다. 이 경우라면 **WSL 구성 및 제어하기**(추가 리눅스 배포판을 설치하려는 경우라면 **WSL에 리눅스 배포판을 설치하기**)로 건너뛰자.

이 명령을 찾을 수 없다면 다음 절을 계속 진행하여 기존 방법으로 WSL을 설치하자.

필수 윈도우 기능 활성화

1장에서 설명했듯이 WSL2는 새로운 경량 유틸리티 VM 기능을 사용한다. 경량 VM과 WSL을 사용하려면 **VM 플랫폼**Virtual Machine Platform과 **WSL**이라고 하는 두 가지 윈도우 기능을 사용하도록 설정해야 한다.

사용자 인터페이스(UI)를 통해 이러한 특성들을 활성화하려면 ▣를 누르고 'Windows 기능'을 입력한 다음에 그림 2.2처럼 **Windows 기능 켜기/끄기**를 클릭한다.

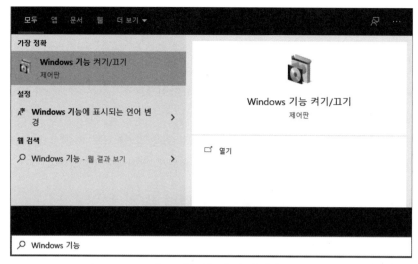

그림 2.2 윈도우 기능 옵션 시작

Windows 기능 대화 상자가 나타나면 다음 그림처럼 **Linux용 Windows 하위 시스템**과 **가상 머신 플랫폼**을 체크한다.

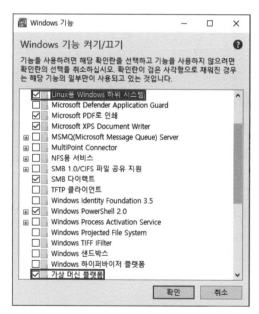

그림 2.3 WSL2에 필요한 윈도우 기능

확인을 클릭하면 윈도우가 구성 요소를 알아서 내려받아 설치해 준 다음, 컴퓨터를 재부팅하라는 메시지를 표시한다.

이 기능을 명령 줄에서 활성화하는 편을 더 선호한다면 프롬프트(예 명령 프롬프트)를 실행한 후에 다음과 같이 명령을 입력한다.

```
C:\> dism.exe /online /enable-feature /featurename:Microsoft-Windows-Subsystem-Linux /all
/norestart
C:\> dism.exe /online /enable-feature /featurename:VirtualMachinePlatform /all /norestart
```

이 명령이 다 수행되고 나서 컴퓨터를 재부팅하면 리눅스 커널을 설치할 준비가 된 것이다.

리눅스 커널 설치

여러분이 선호하는 리눅스 배포판을 설치하기 전에 마지막으로 거칠 단계에서는 실행할 커널을 설치한다. 이 글을 쓰는 시점에서는 이 단계에 필요한 작업을 수작업으로 해야 했다. 향후 윈도우가 업데이트되면 이 과정이 자동으로 처리될 것이다.

어쨌든 지금은 *http://aka.ms/wsl2kernel*로 이동하자. 이곳에서 커널을 내려받고 설치하는 데 필요한 링크를 볼 수 있다. 이 작업이 완료되면 설치할 **리눅스 배포판**을 선택할 수 있다.[2]

WSL에 리눅스 배포판을 설치하기

WSL을 위한 리눅스 배포판을 설치하는 표준 방식은 Microsoft Store를 통해서만 할 수 있다. 현재 사용 가능한 리눅스 배포판의 전체 목록을 공식 설명서(*https://docs.microsoft.com/windows/wsl/install-win10#install-your-linux-distribution-of-choice*)에서 찾을 수 있다. 이 글을 쓰는 시점에서 이러한 배포판들로는 다양한 버전의 우분투Ubuntu, 오픈수세 립OpenSUSE Leap, 수세 리눅스 엔터프라이즈 서버SUSE Linux Enterprise Server, 칼리Kali, 데비안Debian, 페도라 리믹스Fedora Remix, 펭귄Pengwin, 알파인Alpine이 포함된다. 이 책에 모든 리눅스 버전에 대한 예제를 포함할 수는 없으므로 이 책에서는 **우분투**를 예제로 삼아 사용하는 데 중점을 둘 것이다.

---

2   옮긴이 해당 페이지에 가면 'x64 머신용 최신 WSL2 Linux 커널 업데이트 패키지'라고 쓰인 문구가 보일 텐데 이 문구(즉, 링크: https://wslstorestorage.blob.core.windows.net/wslblob/wsl_update_x64.msi)를 클릭하면 wsl_update_x64.msi가 내려받아진다. 내려받은 파일을 실행하면 커널 업데이트가 자동으로 실행되고, 업데이트 후 'Finish' 버튼을 클릭하는 것으로 이 작업이 마무리된다. 지은이가 자세히 설명하지 않고 있으므로 이 각주를 참고해서 꼭 작업해 두자.

> **요령** 이전 장에 나온 단계들에서는 WSL에서 WSL2에 맞는 배포판을 실행하는 데 필요한 모든 부분을 설치했지만, 여전히 WSL1이 기본이다.
>
> 이 명령들을 이번 장의 다음 절에서 다룰 생각이지만, 설치하는 리눅스 배포판의 WSL2 버전을 기본값으로 설정하려면 다음 명령[3]을 실행하자.
>
> ```
> wsl --set-default-version 2
> ```

윈도우에서 Microsoft Store를 시작[4]하면 원하는 리눅스 배포판을 검색할 수 있다. 예를 들어, 다음 그림은 Microsoft Store에서 Ubuntu로 검색[5]한 결과를 보여준다.

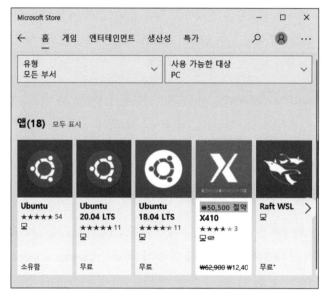

그림 2.4 **Microsoft Store에서 Ubuntu를 검색한 결과**

---

3   올긴이 이 명령은 바로 앞에 나온 각주에서 설명한 링크 페이지의 5단계에서 설명하고 있었다. 거기에 보면 파워셸(PowerShell)을 열어 이 명령을 실행하라고 되어 있다. 그러므로 파워셸 창을 열고 나서 PS C:\Users\user> wsl --set-default-version 2처럼 명령하면 된다. 명령을 실행하면 'WSL2와의 주요 차이점에 대한 자세한 내용은 https://aka.ms/wsl2를 참조하세요.'라는 문구가 나온다. 그러면 이 작업을 마친 것이다. **이 책에서는 WSL2를 사용할 것이므로 반드시 이 명령을 실행해 두어야 한다.**

4   올긴이 ▣를 누른 다음에 Store라고 치면 'Microsoft Store 앱'이 보일 텐데 이것을 클릭하면 된다.

5   올긴이 'Microsoft Store 앱'의 오른쪽 상단에 보이는 돋보기 모양 아이콘을 클릭한 다음에 'Ubuntu'를 입력하면 된다.

여러분이 설치하고 싶은 배포판을 찾으면 다음 단계를 따르자.

1. 해당 배포판을 클릭하고 **받기**를 클릭하자. 그러면 Microsoft Store를 통해서 배포판을 내려 받을 수 있다.

2. 내려받은 후에는 **시작** 버튼을 클릭하면 실행할 수 있다. 그러면 다음과 같이 선택한 배포 판에 대한 설치 과정이 시작된다(우분투의 경우).

```
Installing. this may take a few minutes...
```

3. 설치 과정에서 유닉스 username(유닉스 사용자 이름, 윈도우 사용자 이름과 일치하지 않아도 됨) 과 유닉스 password(비밀번호)를 입력하라는 메시지가 표시된다.

```
Enter new Unix username: stuart
New password:
Retype new password:
```

이 시점에서 설치한 배포판은 (설치 이전에 wsl --set-default-version 2 명령을 실행하지 않았다면) WSL1을 실행한다. 하지만 걱정하지 않아도 된다.

다음 절에서 WSL1과 WSL2 사이에서 설치된 리눅스 배포판을 변환하는 명령을 포함해 다양한 wsl 명령을 다룰 것이기 때문이다!

이제 리눅스 배포판이 설치되었으므로 이를 구성하고 제어하는 방법을 살펴보자.

WSL 구성 및 제어하기

앞서 나온 절에서 wsl 명령을 간단히 설명한 적이 있는데, 이 명령은 WSL과 상호 작용하며 제어 하는 데 가장 널리 쓰는 방식이다. 이번 절에서는 wsl 명령을 사용해 WSL을 대화형으로 제어하 는 방법과 wsl.conf 구성 파일의 설정 내용을 수정하여 WSL의 동작을 변경하는 방법을 알아본 다.

> **중요** 이전에 출시된 여러 WSL 빌드에서는 wslconfig.exe 유틸리티를 제공했다. 문서나 기사에서 이전 버전의
> 유틸리티를 다룬다고 해도 걱정할 필요가 없는데, 다음 절에서 볼 수 있는 wsl 명령에서 wslconfig.exe(및
> 기타)가 제공하던 모든 기능을 사용할 수 있기 때문이다.

다음 절에 나오는 명령과 구성 내용을 통해서 실행 중인 배포판을 WSL에서 제어하고, 배포판(및 전체 WSL)의 동작을 우리의 필요에 맞게 구성할 수 있다.

wsl 명령 살펴보기

wsl 명령은, 배포판[6]에서 명령을 실행하거나 배포판에서 실행을 중지하게 하는 일처럼, WSL과 설치된 리눅스 배포판을 제어하고 상호 작용하는 방법을 제공한다. 이번 절에서는 가장 널리 사용하는 wsl 명령 옵션을 살펴본다. 관심이 있다면 wsl --help를 실행하여 여러 가지 명령 옵션을 모두 살펴보자.

배포판 나열

wsl 명령은 WSL에서 리눅스 배포판을 제어하고 해당 배포판에서 명령을 실행하는 데 모두 사용할 수 있는 다목적 명령 줄 유틸리티다.

wsl --list를 실행[7]하여 설치해 둔 리눅스 배포판들의 목록[8]을 살펴보자.

```
PS C:\> wsl --list
Linux용 Windows 하위 시스템 배포:
Ubuntu-20.04 (기본값)
Legacy
docker-desktop
docker-desktop-data
WLinux
Alpine
Ubuntu
PS C:\>
```

앞의 출력은 설치된 배포판의 전체 목록을 보여준다. 이 명령의 동작을 사용자 지정하기 위해 적용할 수 있는 다른 스위치가 있다. 예를 들어, 실행 중인 배포판만 보려면 다음 코드에서 보듯이 wsl --list --running을 사용하면 된다.[9]

6　[옮긴이] 이 책에서 말하는 '배포판'은 distribution(또는 약어로 distro)으로, 거의 'WSL용 리눅스 배포판'을 의미한다.

7　[옮긴이] 화면을 보면 알겠지만, 지은이는 파워셸 창을 열어 이 명령을 실행하고 있다(PS라는 글자가 파워셸 프롬프트라는 점을 나타낸다). 하지만 기본 명령 프롬프트에서 이 명령을 내려도 된다. 또한, 이 섹션에 보이는 프롬프트는 여러분 컴퓨터의 구성 환경에 따라 모양이 다를 수 있다. 예를 들어, PS C:\> 꼴이 아닌 PS C:\Users\stuart>일 수도 있고 PS C:\Users\user>일 수도 있다.

8　[옮긴이] Microsoft Store에서 각 배포판을 내려받은 적이 없다면 이 목록이 나오지 않을 것이다. 그럴 때는 먼저 여러 배포판을 설치하는 일부터 하자. 이 목록에 나오는 내용은 지은이의 컴퓨터에 설치된 배포판들을 보여준다. 다만 옮긴이가 한국어 출력 방식에 맞게 내용을 수정하였다.

9　[옮긴이] 실행 중인 배포판이 없다면 '실행 중인 배포가 없습니다.'라는 문구가 출력된다. 여기서 '배포'란 distro의 번역어로 보이지만, 이 책에서는 모두 '배포판'으로 번역했다.

```
PS C:\> wsl --list --running
Linux용 Windows 하위 시스템 배포:
Ubuntu-20.04 (기본값)
Ubuntu
PS C:\>
```

아래 명령에서 보듯이 wsl --list --verbose처럼, verbose라는 출력 옵션을 지정하는 식으로, 더 자세한 내용을 출력하도록 list 명령을 변형해 쓸 수 있다.

```
PS C:\> wsl --list --verbose
  NAME                    STATE          VERSION
* Ubuntu-20.04            Running        2
  Legacy                  Stopped        1
  docker-desktop          Stopped        2
  docker-desktop-data     Stopped        2
  WLinux                  Stopped        1
  Alpine                  Stopped        2
  Ubuntu                  Running        2
PS C:\>
```

앞의 출력에서 볼 수 있듯이 verbose 옵션을 지정하면 각 배포판에 사용되는 WSL 버전을 볼 수 있다. 여러분은 버전 1과 버전 2가 나란히 지원되는 것을 볼 수 있다. 또한, verbose를 사용해서 나온 출력 내용으로 각 배포판이 실행되고 있는지도 알 수 있다. 그리고 특정 배포판 이름 앞에는 별표(*)가 붙기도 하는데, 이렇게 배포판의 이름 바로 앞에 별표가 표시되어 있다면 바로 이게 기본 배포판임을 의미한다.

우리가 WSL에 대해 더 많이 알게 될수록 wsl 명령을 사용해 배포판을 더 잘 제어할 수 있게 된다.

WSL 배포판 제어

wsl --list --verbose라고 명령했을 때 나온 출력 내용에서 볼 수 있듯이 여러 배포판을 병행 설치할 수 있을 뿐만 아니라 버전이 다른 WSL에 맞춰 사용할 수 있다. 따라서 우리는 여러 버전을 설치할 수 있을 뿐만 아니라 설치 후 WSL 버전에 맞게 배포판을 변환할 수도 있는 것이다. 이를 위해 wsl --set-version 명령을 사용한다.

이 명령은 다음 두 가지 인수를 사용한다.

- 업데이트할 배포판의 이름
- 변환할 버전

우분투 배포판을 버전 2로 변환하는 예는 다음과 같다.

```
PS C:\> wsl --set-version Ubuntu 2
변환이 진행 중입니다. 몇 분 정도 걸릴 수 있습니다...

WSL2와의 주요 차이점에 대한 자세한 내용은 https://aka.ms/wsl2
를 참조하세요
변환이 완료되었습니다.

PS C:\>
```

기본적으로 WSL용 리눅스 배포판을 설치하면 버전 1로 설치된다. 그러나 wsl --set-default-version 명령을 사용하면 단 한 번의 명령으로 기본 버전을 지정할 수 있다.

예를 들어, wsl --set-default-version 2라고 명령을 내리면 새로 설치하는 모든 배포판의 기본 버전이 WSL2가 된다.

다음으로 리눅스 배포판에서 명령을 실행하는 방법을 살펴보자.

wsl 명령으로 리눅스 명령을 실행하기

wsl 명령의 또 다른 기능을 이용하면 리눅스 명령을 실행할 수 있다. 따로 인수를 지정하지 않은 채로 wsl 명령을 내리면 기본 배포판[10]에서 셸이 시작되기 때문에 가능한 일이다!

wsl로 명령 문자열을 전달하면 여러분이 지닌 기본 배포판에서 셸이 실행된다. 예를 들어, 다음 코드는 실행 중인 wsl ls ~[11]와 wsl cat /etc/issue로부터 출력된 내용을 보여준다.

```
PS C:\> wsl ls ~
Desktop      Downloads    Pictures    Templates    source    tmp
Documents    Music        Public      Videos       go        ssh-test

PS C:\> wsl cat /etc/issue
Ubuntu 20.04.2 LTS \n \l

PS C:\>
```

---

10 [옮긴이] 기본 배포판을 바꿀 때는 'wsl -s <distro>' 형식으로 명령한다. 앞에서 설명한 바 있듯 여기서 <distro>는 우리말로는 <배포판>이라는 뜻이다. 따라서 기본 배포판을 Ubuntu로 지정하고 싶다면 'wsl -s Ubuntu'라고 명령을 내리면 된다.

11 [옮긴이] 리눅스에서 물결표(~)가 단독으로 쓰이면 홈 디렉터리를 의미한다. 따라서 사용자의 환경에 따라서는 아무런 내용도 출력되지 않을 수 있다.

방금 본 wsl cat /etc/issue 명령의 출력 내용에서 알 수 있듯이 이 명령은 우분투 20.04 배포판에서 실행되었다. 여러분의 컴퓨터에 여러 배포판이 설치되어 있어서 특정 배포판에서 명령을 실행하려면, -d 스위치를 사용해 명령을 실행할 배포판을 지정할 수 있다. wsl --list 명령을 사용하면 배포판 이름을 알아낼 수 있다. 다음은 wsl -d의 몇 가지 예다.

```
PS C:\> wsl -d Ubuntu-20.04 cat /etc/issue
Ubuntu 20.04 LTS \n \l
PS C:\> wsl -d Alpine cat /etc/issue
Welcome to Alpine Linux 3.11
Kernel \r on an \m (\l)

PS C:\>
```

이 예시를 통해 여러 배포판에서 cat /etc/issue 명령을 실행할 수 있으며, 이 출력 내용으로 명령이 실행된 배포판이 무엇인지 확인할 수 있다.[12]

명령을 실행할 리눅스 배포판을 선택할 수 있을 뿐만 아니라 wsl 명령의 -u 스위치를 통해 명령을 실행할 사용자를 지정할 수도 있다. 내가 이에 대해 발견한 가장 일반적인 용도는 명령을 루트로 실행하는 것인데, 이렇게 하면 비밀번호를 묻는 프롬프트가 나타나지 않은 상태에서 sudo 실행 명령을 사용할 수 있다. 다음 내용으로 -u 스위치를 볼 수 있다.

```
PS C:\> wsl whoami
stuart
PS C:\> wsl -u stuart whoami
stuart
PS C:\> wsl -u root whoami
root
PS C:\>
```

이 출력 내용을 보면 whoami 명령(현재 사용자를 출력하는 명령)이 사용되고 있음을 알 수 있다. -u 스위치를 전달하지 않으면 배포판을 처음으로 설치하면서 등록된 stuart라는 사용자의 권한으로 명령이 실행되지만, 이를 무시할 수 있다.

wsl 명령에 대해 살펴볼 마지막 예제는 배포판 실행을 중단하는 것이다.

---

12 [옮긴이] wsl -d Ubuntu-20.04 cat /etc/issue라고 정확히 타이핑해서 명령을 실행했는데 "제공된 이름...."이라는 문구로 시작되는 에러 메시지가 나온다면, 그건 여러분이 처음에 지정한 배포판 이름과 이 명령에 쓴 배포판 이름이 서로 일치하지 않아서다. 예를 들어, 여러분이 배포판 이름을 Ubuntu라고 지정했다면 이 명령 중 Ubuntu-20.04 대신에 Ubuntu라고 타이핑해야 한다.

WSL로 배포판 실행을 중단하기

WSL을 실행 중인 상황에서 어떤 이유로든 WSL을 중단하게 하고 싶다면 wsl 명령으로도 WSL을 중단할 수 있다.

여러 배포판이 실행되고 있는 상황에서 특정 배포판만 중단하게 하고 싶다면 wsl --terminate <배포판_이름>처럼 명령하면 된다. 예를 들어, wsl --terminate Ubuntu-20.04처럼 명령하는 식이다.

> **요령** 앞에서 본 대로, 현재 실행 중인 배포판을 알고 싶다면 wsl --list --running이라고 명령하면 된다.

WSL과 실행 중인 모든 배포판을 종료하려면 wsl --shutdown을 실행하면 된다.

wsl 명령을 사용해 WSL을 제어하는 방법을 살펴보았으므로 이제 WSL의 구성 파일을 살펴보자.

wsl.conf와 .wslconfig 살펴보기

WSL은 여러 곳에서 배포판의 동작_{behavior}(행태)을 구성할 수 있게 한다. 첫 번째는 wsl.conf로, 이 것을 사용하면 배포판별로 구성할 수 있다. 두 번째는 .wslconfig로, 이것을 사용하면 모든 배포판에 적용되는 구성 내용을 지정할 수 있다. 이 두 파일을 사용하면 호스트 드라이브가 배포판 내에서 마운트되는 위치처럼 WSL의 다른 특징들을 사용하거나, 사용 가능 시스템 메모리 용량을 지정하는 일처럼 전체 WSL 동작 제어가 가능하다.

wsl.conf 작업하기

wsl.conf 파일은 각 배포판의 /etc/wsl.conf 파일에 있다. 파일이 없고 배포판에 일부 설정을 적용하려는 경우라면 여러분이 원하는 구성 내용에 맞춰 해당 배포판에 파일을 만들어 둔 후에[13] 배포판을 다시 시작하면 된다(**WSL로 배포판 실행 중단하기**의 wsl --terminate를 참조하자).

일반적으로 기본 옵션만으로도 잘 동작하지만, 이번 절에서 wsl.conf를 살펴봄으로써 필요할 때 사용자에 맞춰 설정하는 방식에 관한 이해도를 높이고자 한다.

wsl.conf 파일은 각 섹션_{section}(부분)별로 구성된 이름/값 쌍이 있는 ini 파일 구조를 따른다. 다음 예시를 참조하자.

---

13   (옮긴이) /etc 디렉터리에 wsl.conf를 만들려면 먼저 터미널 창에서 PS C:\>sudo su라고 명령하여 root로 로그인한 다음에 vi나 edit 명령으로 파일 내용을 작성하고 저장하면 된다. 그런 후에 다시 PS C:\>exit라고 명령하면 원래 파워셸 프롬프트로 돌아올 수 있다. 그 밖에도 여러 방법이 있는데, 더 자세히 알고 싶다면 리눅스 사용법을 따로 익히는 게 바람직하다.

```
[section]
value1 = true
value2 = "some content"

# 샵(#)으로 시작하면 그 이후 내용은 주석이 된다.
[section2]
value1 = true
```

wsl.conf 파일의 일부 기본 섹션과 값은 기본 옵션과 함께 다음 예시에 표시된다.

```
[automount]
enabled = true # 호스트 드라이브(즉, /mnt/c)를 마운트하는 일을 제어
mountFsTab = true # 추가로 마운트하려면 process /etc/fstab
root = /mnt/ # 드라이브들이 마운트된 곳을 제어
[interop]
enabled = true # WSL이 윈도우 프로세스들을 기동(launch)할 수 있게 허용
appendWindowsPath = true # 윈도우의 PATH를 WSL 내의 $PATH에 추가
```

automount 섹션은 WSL이 WSL 배포판 내에서 윈도우 드라이브를 마운트하는 방법을 제어하는 옵션을 제공한다. enabled 옵션을 사용하면 동작을 완전히 활성화하거나 비활성화할 수 있는 반면, root 옵션을 사용하면 드라이브 마운트들이 다른 장소에 있어야 할 이유가 있거나 혹은 그편을 여러분이 더 선호한다고 할 때, 해당 드라이브 마운트들이 생성되어야 할 곳(배포판의 파일 시스템 내에 있는 곳)을 제어할 수 있다.

interop 섹션은 리눅스 배포판이 윈도우와 상호 작용할 수 있도록 하는 기능을 제어한다. enabled 속성을 false로 설정하여 기능을 완전히 비활성화할 수 있다. 기본적으로 윈도우의 PATH는 배포판의 PATH에 추가되지만, 검색되는 윈도우 애플리케이션을 더 세밀하게 제어해야 하는 경우라면 appendWindowsPath 설정을 사용해 비활성화할 수 있다.

wsl.conf에 대한 전체 설명서를 *https://docs.microsoft.com/en-us/windows/wsl/wsl-config#configure-per-distro-launch-settings-with-wslconf*에서 찾을 수 있다. **5장 리눅스에서 윈도우를 함께 쓰기**에서, WSL 내에서 윈도우 파일과 애플리케이션에 접근하는 방법에 관해 자세히 배울 것이다.

여기에서는 배포판별 구성을 변경하는 방법을 살펴보았으며 다음으로 시스템 전체에 대한 WSL을 구성하기 위한 옵션을 살펴보자.

.wslconfig 작업하기

배포판별 wsl.conf 구성 내용뿐만 아니라 WSL2에 함께 추가된 전역 .wslconfig 파일이 있는데, 이 파일을 윈도우의 사용자 폴더에서 찾을 수 있다(**예** C:\Users\<윈도우 사용자 이름>\.wslconfig).[14]

wsl.conf 파일과 마찬가지로 .wslconfig는 ini 파일 구조를 사용한다. 다음 예제는 WSL2의 동작을 변경할 수 있는 [wsl2] 섹션의 기본값을 보여준다.

```
[wsl2]
memory=4GB
processors=2
localhostForwarding=true
swap=6GB
swapFile=D:\\Temp\\WslSwap.vhdx
```

memory 값은 WSL2에 사용되는 경량 유틸리티 VM에서 사용하는 메모리 용량을 제한하는 데 쓰인다. 기본적으로 이 메모리의 용량은 시스템 메모리의 80%를 차지한다.

마찬가지로 processors를 사용해 VM에서 사용할 프로세서 수를 제한할 수 있다(기본적으로 제한 없음). 이 두 값은 윈도우와 리눅스 모두에서 실행되는 작업 부하work load의 균형을 조정해야 하는 경우에 도움이 될 수 있다.

또한, 경로(**예** swapFile)는 절대 경로여야 하고 역슬래시를 표시할 때는 역슬래시를 겹친 형태(즉, \\ 형태)로 표시해야 한다(즉, 이스케이프해야 한다).

추가 옵션(**예** 사용자 정의 커널 또는 추가 커널 인수를 지정할 수 있는 kernel과 kernelCommandLine)이 있으며, 이 책에서는 범위를 벗어나지만 *https://docs.microsoft.com/en-us/windows/wsl/wsl-config#configure-global-options-with-wslconfig*라는 문서에서 찾을 수 있다.

이번 절에서는 드라이브를 마운트하는 일이나 배포판의 wsl.conf 파일에서 설정 사항을 변경하여 윈도우 프로세스를 호출하는 기능과 같은, WSL 통합 기능을 제어하는 방법을 보았다. 또한 사용할 메모리 용량이나 프로세서 수를 제한하는 등 전체 WSL 시스템의 동작을 제어하는 방법도 살펴보았다. 이러한 옵션을 사용하면 WSL이 시스템에 적합한지, 작업 흐름이 여러분에게 적합한지를 확인할 수 있다.

---

14 [옮긴이] 없다면 직접 작성하면 될 것이다.

요약

이번 장에서는 WSL을 활성화하고 리눅스 배포판을 설치하고 WSL2에서 실행 중인지 확인하는 방법을 살펴보았다. 또한 wsl 명령을 사용해 WSL을 제어하는 방법을 배웠고, wsl.conf와 .wslconfig라는 구성 파일들을 사용해 WSL 및 그 안에서 실행되는 배포판의 동작을 더 잘 제어하는 방법을 배웠다. 명령을 내릴 때 이러한 도구를 사용하면 WSL을 제어할 수 있을 뿐만 아니라 WSL이 시스템과 상호 작용하는 방식을 제어할 수 있다.

다음 장에서는 WSL과 자연스럽게 짝을 이루는 새로운 윈도우 터미널을 살펴보자. 터미널을 설치하는 방법과 실행하는 방법을 다룰 것이다.

03

윈도우 터미널을 출발점으로 삼기

마이크로소프트는 향후에 나올 WSL의 차기 릴리스에서 GUI 애플리케이션을 지원하겠다고 발표했지만, 이 책을 쓰는 시점에서는 GUI 개발 초기에 나올 법한 미리보기 형식조차 사용할 수 없다. 이 책에서는 WSL에서 안정적이고 릴리스된 기능에 초점을 맞추기 위해 현재 WSL을 다루기에 더 알맞은 명령줄 방식을 채택했다. 결론부터 말하자면, 여러분은 터미널을 자주 사용해 보는 편이 좋을 것이다. 윈도우의 기본 콘솔 환경(cmd.exe를 호출하면 사용할 수 있음)은 부족한 면이 많은 반면에 새로운 윈도우 터미널은 다양한 장점을 지녔다. 이번 장에서는 이러한 장점 중 일부를 살펴보고 윈도우 터미널을 설치해 실행하는 방법도 살펴보자.

이번 장에서는 다음과 같은 주요 주제를 다룰 것이다.

- 윈도우 터미널 살펴보기
- 윈도우 터미널 설치하기
- 윈도우 터미널 사용하기
- 윈도우 터미널 구성하기

윈도우 터미널 살펴보기

윈도우 터미널Windows Terminal은 윈도우용 대체 터미널 환경이다. 윈도우에서 명령줄 기반 애플리케이션을 여러 번 실행해 보았다면 이미 파워셸이나 cmd.exe(그림 3.1)를 실행할 때 나오는 구형 윈도우 콘솔 환경에 익숙할 것이다.[15]

그림 3.1 cmd.exe를 사용해 본 모습

윈도우 콘솔은 윈도우 NT와 윈도우 2000 시대를 거쳐 윈도우 3.x와 윈도우 95, 윈도우 98까지 거슬러 올라갈 만큼 역사가 길다. 이 기간에 많은 윈도우 사용자가 윈도우 콘솔의 동작에 의존하는 스크립트와 도구를 만들었다. 윈도우 콘솔 팀은 사용자 경험 환경을 어느 정도 개선했지만(옮긴이 텍스트를 확대하기 위해 Ctrl + **마우스 휠 스크롤링**을 할 수 있게 한 일, 다양한 리눅스 및 유닉스 명령줄 앱 및 셸에서 방출되는 ANSI/VT 제어 시퀀스의 처리를 개선한 일), 궁극적으로 이전 버전과 호환할 수 있게 하면서도 이런 일을 달성해 내기가 쉽지 않았다.

윈도우 콘솔 팀은 많은 시간을 써 가면서 콘솔 코드를 바탕으로 삼아 리팩토링refactoring(개선)함으로써 아예 다른 터미널 환경(옮긴이 새롭게 만든 윈도우 터미널)이 될 수 있게 했다.

그들은 이런 식으로 새롭게 만든 윈도우 터미널의 수많은 사항을 개선했으며, 그 덕에 윈도우 콘솔 기반 애플리케이션과 리눅스 셸 기반 애플리케이션이 모두 실행되는 훌륭한 터미널 환경이 되었다. 윈도우 터미널을 사용한다면 사용자는 자신에게 맞게 터미널의 모양과 느낌을 지정해 정의할 수 있을 뿐만 아니라, 단축키를 구성하는 방법을 제어할 수도 있다. 또한, 웹 브라우저에 여러 탭이 있는 것처럼 다음 그림과 같이 한 터미널에 여러 탭을 둘 수 있다.

---

15 옮긴이 윈도우의 작업 표시줄에 보이는 돋보기 모양 아이콘을 클릭하고 나온 입력 창에 cmd.exe를 작성해 넣으면 이 명령 창이 뜬다.

그림 3.2 윈도우 터미널의 여러 탭

윈도우 터미널은 창 하나에 여러 탭을 둘 수 있게 할 뿐만 아니라 탭을 여러 창으로 분할하는 기능도 지원한다. 한 번에 하나만 표시하는 탭과 달리, 창을 사용하면 탭을 여러 부분으로 세분화할 수 있다. 그림 3.3은 WSL2에서 실행되는 bash(배시) 창과 윈도우에서 실행되는 파워셀PowerShell 창이 동시에 나타난 윈도우 터미널을 보여준다.

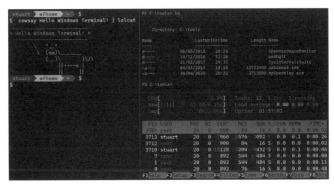

그림 3.3 윈도우 터미널의 여러 창

이 화면에서 볼 수 있듯이 윈도우 터미널 환경은 기본 콘솔 환경보다 훨씬 개선되어 있다.

6장 윈도우 터미널에서 더 많은 것을 얻기에서 더 풍부한 기능들(예를 들면 부분 창)을 활용하는 방법을 배우게 될 것이다. 이제 윈도우 터미널이 무엇인지 알게 되었으니 윈도우 터미널을 설치해 보자!

윈도우 터미널 설치하기

윈도우 터미널은(이 책을 쓰는 시점에서) 여전히 활발히 개발되고 있는 중이며 이런 점을 *https:// github.com/microsoft/terminal*이라는 깃허브에서 볼 수 있다. 최신 코드를 실행하고 싶다거나 기능을 추가하는 데 기여하고 싶다면 깃허브 문서에서 코드를 빌드하는 데 필요한 단계를 안내하고 있으니 그 부분을 참조하자(깃허브 리포지터리 터미널의 문제점을 제시하거나 추가해 주었으면 하는 기능들을 요청할 수 있다.).

윈도우 터미널을 더 쉽게 설치하고 싶다면 Microsoft Store를 이용하면 되는데, 스토어에 있는 애플리케이션을 설치한 다음에 쉽게 업데이트할 수 있다. 다음 그림에 표시된 대로 Microsoft Store에서 'Windows Terminal'이나 '터미널'이라고 입력해 검색해도 되고, *https://aka.ms/terminal*로 접속해 바로 찾아도 된다.

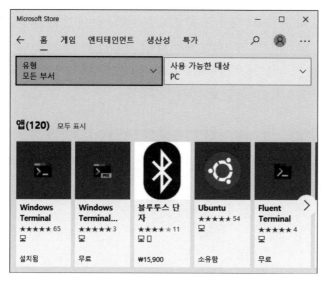

그림 3.4 Windows Terminal을 보여주는 Microsoft Store 앱

안정된 버전이 아니라는 점을 감수하고라도 새로운 기능을 미리 시험해 보는 데 관심이 많다면 윈도우 터미널 프리뷰Preview 버전도 써 보고 싶을 것이다. 이것을 Microsoft Store(그림 3.4에서 'PRE' 아이콘이 있는 버전)나 *https://aka.ms/terminal-preview*에서 내려받아 사용할 수 있다. 프리뷰 버전과 기본 버전을 모두 설치해 두고 실행할 수 있다. 윈도우 터미널의 개발 과정에 관심이 있다면 깃허브 문서(*https://github.com/microsoft/terminal/blob/master/doc/terminal-v2-roadmap.md*)를 보자.

윈도우 터미널을 설치했다면 이제 몇 가지 기능을 살펴보자.

윈도우 터미널 사용하기

윈도우 터미널을 실행하면 기본 프로필이 시작된다. 프로필이란 터미널 인스턴스에서 실행해야 하는 셸을 지정하는 방법이다. 예를 들면 파워셸이나 bash를 지정하는 식이다. 제목 표시줄에서 +를 클릭하여 기본 프로필의 다른 인스턴스가 있는 새 탭을 만들거나 다음 그림과 같이 아래쪽 화살표를 클릭하여 실행할 프로필을 선택할 수 있다.

그림 3.5 새 탭을 만들기 위한 프로필 드롭다운

이 그림은 새 터미널 탭을 시작하기 위한 다양한 옵션을 보여주며, 이러한 각 옵션을 프로필이라고 한다. 본문에 표시된 프로필은 윈도우 터미널에 의해 자동으로 생성된 것이다. 이 프로필 목록은 지은이의 컴퓨터[16]에 설치된 항목을 감지하여 동적으로 생성된 것이다. 더 바람직하게는, 지은이가 윈도우 터미널부터 설치하고 나서 새 WSL 배포판을 설치했다면 이것이 사용 가능한 프로필 목록에 자동으로 추가되었을 것이다! 이번 장의 뒷부분에서 프로필 구성에 대해 간략히 살펴보겠지만 먼저 윈도우 터미널의 몇 가지 편리한 단축키를 살펴보자.

편리한 단축키 배우기

여러분이 단축키를 선호하는 편이든 마우스를 주로 사용하는 편이든, 특히 윈도우 터미널을 일반적인 용도로 사용하는 상황에서 몇 가지 단축키를 알아 둔다고 해서 별 문제가 되지는 않을 것이므로 이번 절에서는 가장 일반적인 단축키를 나열해 보았다.

윈도우 터미널 제목 표시줄에서 +와 아래쪽 화살표를 사용해 기본 프로필로 새 탭을 시작하거나 시작할 프로필을 선택하는 방법을 확인한다. 키보드로 Ctrl+Shift+T를 누르면 기본 프로필의 새 인스턴스를 시작할 수 있다. Ctrl+Shift+Space를 누르면 프로필 선택기를 표시할 수 있지만 그림 3.5에서 알 수 있듯, 처음 네 개 프로필에 고유한 단축키가 있다. Ctrl+Shift+1은 첫 번째 프로필을 시작하고 Ctrl+Shift+2는 두 번째 프로필을 시작하는 식이다.

윈도우 터미널에 여러 탭이 열려 있을 때 Ctrl+Tab을 누르면 탭을 앞 방향으로 탐색하고 Ctrl+Shift+Tab을 누르면 뒤 방향으로 탐색할 수 있다(대부분의 탭 브라우저와 동일). 특정 탭으로 이동하려면 Ctrl+Alt+n을 누른다. 여기서 n은 이동하려는 탭의 위치를 나타낸다. 예를 들어,

---

16　[옮긴이] 독자의 편의를 위해서 지은이의 컴퓨터 환경이 아니라 옮긴이의 컴퓨터 환경에 맞추었다.

세 번째 탭으로 이동하려면 [Ctrl]+[Alt]+[3]을 누르면 된다. 마지막으로 [Ctrl]+[Shift]+[W]를 누르면 탭을 닫을 수 있다.

키보드를 사용하면 윈도우 터미널에서 탭을 간단히 관리할 수 있다. 윈도우 터미널에서 사용할 프로필이 너무 많은 경우라면, 여러분은 그것들 중에서 여러분이 가장 자주 사용할 프로필을 가장 위쪽에 배치함으로써 윈도우 터미널이 해당 프로필에 쉽게 액세스해 단축키를 용이하게 파악하게 할 수 있다. 다음 절에서 이것과 몇 가지 다른 구성 옵션을 살펴보자.

윈도우 터미널 구성하기[17]

윈도우 터미널을 구성하는 내용들은 모두 윈도우 프로필에 숨겨져 있는 JSON 파일에 저장[18]된다. 구성 내용에 접근하려면 그림 3.5에 보이는 ∨ 모양 컨트롤을 클릭하여 표시된 메뉴 창에서 '설정' 항목을 선택하거나 [Ctrl]+[,] 꼴로 단축키를 사용[19]할 수 있다. 윈도우 터미널은 시스템의 JSON 파일에 대한 기본 에디터에서 settings.json을 연다.[20]

옮긴이 설명 일단 설정 탭으로 들어왔다면 해당 탭의 제일 왼쪽 하단에 톱니바퀴 모양 아이콘이 보일 것이다. 이 아이콘 위에 커서를 올려 두면 설명문이 나온다. 그냥 클릭하면 settings.json 파일을 열수 있고, [Alt]를 누른 채 클릭하면 default.json 파일을 열수 있다는 내용이다. 지은이는 윈도우의 기본 에디터를 사용해 열린다고 하였으나, 옮긴이가 시험해 본 결과, 직접 에디터를 정해 주어야 한다. 다음 화면을 참고하자.

17　[옮긴이] 지은이는 윈도우 터미널을 JSON 파일로 구성하는 방법을 설명하고 있지만, 집필 이후 윈도우 인터페이스가 개선된 것 같다. 현재로서는 설정 탭 그 자체에서 그래픽 유저 인터페이스 방식으로 거의 다 구성할 수 있다. 그러므로 이 절은 JSON 파일을 사용해 세부적으로 구성해야 할 때나 필요한 내용이 되었다.

18　[옮긴이] 참고로, settings.json 파일은 C:\Users\<사용자 이름>\AppData\Local\Packages\Microsoft.WindowsTerminal_8wekyb3d8bbwe\LocalState 같은 곳에 저장된다. 여기서 <사용자 이름>과 WindowsTerminal_.... 섹션이 사용자마다 다를 수 있으니 주의하자.

19　[옮긴이] 이 터미널에서 한글 입력 가능 상태일 때는 [Ctrl]+[,] 조합이 작동하지만, 영문 입력 가능 상태일 때는 작동하지 않을 수도 있으니 주의하자.

20　[옮긴이] 윈도우에서 JSON 형식 파일의 기본 에디터가 처음부터 지정되어 있지 않으므로, 어떤 앱으로 JSON 파일을 열 것인지 묻는 창이 뜰 수 있다. 이럴 때 메모장이나 비주얼 스튜디오 코드 등에서 적절한 것을 지정하면 된다.

settings.json 파일은 몇 가지 부분으로 나뉜다.

- JSON 파일의 루트에 있는 **전역 설정**global settings[21]
- 각 프로필을 독립적으로 정의하고 구성하는 **프로필별 설정**per-profile settings[22]
- 프로필에서 사용할 수 있는 색 구성표를 지정하는 **구성표**schemes[23]
- 윈도우 터미널에서 작업을 수행하기 위한 단축키를 사용자 정의할 수 있는 **단축키**key bindings[24]

윈도우 터미널 설정에서 조정할 수 있는 많은 옵션이 있으며 지속적으로 업데이트되기 때문에 새로운 옵션이 나타난다! 모든 설정 사항을 설명하는 내용이 공식 문서(*https://docs.microsoft.com/en-us/windows/terminal/customize-settings/global-settings*)에 모두 수록되어 있으므로, 이 책에서는 settings.json 파일을 사용하여 사용자에게 맞게 설정하는 방법에 더 초점을 맞출 것이다.

윈도우 터미널에서 프로필에 적용할 수 있는 몇 가지 사용자 지정 사항을 살펴보면서 시작해보자.

프로필 사용자 지정 사항

settings.json 파일의 profiles 섹션은 새 탭 드롭다운을 클릭할 때 윈도우 터미널이 표시할 프로필을 제어하고 프로필에 대한 다양한 표시 옵션을 구성할 수 있게 한다. 다음에 볼 수 있듯이 기본 프로필을 선택할 수도 있다.

기본 프로필 변경

가장 먼저 변경해야 할 사항은 윈도우 터미널을 시작할 때 기본 프로필을 제어하여 가장 자주 사용하는 프로필이 자동으로 시작되도록 하는 것이다.

다음 예와 같이 전역 설정의 defaultProfile 값(전역 설정 값들이란 settings.json 파일의 최상위 수준에 해당하는 값들을 말함)으로 지정하면 된다.

---

21 [옮긴이] 터미널 창에서 '설정' 탭을 열었을 때 제일 왼쪽에 보이는 아이콘들 중에서 키보드 모양까지가 이 전역 구성 내용(Global Settings)에 해당한다.

22 [옮긴이] 터미널 창에서 '설정' 탭을 열었을 때 제일 왼쪽에 보이는 아이콘들 중에서 키보드 모양 아이콘보다 더 아래쪽에 있는 아이콘들을 각기 클릭하면 프로필(Windows PowerShell이나 명령 프롬프트 등)별로 일반 사항과 모양과 고급 사항을 구성할 수 있다.

23 [옮긴이] 터미널 창에서 '설정' 탭을 열었을 때 제일 왼쪽에 보이는 아이콘들 중에서 팔레트 모양 아이콘을 클릭하면 프로필에 공통인 색을 구성할 수 있다.

24 [옮긴이] 터미널 창에서 '설정' 탭을 열었을 때 제일 왼쪽에 보이는 아이콘들 중에서 키보드 모양 아이콘을 클릭하면 바인딩된 키(즉, 단축키)를 지정할 수 있다.

```json
{
    "$schema": "https://aka.ms/terminal-profiles-schema",
    "defaultProfile": "Ubuntu-20.04",
```

기본 프로필로 설정하려는 프로필의 이름(즉, 해당 프로필의 guid 값)을 나타내는 속성 값을 defaultProfile 값으로 지정할 수 있다. profiles 섹션에 지정된 대로 이름을 정확히 입력해야 한다는 점에 유념하자.[25]

다음으로 윈도우 터미널 프로필의 순서를 변경하는 방법을 살펴보겠다.

프로필 순서 변경

자주 사용하는 프로필 항목을 '새 탭에서 열기' 메뉴의 맨 위에 두어 쉽게 찾을 수 있게 하면 작업 생산성이 향상된다. 순서에 맞춰 단축키가 결정되므로 단축키를 사용해 새 탭을 여는 경우가 잦다면 프로필 항목들의 순서가 중요하다. 그림 3.6은 이전 절에서 보여준 적 있는 지은이 컴퓨터[26]의 초기 순서 구성 형태를 나타낸 것이다.

그림 3.6 초기 프로필 순서

이 그림을 보면 첫 번째로 나열된 프로필이 파워셸이라는 점을 확인할 수 있다(**Windows PowerShell**이라는 문구가 굵게 표시되어 있으므로 이게 기본 프로필이라는 점을 알 수 있음).

UI에서 프로필의 순서를 변경하려면 settings.json 파일의 profiles 아래에 있는 list에서 항목의 순서를 변경할 수 있다. 다음 코드는 '명령 프롬프트' 프로필을 목록의 마지막 항목으로 만들기 위해 이 파일의 구성 내용을 수정한 것이다.[27]

---

25 [옮긴이] 즉, settings.json 파일의 profiles 섹션에 포함되어 있는 각 프로필들 중에 여러분이 기본 프로필로 삼고자 하는 프로필의 guid 값을 정확히 입력해야 한다는 점에 유념하자.

26 [옮긴이] 독자의 편의를 위해서 옮긴이의 컴퓨터 환경에 맞추었다.

27 [옮긴이] settings.json 파일을 수정한 후에 저장하면 그 즉시 변경 내용이 터미널 창에 반영되어 메뉴 순서가 바뀐다.

```
"profiles":
    {
        "defaults":
        {
            // 모든 프로필에 적용되기를 바라는 구성 내용을 여기에 적어 두자.
        },
        "list":
        [
            {
                // powershell.exe 프로필 구성 값을 여기서 바꿀 수 있다.
                "guid": "{61c54bbd-c2c6-5271-96e7-009a87ff44bf}",
                "name": "Windows PowerShell",
                "commandline": "powershell.exe",
                "hidden": false
            },
            {
                "guid": "{07b52e3e-de2c-5db4-bd2d-ba144ed6c273}",
                "hidden": false,
                "name": "Ubuntu-20.04",
                "source": "Windows.Terminal.Wsl"
            },
            {
                "guid": "{b453ae62-4e3d-5e58-b989-0a998ec441b8}",
                "hidden": false,
                "name": "Azure Cloud Shell",
                "source": "Windows.Terminal.Azure"
            },
            {
                // cmd.exe 프로필 구성 값을 여기서 바꿀 수 있다.
                "guid": "{0caa0dad-35be-5f56-a8ff-afceeeaa6101}",
                "name": "명령 프롬프트",
                "commandline": "cmd.exe",
                "hidden": false
            }
        ]
    },
    // 그 밖에도 많은 구성 내용들이 이어지지만 이 책에서는 생략함.
```

일단 settings.json 파일을 저장한 후에 윈도우 터미널의 드롭다운 메뉴를 다시 띄워 보면 우리가 의도한 순서대로 변경된 점을 확인할 수 있다.

그림 3.7 업데이트된 프로필 순서

이 화면을 보면 '명령 프롬프트'가 목록의 가장 아래 부분에 있게 되었다는 점과 이 항목에 Ctrl + Shift + 4 단축키가 배정되었다는 점을 알 수 있다. 그래도 여전히 'Windows PowerShell'이 강조 처리되어 있고, 이는 이것이 기본 프로필임을 나타낸다.

한 가지 중요한 점은 목록의 각 항목을 쉼표로 구분해야 하며, 마지막 목록 항목 뒤에 쉼표가 없어야 한다는 점이다. 목록 끝에 있는 항목을 변경하다 보면 이런 문제 외에도 이러저러한 문제를 만들어 내기 쉽다. 이럴 때 윈도우 터미널에 경고가 표시[28]될 수 있다(그림 3.8).

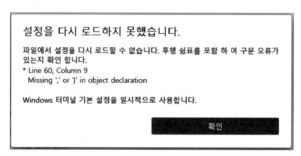

그림 3.8 설정 내용을 로드하는 예제 오류

이처럼 오류가 표시되더라도 걱정하지 말자. 윈도우 터미널이 실행되고 있을 경우, 파일이 변경될 때마다 설정 내용을 다시 로드한다. 오류는 settings.json 파일에서 오류가 있는 섹션을 나타낸다. 윈도우 터미널은 오류를 해제해도 설정 내용을 다시 로드한다.

목록에 프로필이 나타나는 순서를 제어할 뿐만 아니라 지금 볼 수 있듯이 목록에 프로필이 나타나는 방식을 변경할 수 있다.

---

28 [옮긴이] 옮긴이가 시험해 보니 마지막 프로필 구성 항목에 쉼표를 생략하지 않아도 경고창을 띄우지 않고 쉼표를 무시하고 처리해 준다. 하지만 팔호를 생략하거나 그 밖의 문제를 만들면 화면에 보이는 경고창이 표시된다.

프로필 이름 변경과 아이콘 변경

윈도우 터미널이 프로필 내용을 알아서 미리 채워 주기도 하지만 프로필 이름을 직접 바꾸고 싶을 수도 있다. 다음 코드에 표시된 대로, 바꾸고 싶은 프로필의 이름 속성 값을 변경한다. 이전과 마찬가지로 파일이 저장되면 윈도우 터미널에서 파일을 다시 로드하고 변경 사항을 적용한다.

 앞에서도 이야기했지만 윈도우가 최신판이라면 굳이 이렇게 settings.json 파일을 직접 수정하지 않아도 된다. 윈도우 터미널의 설정 탭을 열어 거기서 변경하려는 프로필 아이콘을 클릭하고, '일반' 구성 내용 중에 '이름' 입력란에서 직접 이름을 수정해도 된다. 예를 들어, Windows PowerShell이라는 이름을 '윈도우 파워셸'로 바꾸면 다음과 같다.

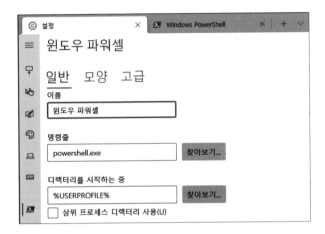

그런 다음에 설정 탭의 오른쪽 하단에 보이는 '저장' 버튼을 누르면 바꾼 이름이 반영되어 터미널에 나타난다. 따라서 위 화면의 'Windows PowerShell'이라는 탭이 그 다음부터는 '윈도우 파워셸'이라는 탭 이름으로 열린다.

```
{
    "guid": "{574e775e-4f2a-5b96-ac1e-a2962a402336}",
    "hidden": false,
    "name": "** PowerShell **",
    "source": "Windows.Terminal.PowershellCore"
},
```

한 단계 더 나아가 윈도우 이모지를 지원하는 기능을 활용할 수도 있다. 그러려면 먼저 프로필의 이름을 변경할 때 ■+.를 누른다. 이렇게 해서 이모지 선택기를 불러온 다음에 스크롤하여 이모지 목록을 살펴보자. 예를 들어, 그림 3.9는 동물 그림 부분이 나타나게 했다.

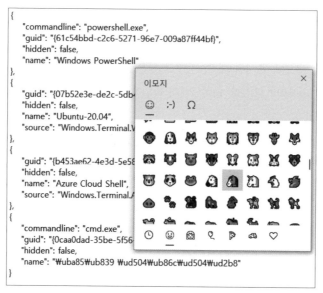

그림 3.9 이모지 선택기를 사용하는 경우

목록에서 이모지를 선택하면 다음과 같이 에디터에 이모지가 삽입된다.

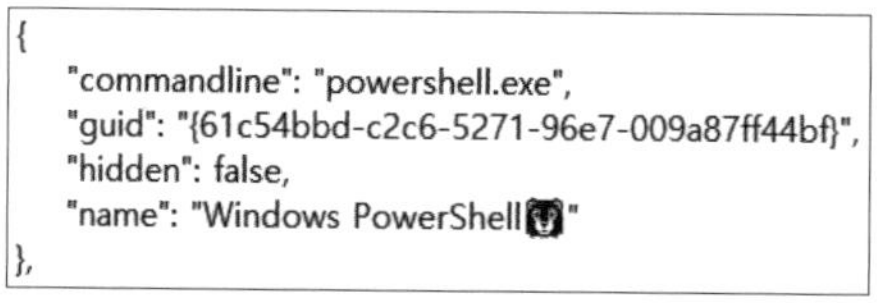

```
{
    "commandline": "powershell.exe",
    "guid": "{61c54bbd-c2c6-5271-96e7-009a87ff44bf}",
    "hidden": false,
    "name": "Windows PowerShell🐾"
},
```

그림 3.10 완성된 파워셸 프로필

이 화면을 보면 name 속성에 이모지가 입력된 것을 볼 수 있다. 이름을 변경할 뿐만 아니라 설정 내용을 통해 목록에서 프로필 옆에 표시되는 아이콘을 사용자 지정할 수 있다. 이 작업은 앞서 나온 화면에 표시된 것처럼 사용하려는 아이콘의 경로를 제공하는 아이콘 속성을 프로필에 추가하여 수행된다. 이 아이콘은 PNG, JPG, ICO 또는 기타 파일 형식일 수 있다. 지은이는 다양한 에디터에서 작업하기 쉽고 이미지의 투명한 부분을 허용하기 때문에 PNG를 선호하는 편이다.

경로path에 이중 역슬래시(\\) 형태로 이스케이프 처리를 한 역슬래시(\)가 있어야 한다. 편리하게, 경로에서 환경 변수를 사용할 수도 있다. 이를 통해 아이콘을 원드라이브OneDrive(또는 기타 파일 동기화 플랫폼)에 넣고 여러 컴퓨터에서 공유(또는 단순히 나중에 백업)할 수 있다. 환경 변수를 사용하려면, %OneDrive%로 표시하듯이, 백분율 기호로 묶는다.

이러한 사용자 정의(아이콘과 텍스트)의 결과는 다음 그림에 나와 있다.[29]

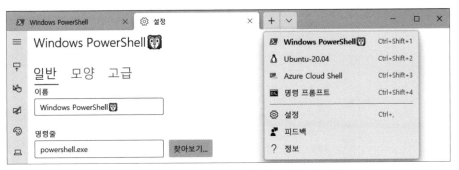

그림 3.11 사용자 정의 아이콘과 텍스트(이모지 포함)

지금까지 프로필 목록의 항목을 제어하는 방법과 표시하는 방법을 살펴보았다. 마지막으로 살펴볼 것은 목록에서 항목을 제거하는 방법이다.

프로필 제거

이전 절을 읽었다면 프로필을 제거하는 것이 목록에서 항목을 삭제하는 일처럼 간단한 문제라고 생각할 수 있다. 그러나 프로필이 동적으로 생성된 경우라면 윈도우 터미널은 다음에 설정 내용을 로드할 때 목록 맨 아래에 있는 프로필을 다시 추가한다! 이것이 약간 이상하게 보일 수 있지만 윈도우 터미널을 설치한 후에 WSL 배포판들을 설치하더라도 새 WSL 배포판들과 같은 새 프로필을 윈도우 터미널이 자동으로 감지하도록 하는 데 부수적으로 따르는 작용이다. 그러므로 프로필을 아예 제거하는 대신, 목록에 프로필이 표시되지 않게만 하려면 다음 코드에 보이는 것처럼 hidden 속성을 지정하면 된다.

```
{
    "guid": "{0caa0dad-35be-5f56-a8ff-afceeeaa6101}",
    "name": "Command Prompt",
    "commandline": "cmd.exe",
    "hidden": true
}
```

---

29   옮긴이 이 그림을 보고 짐작했겠지만, 이제는 굳이 settings.json 파일에 이모지를 삽입하지 않고 '설정' 탭에서 'Windows PowerShell' 프로필 아이콘을 클릭한 다음에 나온 Windows PowerShell 구성 내용 중에 이름 란에 직접 이모지를 입력해도 된다.

윈도우 최신 버전에서는 '설정' 탭에서 숨기고자 하는 프로필을 선택한 다음에 '드롭다운에서 프로필 숨기기' 부분을 '켬'으로 바꿔 두면 된다. 다음 그림을 참고하자.

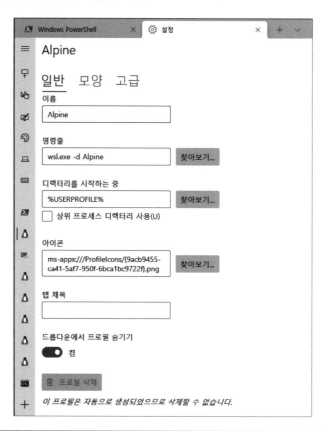

윈도우 터미널에서 프로필을 제어하는 방법을 살펴보았다. 이제 사용자에게 맞춰 모양을 바꾸는 방법을 살펴보자.

윈도우 터미널 모양 변경

윈도우 터미널의 외관을 사용자에게 맞추는 방법은 여러 가지인데, 이러한 방법을 적용하는 동기는 순전히 미적인 이유일 수도 있고, 글꼴 크기를 늘리거나 대비를 높이거나 특정 글꼴(🄲 *https://www.opendyslexic.org/*에서 사용할 수 있는 OpenDyslexic 글꼴)을 사용하여 내용을 쉽게 읽을 수 있게 하는 식으로 터미널을 더 쉽게 사용하게 하기 위함일 수 있다.

글꼴 변경

윈도우 터미널의 기본 글꼴은 **Cascadia**라는 새로운 글꼴로 *https://github.com/microsoft/cascadia-code/*에서 무료로 제공하며 윈도우 터미널과 함께 제공한다. **Cascadia Code**는 프로그래머의 합자ligatures를 지원하므로 != 같은 문자가 결합되어 ≠로 그려진다. 합자를 사용하지 않으려면 **Cascadia Mono**를 쓰면 되는데, 이것도 동일한 글꼴이지만 다만 합자가 제거된 글꼴이라는 점이 다르다.

각 프로필의 글꼴은 다음 예제와 같이 프로필의 fontFace 속성 및 fontSize 속성을 설정하여 따로따로 변경할 수 있다.

```
{
    "guid": "{574e775e-4f2a-5b96-ac1e-a2962a402336}",
    "hidden": false,
    "name": "PowerShell",
    "source": "Windows.Terminal.PowershellCore",
    "fontFace": "Cascadia Mono",
    "fontSize": 16
},
```

 최신 버전 윈도우에서는 각 프로필의 '모양' 부분에 나오는 '글꼴'을 선택하면 된다. 다음 그림을 참고하자.

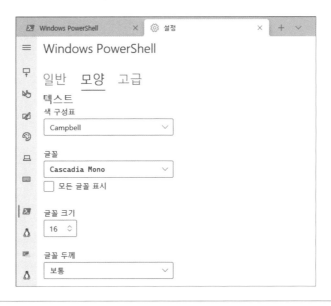

모든 프로필에 대한 글꼴 설정을 사용자 정의하려면 다음 코드처럼 defaults 섹션에 fontFace 속성 및 fontSize 속성을 추가할 수 있다.

```
"profiles": {
    "defaults": {
        // 모든 프로필에 적용하기를 바라는 구성 값들을 여기에 둔다.
        "fontFace": "Cascadia Mono",
        "fontSize": 16
    },
```

기본값 섹션[30]에 지정된 구성 내용은 각 프로필을 다시 정의하지 않는 한 모든 프로필에 적용된다. 이제 글꼴을 변경하는 방법을 살펴보았으므로 색 구성표를 제어하는 방법을 살펴보자.

색상 변경

윈도우 터미널을 사용하면 몇 가지 방법으로 프로필의 색 구성표를 사용자에게 맞춰 지정할 수 있다.

가장 간단한 사용자 지정 방법은 프로필에서 foreground(전경색), background(배경색), cursorColor(커서 색) 속성을 사용하는 것이다. 이러한 값은 #rgb 또는 #rrggbb 형태의 RGB 값으로 지정된다(**옮긴이** 밝은 빨강의 경우라면 #FF0000). 이에 대한 예가 다음 코드에 나와 있다.

```
{
    "guid": "{07b52e3e-de2c-5db4-bd2d-ba144ed6c273}",
    "name": "Ubuntu-20.04",
    "source": "Windows.Terminal.Wsl",
    "background": "#300A24",
    "foreground": "#FFFFFF",
    "cursorColor": "#FFFFFF"
},
```

settings.json 파일의 "schemes" 섹션(즉, 색 구성표 부분)에서 색 구성표를 만들어 색상을 더 세밀히 제어할 수 있다. 이것에 대해 *https://docs.microsoft.com/en-us/windows/terminal/customize-settings/color-schemes*에서 자세히 확인할 수 있으며, 여기에는 내장된 색 구성표 목록이 포함된다. 다음 예에서 볼 수 있듯이 색 구성표에는 #rgb 또는 #rrggbb 형태에 이름과 색상 사양 세트가 있다.

```
"schemes": [
    {
        "name" : "Ubuntu-inspired",
        "background" : "#300A24",
        "foreground" : "#FFFFFF",
```

---

30 **옮긴이** 즉, defaults라는 이름으로 시작되는 섹션

```
        "black" : "#2E3436",
        "blue" : "#0037DA",
        "brightBlack" : "#767676",
        "brightBlue" : "#3B78FF",
        "brightCyan" : "#61D6D6",
        "brightGreen" : "#16C60C",
        "brightPurple" : "#B4009E",
        "brightRed" : "#E74856",
        "brightWhite" : "#F2F2F2",
        "brightYellow" : "#F9F1A5",
        "cyan" : "#3A96DD",
        "green" : "#13A10E",
        "purple" : "#881798",
        "red" : "#C50F1F",
        "white" : "#CCCCCC",
        "yellow" : "#C19C00"
    }
],
```

색 구성표를 정의한 후에 이를 사용하려면 프로필 설정을 업데이트해야 한다. colorScheme 속성을 사용해 이를 지정하고 개별 프로필 수준에서 적용하거나 이번 장의 앞부분에서 본 것처럼 default 섹션을 사용해 모든 프로필에 적용할 수 있다. 이를 개별 프로필에 적용하는 예는 다음과 같다.

```
{
    "guid": "{07b52e3e-de2c-5db4-bd2d-ba144ed6c273}",
    "name": "Ubuntu-20.04",
    "source": "Windows.Terminal.Wsl",
    "colorScheme": "Ubuntu-inspired"
},
```

이러한 변경 사항을 저장하면 윈도우 터미널은 해당 프로필을 사용하는 모든 탭에 정의한 색 구성표를 적용한다.

최신 버전 윈도우를 사용하고 있다면 이러한 전역적인 색상 변경도 윈도우 터미널의 '설정' 탭의 왼편에 보이는 팔레트 모양 아이콘을 클릭해서 나온 '색 구성표'에서 다 할 수 있다. 다음 그림이 색이 구성되어 있는 경우를 보여준다.

이 색 구성표에서 '전경' 색 등의 오른쪽에 보이는 네모 모양 도형을 클릭하면 색상환이 나오고, 해당 색상환에서 적절한 색을 지정하는 식으로 색 구성을 바꾸면 된다. 그러고 나서 각 프로필의 색 구성을 바꾸고 싶을 때는 '설정' 탭의 왼쪽에 보이는 각 프로필 아이콘을 클릭하고, '모양'을 클릭해 나온 화면에서 '색 구성표' 드롭다운으로 여러 색 구성 중 하나를 선택하면 된다. 이는 다음 화면과 같다.

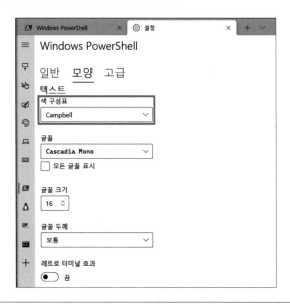

여기에서 확인한 옵션을 사용해 기본 프로필과, 프로필 목록에 프로필이 표시되는 순서(및 방법)를 사용자에게 맞출 수 있다. 프로필이 실행될 때 표시되는 방식을 사용자 정의할 수 있는 다양한 옵션을 보았다. 이를 통해 배경 이미지를 설정하거나 터미널 프로필의 투명도를 변경하는 등 다른 설정을 쉽게 적용할 수 있다. 자세한 내용을 알고 싶다면 *https://docs.microsoft.com/en-us/windows/terminal/customize-settings/profile-settings*에 있는 윈도우 터미널 설명서에서 확인할 수 있다.

요약

이번 장에서는 윈도우 터미널을 배웠으며 디스플레이와 여러 탭 지원 같은 기능을 더 잘 제어하여 이전의 터미널 환경을 개선하는 방법을 배웠다. WSL을 가지고 일할 때 여러분이 새로 설치한 리눅스 배포판들을 자동으로 감지하는 터미널을 지니고 있다면 이 또한 여러분에게는 큰 이점이 된다.

윈도우 터미널을 설치하고 사용하는 방법뿐만 아니라 텍스트를 쉽게 읽을 수 있도록 기본 설정에 맞게 사용자 정의를 내리는 방법 및 색 구성표를 사용하여 어떤 터미널 프로필이 실행되고 있는지 쉽게 알 수 있었다. 기본 프로필과 프로필 순서를 사용자 지정하면 가장 많이 사용하는 프로필에 쉽게 접근하여 생산성을 유지할 수 있다. 다음 장에서는 윈도우에서 리눅스 배포판과 상호 작용하는 방법을 살펴보면서 윈도우 터미널을 사용해 보자.

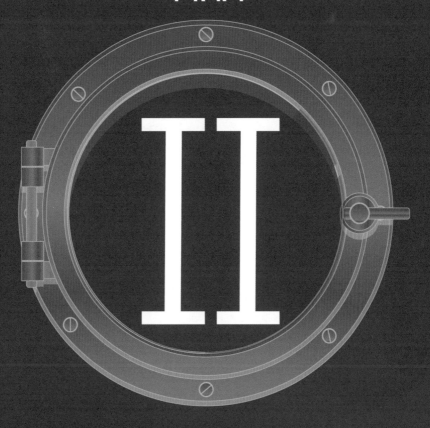

윈도우와 리눅스
— 승리하는 조합

2부에서는 윈도우와 WSL에서 작동하는 마법을 자세히 살펴보고 두 운영체제가 함께 작동하는 방식을 보여준다. 또한, 윈도우 터미널을 효과적으로 사용하기 위한 더 많은 요령을 살펴볼 것이다. 마지막으로 WSL에서 컨테이너를 사용하는 방법과 WSL 배포판을 복사하고 관리하는 방법도 볼 수 있다.

2부는 다음 장들로 구성된다.

CHAPTER 4 윈도우에서 리눅스를 함께 쓰기

CHAPTER 5 리눅스에서 윈도우를 함께 쓰기

CHAPTER 6 윈도우 터미널에서 더 많은 것을 얻기

CHAPTER 7 WSL 안에서 컨테이너를 사용해 일하기

CHAPTER 8 WSL 배포판을 사용해 일하기

04

윈도우에서 리눅스를 함께 쓰기

1장 WSL 살펴보기에서는 VM_{Virtual Machine}(가상머신, 가상기계)에서 리눅스를 실행해 보면서 WSL을 체험할 수 있었다. WSL은 윈도우와 리눅스를 서로 편리하게 섞어 쓸 수 있게[31] 해 주는데, 이는 VM이 격리_{isolation}에 중점을 두었기 때문에 가능해진 일이다. 이번 장에서는 WSL에서 실행되는 파일과 애플리케이션이 윈도우 호스트 환경의 파일과 상호 작용하게 하는 일부터 다뤄 보면서 이러한 기능들을 소개한다. 이렇게 소개할 내용 중에는 윈도우의 출력을 WSL에서 실행되는 스크립트에 파이프 형태로 연결하는 방법도 들어 있다. 그런 다음에 윈도우에서 WSL을 거쳐 리눅스의 웹 애플리케이션에 접근_{access}하는 방법을 살펴보자.

이번 장에서는 다음과 같은 주요 주제를 다룰 것이다.

- 윈도우에서 리눅스 파일에 접근하기
- 윈도우에서 리눅스 애플리케이션을 실행하기
- 윈도우에서 리눅스 웹 애플리케이션에 접근하기

출발해 보자!

---

31 [옮긴이] 이러한 특성을 원서에서는 상호운용성(interoperability)이라고 표현한다. 여기서는 이를 '섞어 쓰기'나 '함께 쓰기'라는 쉬운 말로 표현하겠다.

윈도우에서 리눅스 파일에 접근하기

WSL이 설치되어 있으면 파일 탐색기와 기타 프로그램에서 주소를 지정할 수 있는 새 \\wsl$ 경로가 제공된다. 파일 탐색기의 주소 표시줄에 \\wsl$를 입력하면 다음 화면과 같이 실행 중인 리눅스 배포판이 모두 나열된다.

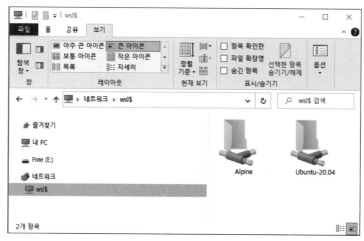

그림 4.1 파일 탐색기에서 \\wsl$

이 화면에서 볼 수 있듯이, 각 실행 배포판은 \\wsl$ 하위 경로로 나타난다. 각 \\wsl$\<배포판_이름>에서 <배포판_이름>이 파일 시스템[32]의 루트로 가는 경로다. 예를 들어, \\wsl$\Ubuntu-20.04는 윈도우에서 우분투 20.04 배포판의 파일 시스템 루트에 접근하기 위한 윈도우 경로다. 이것은 리눅스 배포판의 파일 시스템에 대한 완전한 접근을 윈도우로 가져오는 매우 유연하고 강력한 기능이다.

다음 화면은 파일 탐색기의 \\wsl$\Ubuntu-20.04\home\stuart\tmp 경로를 보여준다. 이것은 stuart인 사용자가 쓰는 20.04 배포판의 ~/tmp 폴더에 해당한다.

---

32 [옮긴이] 즉, <배포판_이름>이 나타내는 해당 배포판이 지닌 파일 시스템.

그림 4.2 리눅스 배포판의 파일 구조를 파일 탐색기에서 보기

이 화면을 보면 파일 탐색기에서 리눅스 파일 시스템을 볼 수 있음을 알 수 있다. 이러한 경로는 UNC 경로(즉, \\로 시작하는 경로)를 허용하는 모든 애플리케이션에서 사용할 수 있다. 예를 들어, 파워셸에서는 윈도우와 마찬가지로 리눅스 파일 시스템에서 읽고 쓸 수 있다.

```
PS C:\> Get-Content '\\wsl$\ubuntu-20.04\home\stuart\tmp\hello-wsl.txt'
Hello from WSL!
PS C:\>
```

이 예시를 통해 WSL용 Ubuntu-20.04 배포판의 ~/tmp 폴더에 hello-wsl.txt라는 이름으로 텍스트 파일이 이미 만들어져 있으며, Get-Content라고 부르는 파워셸 커맨드릿cmdlet을 사용하면 우리가 이전에 본 경로를 지정하여 해당 파일의 내용을 읽을 수 있음을 알 수 있다.

파일 탐색기에서 파일 시스템을 탐색하면서 파일을 두 번 클릭하면 윈도우에서 파일을 열 수 있다. 예를 들어, 그림 4.2에서 hello-wsl.txt를 두 번 클릭하면 다음 화면과 같이 기본 텍스트 에디터(지은이의 경우에는 메모장)에서 해당 파일이 열린다.

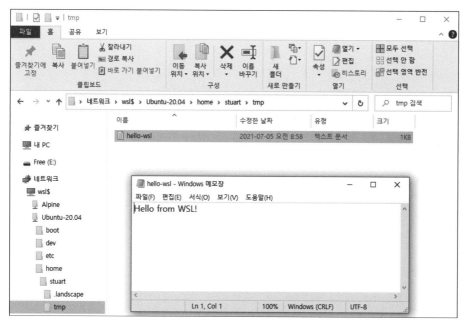

그림 4.3 메모장에서 열린 리눅스 파일

이 화면은 파워셸을 통해 파일 콘텐츠를 가져오지만 메모장에서 열려 있는 이전 예와 동일한 콘텐츠를 보여준다. '파일' 메뉴에서 '다른 이름으로 저장'을 선택하면 대화 상자가 열리고 \\wsl$\... 경로가 표시된다.

> **요령** \\wsl$로 이동했는데 설치된 배포판 중 하나가 보이지 않으면, 이는 배포판이 실행되고 있지 않음을 뜻한다.
>
> 윈도우 터미널에서 셸을 실행하는 식으로 배포판을 간단히 실행할 수 있다. 또는 배포판 이름을 알고 있다면 파일 탐색기의 주소 표시줄(또는 사용 중인 애플리케이션의 주소 표시줄)에 \\wsl$\<배포판_이름>을 입력하면 WSL이 자동으로 배포판을 실행하여 파일 시스템을 탐색할 수 있게 한다!

이번 절에서 보았듯이 \\wsl$\를 지정하는 식으로 파일 시스템을 공유하므로 윈도우 애플리케이션에서 WSL용 배포판의 파일 시스템에 들어 있는 파일에 접근할 수 있다. 이는 윈도우용 도구나 애플리케이션을 사용해 리눅스 파일 시스템에 속한 파일을 다룰 수 있다는 뜻이며, 그렇기 때문에 이번 학습 단계가 WSL을 사용해 윈도우와 리눅스를 연결하는 일을 이해하는 데 무척 유용했을 것이다.

다음으로 윈도우에서 WSL을 거쳐 리눅스 애플리케이션을 실행하는 방법을 살펴보자.

윈도우에서 리눅스 애플리케이션을 실행하기

2장 WSL 설치 및 구성하기에서는 wsl 명령에 대해 간략히 소개했으며, 배포판을 제어하고 배포판 내에서 애플리케이션을 실행하는 데 wsl 명령을 어떻게 사용할 수 있는지 살펴보았다. 이번 절에서는 wsl 명령을 사용해 배포판에서 애플리케이션을 실행하는 방법을 자세히 알아볼 것이다.

이전 절에서 살펴본 것처럼 윈도우에서 리눅스 파일에 접근할 수 있다면 유용할 것이며, 이를 기반으로 애플리케이션 빌드를 호출할 수 있다. WSL은 윈도우의 배포판에서 애플리케이션을 실행할 수 있다는 점에서 그치지 않고 애플리케이션 간에 출력을 파이핑piping할 수 있게도 한다. 윈도우나 리눅스에서 스크립트를 빌드할 때 애플리케이션 간에 출력을 파이핑하는 일은 스크립트 기능을 빌드하는 아주 흔한 방법이다. 윈도우와 리눅스 명령 간에 출력을 파이핑할 수 있으면 윈도우와 리눅스 모두에서 실행되는 스크립트를 빌드할 수 있게 되므로, 윈도우와 리눅스라는 두 환경을 통합하는 데 도움이 된다. 이게 어떤 식으로 작동하는지를 살펴보자.

리눅스로 파이핑하기

이번 절에서는 데이터를 리눅스에서 윈도우로 파이핑하는 방법을 살펴보자. 지은이는 로그 출력 내용과 같은 데이터를 가지고 있었기 때문에 이 데이터를 대상으로 어떤 처리를 여러 차례 수행한 적이 있다. 예를 들어, 각 행을 처리하여 HTTP 상태 코드를 추출한 다음 로그 처리된 '성공 대 실패' 횟수를 그룹화하여 계산하는 식이다. 여기서 우리는 이 시나리오를 대표하지만, 실제 구성은 필요하지 않은 예제를 사용해 볼 것이다. 따라서 윈도우 디렉터리의 파일을 검사하고 각 알파벳 문자로 시작하는 파일이 몇 개 있는지 확인하는 수준에서 그칠 것이다.

파워셸부터 살펴보자(스크립트를 작성하겠지만 파워셸에 능숙하지 않아도 되니 걱정하지 말자).

1. 먼저 다음 명령과 같이 Get-Childitem을 사용해 Windows 폴더의 내용을 가져온다.

```
PS C:\> Get-Childitem $env:SystemRoot


    디렉터리: C:\WINDOWS


Mode                 LastWriteTime         Length Name
----                 -------------         ------ ----
d-----         2019-12-07   오후 11:58                addins
d-----         2020-06-14   오전 11:06                appcompat
d-----         2020-02-17   오후 10:53                Application Data
d-----         2021-06-11   오후 11:25                apppatch
```

```
d-----      2021-06-27  오후 11:07              AppReadiness
d-r---      2021-05-17  오전 2:38               assembly
d-----      2021-06-11  오후 11:25              bcastdvr
d-----      2019-12-07  오후 6:31               Boot
d-----      2019-12-07  오후 6:14               Branding
d-----      2021-06-27  오후 11:02

... (이하 생략!)
```

이 명령에서는 여러분이 설치 위치를 여러분에게 맞춰 둔 경우에 대비해, SystemRoot 환경 변수를 사용해 윈도우 폴더(일반적으로 C:\Windows)를 참조했다. 출력 내용에는 Windows 폴더에 속한 파일 및 폴더가 일부 표시되며 각 항목에 대한 다양한 속성(**데** LastWriteTime, Length, Name)을 볼 수 있다.

2. 다음으로는 정보를 추출할 수 있게 되었는데, 이번 경우에서는 파일 이름의 첫 글자를 따내 볼 것이다. 다음 화면에서 볼 수 있듯이 Get-ChildItem에서 나온 출력 내용을 ForEach-Object 커맨드릿 쪽으로 파이핑하는 식으로, 기존 명령에 새로운 명령을 이어 붙일 수 있다.

```
PS C:\> Get-Childitem $env:SystemRoot | ForEach-Object { $_.Name.Substring(0,1).
ToUpper() }
  A
  A
  A
  A
  A
  B
  B
  B
  C
  C
  C
```

이 출력 내용은 ForEach-Object의 결과를 보여준다. ForEach-Object는 입력 내용($_)을

받아 Substring을 사용해 문자열에서 첫 번째 문자를 따낸다. Substring의 첫 번째 인수는 따내기 시작할 위치를 지정하고 있고(0을 지정하면 원본 문자열이 시작되는 섹션을 가리킴) 두 번째 인수로는 문자 개수를 지정하고 있다. 이전에 나온 출력 내용을 보면 일부 파일과 폴더의 이름이 소문자로 시작되고 그 밖의 어떤 파일과 폴더 이름은 대문자로 시작된다는 점을 알 수 있는데, 여기에서는 대문자로 통일하기 위해 ToUpper를 호출한다.

3. 다음 단계는 각 출력 항목들을 문자별로 묶어 그 빈도수를 계산하는 것이다. 이 책에서는 윈도우와 리눅스 간의 파이프 처리 출력을 보여주는 일을 목표로 삼고 있으므로, 지금은 파워셸의 Group-Object 커맨드릿_{cmdlit}을 무시하고 대신 sort나 uniq와 같은 몇 가지 일반적인 리눅스 유틸리티를 사용할 것이다. 만약 리눅스에서 이 명령을 다른 출력과 함께 사용한다면, 그것을 '그-밖의-명령들 | sort | uniq -c'와 같은 식으로 파이프 형태로 연결할수 있다. 그러나 sort 및 uniq는 리눅스 명령으로서 윈도우에서 실행 중인 것이므로 다음에 보이는 출력 내용처럼 wsl 명령을 사용하여 실행해야 한다.

```
PS C:\> Get-Childitem $env:SystemRoot | ForEach-Object { $_.Name.Substring(0,1).
ToUpper() } | wsl sort | wsl uniq -c

      7 A
      5 B
      5 C
      9 D
      3 E
      1 F


...
```

앞의 출력은 우리가 목표로 했던 결과, 즉 각 문자로 시작되는 파일 개수와 폴더 개수를 보여준다. 그러나 더 중요한 점은 윈도우용 명령을 내렸을 때 나온 출력 내용을 리눅스 명령 쪽으로 파이핑할 수 있음을 보여준다는 점이다!

이 예제에서는 wsl을 두 번 호출했다. 한 번은 sort용으로, 한 번은 uniq용으로 호출했는데, 이런 식으로 파이프 라인을 이루는 각 명령 단계에서 나온 출력 내용이 윈도우와 리눅스 간에 파이핑되게 한다. 명령 구조를 조금 바꾸면 wsl을 한 번만 호출해도 된다. 입력 내용을 wsl sort | uniq -c 꼴로 파이핑하고 싶을지도 모르지만, 이렇게 명령하면 wsl sort의 출력 내용이 윈도우의 uniq 명령으로 파이핑되어 버린다. wsl "sort | uniq -c"처럼 명령을 내리면 어떨지 생각할 수도 있겠

지만, 이렇게 하면 /bin/bash: sort | uniq -c: command not found라는 에러가 나오면서 실패하게 된다. 이렇게 명령하는 대신 wsl bash -c "sort | uniq -c" 꼴로 명령함으로써, wsl을 사용해 bash를 실행할 수 있다. 전체 명령은 다음과 같다.

```
PS C:\> Get-Childitem $env:SystemRoot | ForEach-Object { $_.Name.Substring(0,1).ToUpper()
} | wsl bash -c "sort | uniq -c"
      7 A
      5 B
      5 C
      9 D
      3 E
      1 F



...
```

보다시피 앞서 나온 출력 내용과 똑같이 출력되지만 이번에는 wsl을 한 번만 사용했다. 복잡한 명령까지 이런 식으로 할 수 있다고 장담할 순 없지만 어쨌든 유용한 기술임에는 틀림이 없다.

이번 예시에서는 데이터를 리눅스로 파이핑하는 데 중점을 두었다. 하지만 다음 절에서 볼 수 있듯이 리눅스 명령의 출력 내용을 파이핑할 때도 똑같이 잘 작동한다.

리눅스에서 파이핑하기

이전 절에서는 윈도우용 명령을 내려서 나온 출력 내용을 리눅스로 파이핑하는 방법을 살펴본 다음에, 파워셸을 사용해 Windows 폴더의 항목을 검색하고, 문자를 리눅스 유틸리티에 전달하기 전에 첫 번째 문자를 가져와서 정렬하고, 문자별로 모아서 그 빈도수를 계산하는 방법을 살펴보았다. 이번 절에서는 리눅스 유틸리티에서 출력하는 내용을 윈도우로 파이핑하는 방법을 살펴볼 것이다. bash를 통해 파일을 나열하고 윈도우 유틸리티로 출력을 처리하는 식으로 이전 예제와 반대 방향으로 작동하게 해 볼 것이다.

이 작업에 필요한 파일과 폴더를 기본 배포판의 /usr/bin 폴더에서 가져오자.

```
PS C:\> wsl ls /usr/bin
2to3-2.7                        padsp
GET                             pager
HEAD                            pamon
```

```
JSONStream                        paperconf
NF                                paplay
POST                              parec
Thunar                            parecord
...
```

이 출력 내용은 /usr/bin 폴더 안에 담긴 내용을 보여준다. 다음 단계로, 각 이름의 첫 번째 문자를 가져올 것이다. 다음과 같이 cut 명령을 사용할 수 있다. wsl ls /usr/bin | wsl cut -c1을 사용해도 되지만 이전 절에서 본 기술을 재사용해 단일 wsl 명령으로 결합해 보자.

```
PS C:\> wsl bash -c "ls /usr/bin | cut -c1"
2
G
H
J
N
P
T
```

앞의 출력에서 볼 수 있듯이 이제 첫 번째 문자를 얻게 되었고, 이 문자들을 정렬해 모을 수 있게 되었다. 이번 예시에서는 sort 명령과 uniq 명령이 없는 것으로 가정하고, 대신 파워셸의 Group-Object 커맨드릿을 사용할 것이다.

```
PS C:\> wsl bash -c "ls /usr/bin | cut -c1-1" | Group-Object
Count     Name     Group
-----     ----     -----
1         [        {[]}
1         2        {2}
46        a        {a, a, a, a…}
79        b        {b, b, b, b…}
82        c        {c, c, c, c…}
79        d        {d, d, d, d…}
28        e        {e, e, e, e…}
49        f        {f, f, f, f…}
122       G        {G, g, g, g…}
```

여기에서는 WSL에서 실행된 bash 명령의 출력 내용이 파워셸의 Group-Object 커맨드릿으로 성공적으로 파이핑됨을 볼 수 있다. 이전 절에서는 문자를 일부러 대문자로 바꿨지만, Group-Object가 기본적으로 대소문자를 구분하지 않은 채 일치 여부를 따지므로 이번에는 굳이 그렇게 하지 않아도 되었다(필요하다면 -CaseSensitive 스위치로 다시 정의해 명령을 내리면 된다).

이 예시에서 살펴본 것처럼, WSL을 사용해 리눅스 배포판을 호출함으로써 리눅스 애플리케이션과 유틸리티를 실행할 수 있다. 방금 예시에서는 기본 WSL 배포판을 사용했지만 앞의 모든 예시에서 wsl 명령에 -d 스위치를 추가하는 식으로 리눅스 명령을 실행할 배포판을 지정할 수 있다. 이를 통해 배포판이 여러 개 있는 상황에서 여러분에게 필요한 특정 애플리케이션을 배포판 중한 곳에서만 사용할 수 있다.

이런 식으로 윈도우와 리눅스 애플리케이션 간에 양방향으로 출력을 파이핑할 수 있으므로, 애플리케이션을 결합해서 써야 할 때 큰 유연성을 발휘할 수 있다. 윈도우 유틸리티에 더 익숙하다면 리눅스 애플리케이션을 실행해 나온 결과를 윈도우 유틸리티로 처리할 수 있다. 또는 리눅스를 사용하는 편이 더 편하지만 윈도우 시스템에서 작업해야만 하는 경우라면, 여러분에게 익숙한 리눅스 유틸리티를 호출하여 윈도우의 출력 내용을 처리할 수 있으므로, 생산성을 높일 수 있을 것이다.

지금까지 윈도우에서 리눅스 파일에 접근하고 윈도우에서 리눅스 애플리케이션을 호출하는 방법을 살펴보았다. 다음으로 윈도우에서 WSL로 실행되는 웹 애플리케이션에 접근하는 방법을 알아보자.

윈도우에서 리눅스 웹 애플리케이션에 접근하기

웹 애플리케이션을 개발하는 경우에는 일반적으로 작업 중에 웹 브라우저에서 *http://localhost*로 애플리케이션을 열 것이다. WSL을 사용하면 별도의 IP 주소(리눅스의 ip addr 명령으로 찾을 수 있음)가 있는 WSL 경량 VM 내에서 웹 애플리케이션이 실행된다. 다행히 WSL은 자연스러운 작업 흐름을 유지하기 위해 localhost 주소를 리눅스 배포판에 전달한다. 이번 절에서 이에 대해 설명한다.

이에 따르려면 이 책에서 제공하는 코드(*https://github.com/PacktPublishing/Windows-Subsystem-for-Linux-2-WSL-2-Tips-Tricks-and-Techniques/tree/main/chapter-04*에 있음)를 리눅스 배포판에 클론clone(복제)해 둔 다음에, 터미널을 열어 chapter-04/web-app 폴더로 가야 한다.

옮긴이 설명

지은이가 말한 대로 하기보다는 다음처럼 하자.

(1) 먼저 윈도우 터미널을 열고, 터미널에서 코드를 설치하려는 배포판(예 Ubuntu-18.04)을 새 탭으로 연다.

(2) 그런 다음에 홈 디렉터리로 이동한다(cd ~라고 명령하든지, 아니면 cd /home/<여러분의 로그인 이름>으로 명령하면 된다. 이 책의 경우에는 cd /home/stuart라고 명령해야 했을 것이다).

```
$ cd ~
```

(3) 그러고 나서 클론(복제)한다. 참고로 지은이가 올려 둔 코드의 클론 주소는 git clone 명령 다음에 나오는 주소와 같다. 이 주소에서 .git을 빼면 웹 브라우저에 넣는 주소와 같다.

```
$ git clone https://github.com/PacktPublishing/Windows-Subsystem-for-Linux-2-WSL-
2-Tips-Tricks-and-Techniques.git
```

(4) 이렇게 클론하고 나면 여러분의 홈 디렉터리에 Windows-Subsystem-for-Linux-2-WSL-2-Tips-Tricks-and-Techniques라는 폴더가 생성되어 있을 것이다. 이 이름은 너무 기니 다음과 같이 명령하여 wsl-book이라는 이름으로 바꾸자. 참고로 wsl-book이라는 이름은 이후에도 계속 코드를 넣어 두는 디렉터리 이름으로 쓰이기 때문에, 여기서 미리 이름을 바꿔 두면 이후에 다시 같은 작업을 반복하지 않아도 된다.

```
$ mv Windows-Subsystem-for-Linux-2-WSL-2-Tips-Tricks-and-Techniques wsl-book
```

참고로 옮긴이의 컴퓨터에서 실행해 본 예는 다음과 같다.

이 화면의 중간에 ls라는 명령어가 보이는데, 이는 옮긴이가 실행 중간에 잠시 클론된 코드 파일이 들어 있는 폴더 이름을 보기 위해서 명령을 내린 것이다. 이 ls 명령을 생략해도 무방하다.

예제 코드는 최신 버전의 우분투를 사용하는 경우라면 이미 설치되어 있어야 하는 파이썬 3을 사용한다. 리눅스 배포판에서 python3 -c 'print("hello")'를 실행하여 파이썬 3이 설치되었는지를 확인해 볼 수 있다. 명령이 성공적으로 완료되면 모든 설정이 끝난 것이다. 그렇지 않은 경우라면 설치 지침은 파이썬 설명서(*https://wiki.python.org/moin/BeginnersGuide/Download*)를 참고하자.

chapter-04/web-app 폴더에 index.html과 run.sh[33]가 있을 것이다. 그러므로 터미널에서 ./run.sh를 실행하여 웹 서버를 실행한다.[34]

```
$ ./run.sh
Serving HTTP on 0.0.0.0 port 8080 (http://0.0.0.0:8080/) ...
```

웹 서버가 실행 중임을 나타내는 이 출력 결과와 비슷한 출력이 표시되어야 한다.

윈도우 터미널에서 리눅스 탭을 하나 더 열어서 curl을 실행하여 웹 서버가 실행 중인지 확인할 수 있다.

```
$ curl localhost:8080
<!DOCTYPE html>
```

---

33 옮긴이 run.sh가 있는 폴더로 들어가려면 $ cd ~/wsl-book/chapter-04/web-app이라고 명령하자.
34 옮긴이 우분투 18.04 버전에서는 run.sh가 실행되지 않을 수 있으므로 이럴 때는 다음과 같이 명령해 보자.

```
$ python3 -m http.server 8080
```

```
<html lang="en">
<head>
    <meta charset="UTF-8">
    <meta name="viewport" content="width=device-width, initial- scale=1.0">
    <title>Chapter 4</title>
</head>
<body>
    <h1>Hello from WSL</h1>
    <p>This content is brought to you by python <a href="https://docs.python.org/3/
library/http.server.html">http. server</a> from WSL.</p>
</body>
</html>
$
```

curl 명령으로 요청했기 때문에 이에 대한 응답으로 웹 서버가 HTML을 반환해 주고 curl 명령은 반환받은 결과를 이 그림처럼 출력해 준다.

그런 후에 윈도우에서 웹 브라우저를 열어 주소창에 *http://localhost:8080*이라고 입력해 보자.

그림 4.4 윈도우 브라우저에서 WSL 웹 애플리케이션

이 화면에서 볼 수 있듯이 WSL은 윈도우의 localhost에 대한 트래픽을 리눅스 배포판으로 전달한다. WSL로 웹 애플리케이션을 개발하거나 웹 사용자 인터페이스로 애플리케이션을 실행하는 경우, 윈도우에서 로컬로 실행하는 것처럼 localhost를 사용해 웹 애플리케이션에 접근할 수 있다. 이와 같은 통합으로 말미암아 사용자는 사용 환경이 무척 원활해지는 것을 경험할 수 있다.

요약

이번 장에서는 \\wsl$\... 경로를 통해 리눅스 파일 시스템에 접근하는 것부터 시작하여 WSL을 사용해 윈도우에서 리눅스 배포판과 상호 운용을 하는(즉, 함께 쓰는) 방법을 살펴보았다. 또한, 윈도우에서 리눅스 애플리케이션을 호출하는 방법과 두 시스템에서 일반적으로 하는 것처럼 윈도우와 리눅스 명령 간에 출력을 파이핑하여 함께 연결할 수 있음을 확인했다. 마지막으로 WSL이 WSL 배포판 내에서 실행되는 웹 서버에 localhost 요청을 전달하는 것을 확인했다. 이를 통해 WSL에서 웹 애플리케이션을 쉽게 개발 및 실행하고 윈도우 브라우저에서 테스트할 수 있다.

WSL 배포판의 파일 시스템에 접근할 수 있고 윈도우에서 명령을 실행할 수 있으면 두 시스템을 통합하는 데 도움이 되며, 운영체제와 상관없이 여러분이 선호하는 도구를 선택해 일을 처리하는 데도 도움이 된다. 다음 장에서는 WSL 배포판 내부에서 윈도우와 상호 작용하는 기능을 살펴보자.

CHAPTER

05

리눅스에서 윈도우를 함께 쓰기

1장 WSL 살펴보기에서 WSL 환경을 VM에서 리눅스를 실행하는 것과 비교하고 상호 운용을 위한 WSL 기능을 언급했다. **4장 윈도우에서 리눅스를 함께 쓰기**에서는 윈도우 측에서 이러한 상호 운용 기능을 활용하는 방법을 살펴보았고 이번 장에서는 리눅스 측에서 살펴보자. 이를 통해 윈도우 명령과 도구의 기능을 WSL 환경으로 가져올 수 있다.

WSL 환경 내에서 윈도우 애플리케이션 및 파일과 상호 작용하는 방법부터 살펴보겠다. 그런 후에 리눅스와 윈도우에서 스크립트를 사용하는 방법을 살펴볼 것이다. 여기에는 스크립트 간 입력을 전달하는 방법도 포함된다. 윈도우 명령에 별칭을 지정하여 더 자연스러운 느낌을 주는 일부터, 사용성이나 유지 관리 용이성을 위해 윈도우와 리눅스 간에 SSH Secure Shell(보안 셸) 키를 공유하는 일까지, 생산성을 높이기 위한 여러 상호 운용 요령과 기법으로 마무리하겠다.

이번 장에서는 다음과 같은 주요 주제를 다룰 것이다.

- 리눅스에서 윈도우 파일에 접근하기
- 리눅스에서 윈도우 애플리케이션을 호출하기
- 리눅스에서 윈도우 스크립트를 호출하기
- 상호 운용 요령과 기법 살펴보기

첫 번째 주제부터 시작해 보자!

리눅스에서 윈도우 파일에 접근하기

기본적으로 WSL은 WSL 배포판들 안에 윈도우 드라이브를 자동으로 마운트한다. 이러한 마운트는 /mnt 안에 생성되는데, 예를 들면 여러분의 C: 드라이브는 /mnt/c로 마운트된다. 이것을 확인하고 싶다면 C: 드라이브에 wsl-book이라는 폴더를 만들고 그 안에 example.txt 파일을 하나 만들어 보면 된다(텍스트 파일의 내용은 별로 중요하지 않다). 이제 WSL에서 터미널을 실행하고 ls /mnt/c/wsl-book을 실행하면 생성한 파일이 bash 출력에 나열된다.

그림 5.1 윈도우와 WSL의 폴더 내용 목록

이 화면에는 왼쪽의 명령 프롬프트에 example.txt를 표시하는 윈도우의 디렉터리 목록과 오른쪽의 WSL 배포판에 있는 /mnt/c 경로를 통해 나열된 동일한 파일이 포함되어 있다.

다른 파일과 마찬가지로 마운트된 파일과 상호 작용할 수 있는데, 예를 들면 파일을 대상으로 cat 명령을 내려 파일 내용을 볼 수 있다.

```
$ cat /mnt/c/wsl-book/example.txt
Hello from a Windows file!
```

또는 콘텐츠를 윈도우 파일 시스템의 파일로 리디렉트redirect(파이핑 처리 시의 출력 방향 변경)할 수 있다.

```
$ echo "Hello from WSL" > /mnt/c/wsl-book/wsl.txt
$ cat /mnt/c/wsl-book/wsl.txt
Hello from WSL
```

또는 vi(또는 여러분이 선호하는 터미널 텍스트 에디터)에서 파일을 편집할 수 있다.

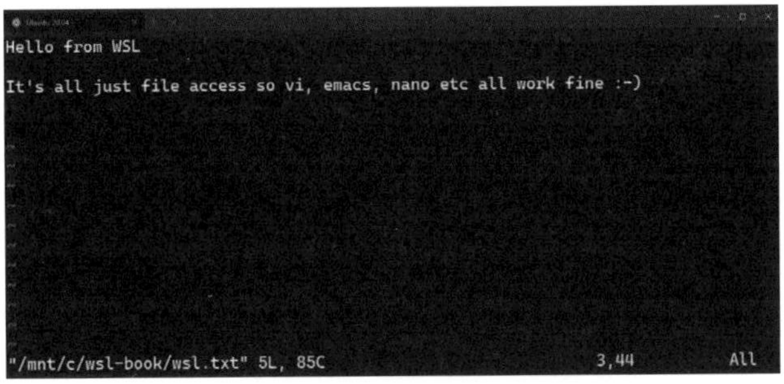

그림 5.2 WSL에서 vi에서 윈도우 파일 편집

이 화면에서는 WSL 배포판으로부터 vi /mnt/c/wsl-book/wsl.txt를 실행한 후에 윈도우 파일 시스템이 파일을 vi로 편집하는 것을 볼 수 있다.

> **중요** 윈도우 파일 시스템은 일반적으로 대소문자를 구분하지 않는다. 즉, 윈도우는 SomeFile을 somefile과 동일하게 취급한다. 리눅스에서 파일 시스템은 대소문자를 구분하므로 두 개의 개별 파일로 표시된다.
>
> WSL 마운트에서 윈도우 파일 시스템에 접근할 때 파일은 리눅스에서 대소문자를 구분하는 방식으로 처리되므로 /mnt/c/wsl-book/EXAMPLE.txt라고 하면 읽기 시도가 실패한다.
>
> 리눅스 파일 시스템은 대문자와 소문자를 구별하지만 기본 윈도우 파일 시스템은 여전히 대소문자를 구분하지 않으므로 이를 염두에 두어야 한다. 예를 들어, 리눅스는 /mnt/c/wsl-book/wsl.txt와 /mnt/c/wsl-book/WSL.txt를 별도 파일로 간주하지만, 리눅스에서 /mnt/c/wsl-book/WSL.txt에 쓰는 작업을 윈도우가 처리하면서 대소문자를 구분하지 않기 때문에 리눅스가 실제로는 이전에 만든 wsl.txt 파일의 내용을 덮어쓰는 꼴이 되고 만다.

이번 절에서 살펴본 것처럼 자동으로 생성된 마운트(/mnt/...)를 사용하면 WSL을 사용하여 리눅스 배포판에서 윈도우 파일에 쉽게 접근할 수 있다(이 마운트를 사용하지 않도록 설정하거나 마운트가 생성되는 위치를 변경하려면 **2장 WSL 설치 및 구성하기**에서처럼 wsl.conf를 사용할 수 있다). 다음 절에서는 리눅스에서 윈도우 애플리케이션을 호출하는 방법을 다룬다.

리눅스에서 윈도우 애플리케이션을 호출하기

4장 윈도우에서 리눅스를 함께 쓰기에서 wsl 명령을 사용해 윈도우에서 리눅스 애플리케이션을 호출하는 방법을 살펴보았다. 그러나 이 방식보다는 또 다른 방식(즉, 리눅스에서 윈도우 애플리케이션을 호출하는 방식)을 사용하는 편이 훨씬 더 쉽다! 이 작업을 수행하려면 WSL 배포판의 터미널을 열고 /mnt/c/Windows/System32/calc.exe를 실행해 직접 윈도우 계산기 앱을 시작한다. 윈도우가 C:\Windows에 설치되지 않은 경우라면 설치된 경로와 일치하도록 경로를 업데이트하자. 이러한 방식으로 WSL 배포판의 터미널에서 모든 윈도우 애플리케이션을 시작할 수 있다.

윈도우 계산기(및 기타 여러 애플리케이션)의 경우에는 WSL을 사용하면 더 쉽게 사용할 수 있다. 이 번에는 터미널에 calc.exe를 입력해 보자. 그러면 윈도우 계산기가 여전히 실행된다. 이렇게 되는 이유는 calc.exe가 여러분의 윈도우 경로에 있고 WSL이 (기본적으로) 윈도우 경로를 WSL 배포판의 리눅스 경로에 매핑하기 때문이다. 이를 확인해 보고 싶다면 터미널에서 echo $PATH를 실행해 보자.

```
$ echo $PATH
/home/user/.local/bin:/home/user/bin:/usr/local/sbin:/usr/local/bin:/usr/sbin:/usr/bin:/
sbin:/bin:/usr/games:/usr/local/games:/mnt/c/ProgramFiles(x86)/MicrosoftSDKs/Azure/CLI2/
wbin:/mnt/c/WINDOWS/system32:/mnt/c/WINDOWS:/mnt/c/WINDOWS/System32/Wbem:/mnt/c/WINDOWS/
System32/WindowsPowerShell/v1.0/:/mnt/c/ProgramFiles/dotnet/:/mnt/c/Go/bin:/mnt/c/
ProgramFiles(x86)/nodejs/:/mnt/c/WINDOWS/System32/OpenSSH/:/mnt/c/ProgramFiles/Git/cmd:/
mnt/c/ProgramFiles(x86)/MicrosoftVSCode/bin:/mnt/c/ProgramFiles/AzureDataStudio/bin:/
mnt/c/ProgramFiles/MicrosoftVSCodeInsiders/bin:/mnt/c/ProgramFiles/PowerShell/7/:/mnt/c/
ProgramFiles/Docker/Docker/resources/bin:/mnt/c/ProgramData/DockerDesktop/version-bin:/
mnt/c/Program Files/Docker/Docker/Resources/bin:… <이하 생략>
```

여기서 알 수 있듯이 리눅스의 PATH 변수는 /home/user/bin과 같은 일반적인 경로뿐만 아니라 WSL 마운트를 사용하도록 변환된 윈도우 PATH 변수의 값(옙 /mnt/c/Windows/System32)도 포함한다. 그 결과, 경로를 지정하지 않고 윈도우에서 실행할 수 있던 모든 애플리케이션을 WSL에서 실행할 수 있다. 한 가지 차이점은 윈도우에서는 파일 확장자를 지정할 필요가 없지만(옙 파워셸 내에서 calc를 실행할 수 있음) WSL에서는 지정한다는 점이다.

이전 절에서는 윈도우에서 텍스트 파일(c:\wsl-book\wsl.txt)을 만들고 vi를 사용해 리눅스에서 열었지만 윈도우 앱에서 파일을 열려면 어떻게 해야 할까? 리눅스에서 notepad.exe c:\wsl-book \wsl.txt를 실행하려고 하면 '파일을 찾을 수 없습니다.'라는 오류 문구를 메모장(즉, notepad.exe)에서 표시한다. 이 문제를 해결하려면 경로를 따옴표로 묶거나(notepad.exe "c:\wsl-book\wsl.txt") 역슬래시를 이스케이프 처리하면 된다(notepad.exe c:\\wsl-book \\wsl.txt).[35] 이러한 방식 중에 어느 하나를 적용해 명령하면 메모장이 실행되고 지정한 파일이 열리게 된다.

35　옮긴이 해당 WSL 배포판(옙 Ubuntu-20.04)의 글꼴을 한글 글꼴로 정하면 역슬래시(즉, 백슬래시)가 원화(\) 부호로 표시된다. 그렇지 않고 기본 글꼴인 Cascadia나 Cascadia Mono 등 영문 글꼴로 지정되어 있다면 역슬래시로 표시된다. 옮긴이의 경우에는 편의를 위해서 한글 글꼴로 지정한 다음에 사용하였다.

실제로 WSL 배포판의 터미널에서 작업할 때 리눅스 파일 시스템에서 파일 작업에 많은 시간을 할애하고 해당 파일을 에디터에서 열어야 한다. 책에 나오는 예제 코드(이는 *https://github.com/PacktPublishing/Windows-Subsystem-for-Linux-2-WSL-2-Tips-Tricks-and-Techniques*에서 찾을 수 있다)를 가지고 있다면, 여러분의 터미널에서 chapter-05 폴더로 이동하면 그 폴더에 example.txt 파일이 들어 있다(예제 코드를 입수하지 못했다면 echo "Hello from WSL!" > example.txt라고 명령하면 테스트 파일을 생성할 수 있다.). 터미널에서 notepad.exe example.txt를 실행해 보자. 그러면 WSL 파일 시스템의 example.txt 파일이 로드된 메모장이 시작된다. WSL 배포판의 파일 작업을 위해 윈도우 GUI 에디터를 쉽게 시작할 수 있으므로 아주 편리하다.

이번 절에서는 WSL에서 윈도우 GUI 애플리케이션을 얼마나 쉽게 호출하고 경로를 매개 변수로 전달할 수 있는지 살펴보았다. 다음 절에서는 WSL에서 윈도우 스크립트를 호출하고, 필요할 때 경로를 명시적으로 변환하는 방법을 살펴보자.

리눅스에서 윈도우 스크립트를 호출하기

윈도우에서 파워셸을 실행하는 데 익숙한 경우라면 파워셸 커맨드릿과 스크립트를 직접 호출할 수도 있다. WSL에서 파워셸 스크립트를 실행해야 할 때 쓸 수 있는 방법으로는, 리눅스용 파워셸을 설치해서 스크립트를 실행하는 방법과 윈도우에서 파워셸을 호출하여 스크립트를 실행하는 방법이 있다. 리눅스용 파워셸에 관심이 있다면 설치 설명서를 *https://docs.microsoft.com/en-us/powershell/scripting/install/installing-powershell-core-on-linux?view=powershell-7*에서 찾을 수 있다. 이번 장에서는 WSL에서 윈도우를 호출하는 데 중점을 두므로 후자의 옵션을 살펴보자.

파워셸은 윈도우 애플리케이션이며 윈도우가 설치된 경로에 들어 있으므로 이전 절에서 본 것처럼 리눅스에서도 powershell.exe를 사용해 호출할 수 있다. 파워셸로 명령을 실행할 때는 -C 스위치(-Command의 약자)를 사용[36]하면 된다.

```
$ powershell.exe -C "Get-ItemProperty -Path
Registry::HKEY_LOCAL_MACHINE\HARDWARE\DESCRIPTION\System"

Component Information   : {0, 0, 0, 0...}
Identifier              : AT/AT COMPATIBLE
```

---

36 [옮긴이] 다음에 나오는 명령을 실행하기 전에 여러분의 현재 디렉터리가 ~/wsl-book/chapter-05여야 한다. 그렇지 않다면 $ cd ~/wsl-book/chapter-05라고 명령하자.

```
Configuration Data      :
SystemBiosVersion       : {OEMC - 300, 3.11.2650,
                           American Megatrends - 50008}
BootArchitecture        : 3
PreferredProfile        : 8
Capabilities            : 2327733
...
```

보다시피 여기에서는 -C 스위치를 사용해 파워셸을 실행하고 있다.

Get-ItemProperty라는 커맨드릿은 윈도우 레지스트리에서 값을 검색한다.

파워셸 커맨드릿을 호출할 수 있을 뿐만 아니라 리눅스에서 파워셸 스크립트를 호출할 수도 있다. 이 책과 함께 제공되는 코드에는 wsl.ps1이라는 예제 스크립트가 포함되어 있다. 이 스크립트는 전달된 Name 매개 변수를 사용해 사용자에게 인사말을 인쇄하고 현재 작업 디렉터리를 인쇄한 다음 윈도우 이벤트 로그에서 일부 항목을 출력한다. bash 프롬프트에서 작업 폴더를 chapter-05 폴더로 이동한 다음[37]에 다음 스크립트를 실행할 수 있다.

```
$ powershell.exe -C ./wsl.ps1 -Name Stuart

Hello from WSL: Stuart
Current directory: Microsoft.PowerShell.Core\FileSystem::\\wsl$\Ubuntu-20.04
\home\stuart\wsl-book\chapter-05

Index Source                                    Message
----- ------                                    -------
77384 Software Protection Platform Service 2121-06-12T14:48:28Z에 다시 ...
77383 Software Protection Platform Service 오프라인 하위 마이그레이션에 ...
77382 Software Protection Platform Service 2121-06-12T14:38:43Z에 다시 ...
77381 Software Protection Platform Service 오프라인 하위 마이그레이션에 ...
77380 SecurityCenter                      알약 상태를 SECURITY_PRODUCT_...
77379 SecurityCenter                      알약 상태를 SECURITY_PRODUCT_...
77378 Software Protection Platform Service 2121-06-12T13:48:34Z에 다시 ...
77377 Software Protection Platform Service 오프라인 하위 마이그레이션에 ...
77376 SecurityCenter                      알약 상태를 SECURITY_PRODUCT_...
77375 Software Protection Platform Service 2121-06-12T13:06:49Z에 다시 ...
```

---

37 [옮긴이] 이미 앞서 나온 명령을 실행하기 전에 이미 chapter-05로 이동해 있어야 한다. 그래야만 wsl.ps1이라는 이름을 지닌 파일이 ~/wsl-book/chapter-05에 생성되기 때문이다. 그리고 이 시점에서도 chapter-05로 이동해야 한다(사실 여러분은 이미 이동해 있을 것이므로 다시 이동하지 않아도 된다).

명령을 실행했을 때 다음과 같이 '스크립트를 실행할 수 없다'는 문구가 뜰 수 있다.

```
$ powershell.exe -C ./wsl.ps1 -Name Stuart
./wsl.ps1 : 이 시스템에서 스크립트를 실행할 수 없으므로 \\wsl$\Ubuntu-20.04
\home\stuart\wsl-book\chapter-05\wsl.ps1 파일을 로드할 수 없습니다. 자세한
내용은 about_Execution_Policies(https://go.microsoft.com/fwlink/?LinkID=135
170)를 참조하십시오.
위치 줄:1 문자:1
+ ./wsl.ps1 -Name Stuart
+ ~~~~~~~~~
    + CategoryInfo          : 보안 오류: (:) [], PSSecurityException
    + FullyQualifiedErrorId : UnauthorizedAccess
$
```

이럴 때는 다음과 같이 한다.

(1) 윈도우 터미널을 관리자 권한으로 실행한다.

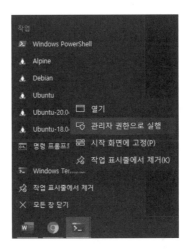

(2) 터미널에서 윈도우 파워셸 프로필 탭을 하나 연다.

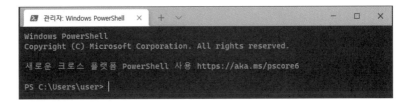

(3) 다음과 같이 명령을 내려 자신의 권한 상태를 확인한다.

```
PS C:\> Get-ExecutionPolicy
Restricted
PS C:\>
```

(4) 권한 상태가 RemoteSigned가 아니라면 다음과 같이 Set-ExecutionPolicy RemoteSigned를 명령한다.

```
C:\> Set-ExecutionPolicy RemoteSigned
C:\>
```

(5) 다시 한 번 Get-ExecutionPolicy 명령을 내려 자신의 권한 상태를 확인한다.

```
C:\> Get-ExecutionPolicy
RemoteSigned
C:\>
```

(6) 그러고 나서 다시 원래의 리눅스 프로필로 돌아가서 다음과 같이 명령한다.

```
$ powershell.exe -C ./wsl.ps1 -Name Stuart
```

그러면 비로소 이 명령이 제대로 실행된다.[38]

68쪽에 나온 출력은 방금 설명한 스크립트를 실행한 결과를 보여준다.

- Stuart(Name 매개변수로 전달한 값)를 포함하는 Hello from WSL:Stuart 출력을 볼 수 있다.
- 현재 디렉터리가 출력된다(Microsoft.PowerShell.Core\FileSystem::\\wsl$\Ubuntu-20.04\home\stuart\wsl-book\chapter-05).
- Get-EventLog 파워셸 커맨드릿을 호출한 윈도우 이벤트 로그의 항목들.

이 예제에서는 윈도우 이벤트 로그 항목을 가져오는 방법을 보여주지만 윈도우에서 파워셸을 실행하므로, 모든 윈도우 파워셸 커맨드릿에 접근해 윈도우 데이터를 검색하거나 윈도우를 다룰 수 있다.

여기에서 본 것처럼 파워셸 명령과 스크립트를 호출할 수 있으면 필요할 때 윈도우에서 정보를 쉽게 얻을 수 있다. 이 예제에서는 WSL에서 파워셸 스크립트로 매개 변수를(즉, 매개 변수 이름을) 전달하는 방법도 보여준다. 다음으로 파워셸과 bash 명령을 결합하는 방법을 알아보기 위해 이를 자세히 살펴보자.

---

38 [옮긴이] 만일 이 명령이 제대로 동작하지 않고 디지털 서명되지 않았다는 등의 에러 메시지가 보인다면 다음과 같이 -ExecutionPolicy Unrestricted라는 옵션을 추가해서 실행하자.

```
$ powershell.exe -ExecutionPolicy Unrestricted -C ./wsl.ps1 -Name Stuart
```

이렇게 하면 모든 스크립트가 실행될 수 있도록 허용하게 된다.

파워셸과 bash 간 데이터 전달

때로는 파워셸 명령이나 스크립트를 호출하는 것으로 충분하지만, 다른 경우에는 bash에서 해당 명령의 출력을 사용하고 싶을 것이다. WSL에서 파워셸 스크립트의 출력을 처리하는 것은 자연스러운 방식으로 작동한다.

```
$ powershell.exe -C "Get-Content ./wsl.ps1" | wc -l
10
```

보다시피 이 명령은 일부 파워셸을 실행하여 출력을 가져와 wc -l로 파이핑하여 입력의 행 수를 계산하는 방법을 보여준다(이 예에서는 10).

스크립트를 작성할 때 파워셸 스크립트에 값을 전달하고자 할 수도 있다. 간단한 경우라면 다음과 같이 bash 변수를 사용할 수 있다.

```
$ MESSAGE="Hello"; powershell.exe -noprofile -C "Write-Host $MESSAGE"
Hello
```

여기서는 bash에서 MESSAGE 변수를 만든 다음 파워셸에 전달한 명령에서 사용했다. 이 접근 방식은 bash에서 변수 대체를 사용한다. 파워셸에 전달되는 명령이 실제로는 Write-Host Hello다. 이 기술은 일부 시나리오에서 작동하지만 실제로 입력을 파워셸로 파이핑해야 하는 경우도 있다. 이것은 약간 덜 직관적이며 파워셸의 특수한 변수인 $input을 사용한다.

```
$ echo "Stuart" | powershell.exe -noprofile -c 'Write-Host "Hello $input"'
Hello Stuart
```

이 예에서는 $input 변수를 사용해 입력을 검색하는 파워셸로 전달되는 echo "Stuart"의 출력을 볼 수 있다. 이 예제는 입력 전달 기술을 보여주기 위해 의도적으로 간단하게 유지되었다. 이보다 더 자주, 입력은 파일의 내용이거나 다른 bash 명령의 출력일 수 있으며 파워셸 명령은 더 풍부한 처리를 수행하는 스크립트일 수 있다.

이번 절에서는 GUI 애플리케이션에서 WSL 파일을 여는 방법을 포함하여 WSL에서 윈도우 애플리케이션을 호출하는 방법을 살펴보았다. 또한, 파워셸 스크립트를 호출하는 방법과, 파워셸과 bash 간에 데이터를 전달하여 두 환경에 걸쳐 스크립트를 생성하여 스크립트 작성 방법에 대한 추가 옵션을 제공하는 방법도 살펴보았다. 다음 절에서는 생산성을 더욱 높이기 위해 더욱 긴밀하게 통합하는 몇 가지 요령과 기법을 살펴보자.

상호 운용 요령과 기법을 살펴보기

이번 절에서는 윈도우와 WSL 간에 작업할 때 생산성을 높이는 데 사용할 수 있는 몇 가지 요령을 살펴본다. 윈도우 명령을 더 자연스럽게 만들기 위해 확장자를 지정하지 않도록 별칭을 사용하는 방법을 살펴보자.

또한 리눅스에서 윈도우 클립보드로 텍스트를 복사하는 방법과 WSL 배포판에서 윈도우 폴더를 더 자연스럽게 맞추는 방법도 알아본다. 그런 후에 리눅스의 기본 윈도우 애플리케이션에서 파일을 여는 방법을 살펴보자. 여기에서 윈도우 애플리케이션을 매개 변수로 전달할 때 WSL 경로와 함께 작동할 수 있는 방법과 기본 동작이 작동하지 않을 때 매핑 경로를 제어하는 방법을 살펴본다.

마지막으로 윈도우의 SSH 키를 WSL 배포판으로 공유하여 키를 쉽게 유지 관리하는 방법을 살펴보자.

먼저 별칭에 관한 내용부터 살펴보자.

윈도우 애플리케이션의 별칭을 만들기

이번 장의 앞부분에서 언급했듯이 WSL에서 윈도우 애플리케이션을 호출할 때 파일 확장자를 포함해야 한다. 예를 들어, 메모장을 실행하려면 notepad.exe를 지정하는 게 원칙이겠지만 윈도우에서는 notepad까지만 지정해도 된다. 파일 확장자를 생략하는 데 익숙하다면 파일 확장자를 반드시 포함하는 습관이 들기까지는 시간이 좀 걸릴 수 있다.

자신의 습관을 고치는 방법의 대안으로 bash를 다시 가르치는 방법도 있다. bash의 별칭 부여 기능을 사용하면 명령에 대한 별칭이나 대체할 수 있는 이름을 만들 수 있다. 예를 들어, alias notepad = notepad.exe를 실행하면 notepad의 별칭인 notepad.exe가 생성된다. 즉, notepad hello.txt를 실행할 때 bash는 이를 notepad.exe hello.txt로 해석한다.

터미널에서 대화식으로 alias 명령을 실행하면 셸의 현재 인스턴스에 대한 별칭만 설정된다. 별칭을 영구적으로 추가하려면 별칭 명령을 .bashrc(또는 .bash_aliases) 파일에 복사하여 셸이 시작할 때마다 자동으로 설정하게 한다.

다음으로 별칭을 지어 두기에 적합한 편리한 윈도우 유틸리티를 살펴보자.

출력 내용을 윈도우 클립보드에 복사해 넣기

윈도우는 오랫동안 clip.exe 유틸리티를 사용했다. clip.exe 도움말을 보면 **명령줄 도구들의 출력을 윈도우 클립보드로 리디렉션한다**고 나와 있는데, 잘 설명한 문장이다. 이번 장의 앞부분에서 보았듯이 WSL의 출력을 윈도우 애플리케이션으로 파이핑할 수 있고, 이것을 clip.exe와 함께 사용해 내용들을 윈도우 클립보드에 넣을 수 있다.

예를 들어, echo $ PWD | clip.exe를 실행하면 터미널의 현재 작업 디렉터리($PWD 값)를 clip.exe로 파이핑한다. 즉, 이런 식으로 WSL의 현재 작업 디렉터리를 윈도우 클립보드에 복사할 수 있는 것이다.

이 명령을 별칭(alias clip = clip.exe)과 결합해 echo $ PWD | clip이라는 명령으로 단순화할 수 있다.

예를 들어, 지은이의 경우에는 명령의 출력을 코드 에디터나 이메일로 복사하기 위해 clip.exe를 많이 사용하는 편이다. 이걸 사용하면 굳이 터미널에서 텍스트를 선택하고 복사하지 않아도 되기 때문이다.

WSL 내 홈 디렉터리에서 윈도우 경로들을 만드는 방법을 더 훑어봄으로써 몇 가지 요령들을 더 알아보자.

심링크를 사용해 윈도우 경로에 더 쉽게 접근할 수 있게 하기

앞에서 살펴본 것처럼 /mnt/c/… 매핑을 통해 윈도우 경로에 접근할 수 있다. 그러나 자주 접근하고 더 쉽게 접근할 수 있는 경로가 있다. 지은이에게 있어 이러한 경로 중 하나는 윈도우의 Downloads 폴더다. WSL에 설치하려는 리눅스용 도구를 발견하고 설치할 패키지를 내려받아야 할 때마다 브라우저는 기본적으로 윈도우의 Downloads 폴더에 내려받는다. 지은이는 /mnt/c/Users/user/Downloads를 거쳐 이것에 접근할 수 있지만, WSL 안에서 ~/Downloads로 접근하는 편을 더 좋아한다.

이를 위해 ln 유틸리티를 사용해 윈도우의 Downloads 폴더를 대상으로 삼는 ~/Downloads에서 **심링크**symlink(즉, **심볼릭 링크**symbolic link)를 만들 수 있다.

```
$ ln -s /mnt/c/Users/user/Downloads/ ~/Downloads
$ ls ~/Downloads
browsh_1.6.4_linux_amd64.deb
devcontainer-cli_linux_amd64.tar.gz
```

```
powershell_7.0.0-1.ubuntu.18.04_amd64.deb
windirstat1_1_2_setup.exe
wsl_update_x64.msi
```

이 출력에서 심링크를 만드는 데 사용하는 `ln -s /mnt/c/Users/user/Downloads/ ~/Downloads` 명령을 볼 수 있다(윈도우 Downloads 폴더와 일치하도록 첫 번째 경로를 변경해야 함). 그런 후에 WSL에서 새 심링크 위치의 내용을 나열하는 출력을 볼 수 있다.

심링크와 관련하여 WSL에 특별한 것은 없지만 윈도우 폴더에 대한 심링크를 만들 수 있으면 WSL 환경을 더욱 세부적으로 사용자 지정할 수 있다. WSL을 사용하면 심링크할 고유한 폴더를 찾을 수 있다.

다음으로, 파일 형식에 대해 기본 윈도우 에디터에서 WSL 파일을 여는 방법을 살펴보자.

wslview를 사용해 기본 윈도우 애플리케이션 시작하기

이번 장에서는 WSL에서 특정 윈도우 애플리케이션을 호출하는 방법을 살펴보았다. 윈도우의 또 다른 기능으로는 파일을 여는 데 필요한 애플리케이션을 윈도우가 파일을 열 때 결정하도록 하는 기능이 있다. 예를 들어, 파워셸 프롬프트에서 example.txt라는 파일을 실행하면 기본 텍스트 에디터(즉, 메모장)가 열리지만 example.jpg를 실행하면 기본 이미지 뷰어가 열린다.

다행히도 도움이 될 만한 방법이 있는데, 그것은 바로 `wslutilities`에서 가져온 `wslview`를 사용해 동일한 작업을 리눅스에서도 할 수 있다는 점이다. Microsoft Store에서 내려받는 최신 우분투 버전에는 `wslutilities`가 미리 설치되어 있지만, 그 밖의 배포판에 대한 설치 지침을 *https://github.com/wslutilities/wslu*에서 찾을 수 있다.

`wslutilities`가 설치되어 있다면, WSL 터미널에서 `wslview`를 실행[39]할 수 있다.

```
# 기본 윈도우 테스트 에디터 실행
$ wslview my-text-file.txt
# 기본 윈도우 이미지 뷰어 실행
$ wslview my-image.jpg
# 기본 브라우저 실행
$ wslview https://wsl.tips
```

---

39 [옮긴이] 각 파일은 실제로 존재하는 파일이 아니고, 지은이가 예시로 드는 것일 뿐이다. 인터넷 주소는 실제로 존재하며, 지은이가 만들어 둔 페이지다.

이 명령은 wslview 사용의 몇 가지 예를 보여준다. 처음 두 예는 파일 확장자에 따라 파일에 대한 기본 윈도우 애플리케이션의 시작을 보여준다.

첫 번째 예제는 기본 윈도우 텍스트 에디터(일반적으로 메모장)를 시작하고, 두 번째 예제는 JPEG 파일과 관련한 윈도우 애플리케이션을 시작한다. 세 번째 예제는 URL을 전달하면 기본 윈도우 브라우저에서 해당 URL이 열린다.

이 유틸리티는 WSL의 콘솔에서 윈도우의 그래픽 애플리케이션으로 연결하는 아주 편리한 방법이다.

이 책을 쓰는 시점에서, wslview와 함께 사용할 수 있는 경로에는 몇 가지 제한이 있다. 예를 들어, wslview ~/my-text-file.txt는 시스템이 지정된 파일을 찾을 수 없을 것이기 때문에 오류가 나타나며 실패한다. 다음 절에서는 이를 극복하기 위해 윈도우와 리눅스 간 경로를 변환하는 방법을 살펴보자.

윈도우와 WSL 간 경로 대응하기

이번 장의 앞부분에서는 notepad.exe example.txt라는 명령처럼 WSL에서 명령을 실행하여 지정한 텍스트 파일을 메모장으로 열었다. 언뜻 보면 WSL이 명령을 실행할 때 경로를 변환한 것처럼 보이지만 다음 화면은 작업 관리자의 메모장을 보여준다(Command line 열을 추가함).

Name	PID	Status	CPU	Memory (ac...	Command line
notepad.exe	21060	Running	00	836 K	notepad.exe example.txt
notepad.exe	6420	Running	00	896 K	notepad.exe ../chapter-05/example.txt
notepad.exe	4272	Running	00	2,032 K	notepad.exe /home/stuart/wsl-book/chapter-05/example.txt

그림 5.3 작업 관리자에서 실행 중인 notepad.exe 확인

그림 5.3에서 서로 다른 인수들을 사용하는 notepad.exe를 볼 수 있다.

- notepad.exe example.txt

- notepad.exe ../chapter-05/example.txt

- notepad.exe /home/user/wsl-book/chapter-05/example.txt

나열된 각 예제에 대해, 인수가 변환되지 않은 채 메모장으로 직접 전달되었는데도 지은이는 경로가 WSL의 파일을 가리키는 디렉터리에 있는지를 확인했고, 매번 예제 파일이 열린 상태에서 메모장이 실행되는 디렉터리에 있는지를 확인했다(그림 5.3에 보이는 화면을 참조).

이게 효과가 있기 때문에 WSL 사용자에게 큰 도움이 되지만, 일부 상황에서는 이 방법이 작동함에도 효과를 내지 않는 경우도 있는데, 이때 왜 효과를 내는지를 이해해 두면 효과를 내지 않는 경우에도 대비할 수 있다. 이런 식으로 윈도우 스크립트를 호출할 때와 같이 동작을 변경하려는 시기를 WSL에서 알 수 있다. 그렇다면 명령이 호출될 때 경로가 변환되지 않는 경우에 WSL에서 메모장은 example.txt를 어떻게 찾았을까? 첫 번째 답은 메모장이 WSL에 의해 시작될 때 WSL의 터미널에 대한 현재 작업 디렉터리에 해당하는 경로인 \\wsl$\...로 작업 디렉터리를 설정한다는 점이다. powershell.exe ls를 실행하여 이 동작을 확인할 수 있다.

```
$ powershell.exe ls


    디렉터리: \\wsl$\Ubuntu-20.04\home\stuart\wsl-book\chapter-05


Mode                 LastWriteTime         Length Name
----                 -------------         ------ ----
------         2021-07-07   오전 12:03          6 clip.exe
------         2021-07-06   오후 10:43         16 example.txt
------         2021-07-06   오후 10:43       2055 01-example-commands.sh
------         2021-07-06   오후 10:43        245 wsl.ps1
------         2021-07-06   오후 10:43        768 02-ssh-agent-forwarding.sh


$
```

이 출력에서는 WSL에서 시작된 파워셸이 현재 작업 디렉터리에 담긴 내용을 나열하는 것을 볼 수 있다. WSL 셸에는 /home/stuart/wsl-book/chapter-05라는 작업 디렉터리가 있는데, 파워셸을 실행하면 이 디렉터리를 윈도우 방식으로 나타내는 값인 \\wsl$\Ubuntu-20.04\home\stuart\wsl-book\chapter-05가 표시된다.

이제 메모장이 WSL 작업 디렉터리를 기반으로 삼아, 해당 작업 디렉터리에서부터 실행된다는 점을 알았다. 따라서 예시로 나온 내용 중 처음에 나온 두 가지(notepad.exe example.txt와 notepad.exe ../chapter-05/example.txt)에서 메모장은 파일 경로를 상대적인 경로로 취급했다는 점과, 파일을 찾기 위해 메모장의 작업 디렉터리를 기준점으로 삼아 경로를 지정했다는 점을 알 수 있다.

마지막 예시(notepad.exe /home/user/wsl-book/chapter-05/example.txt)는 약간 다르다. 이 경우에 메모장은 경로를, 루트를 기준점으로 삼은 상대 경로를 지정한다. 메모장이 C:\some\folder

라는 작업 디렉터리를 사용한다면, 메모장은 자신의 작업 디렉터리의 루트(C:\)를 기준으로 상대 경로를 확인하게 되는데, 이에 따라 최종 경로는 C:\home\stuart\wsl-book\chapter-05\example.txt가 된다. 하지만 우리가 WSL에서 메모장을 실행했다면 작업 디렉터리는 UNC 경로인 \\wsl$\Ubuntu-20.04\home\stuart\wsl-book\chapter-05로 지정되어야 하므로, 루트는 \\wsl$\Ubuntu-20.04인 것으로 간주된다. 이것은 우분투 20.04 배포판의 파일 시스템의 루트를 지정한 것과 같은 결과가 되어 아주 잘 먹혀들며, 따라서 이 루트 경로에 나머지 리눅스 절대 경로를 추가하면 여러분이 의도한 경로가 만들어진다!

이런 식으로 경로를 지정하는 게 무척 생산적이고 대부분 잘 작동하지만, 이전 절에서는 wslview ~/my-text-file.txt가 작동하지 않은 적이 있다. 경로를 지정하는 일을 직접 통제해야 할 때 사용할 수 있는 또 다른 유틸리티가 있으니 한번 살펴보자.

wslpath 소개

wslpath 유틸리티를 사용하면 윈도우 경로와 리눅스 경로를 변환할 수 있다. 예를 들어, WSL 경로에서 윈도우 경로로 변환하려면 다음을 실행한다.

```
$ wslpath -w ~/my-text-file.txt
\\wsl$\Ubuntu-20.04\home\stuart\my-text-file.txt
```

이 출력은 wslpath가 인수로 전달한 WSL 경로에 대해 \\wsl$\... 경로를 반환했음을 보여준다.

 지은이가 가상의 파일을 예로 들고 있기 때문에(실제로 /home/stuart에 my-text-file.txt가 없다) 이해하기 어려우므로 chapter05에 들어 있는 example.txt 파일로 wslpath 명령의 효과를 확인해 보는 게 좋겠다. 예를 들면, chapter-05 디렉터리로 들어가 다음과 같이 명령해 보자.

```
stuart@USER-PC:~/wsl-book/chapter-05$ wslpath -w example.txt
\\wsl$\Ubuntu-20.04\home\stuart\wsl-book\chapter-05\example.txt
stuart@USER-PC:~/wsl-book/chapter-05$
```

이번에는 wslpath를 사용해 윈도우 경로에 해당하는 리눅스 경로를 표시해 보자.

```
$ wslpath -u '\\wsl$\Ubuntu-20.04\home\stuart\my-text-file.txt'
/home/user/my-text-file.txt
```

여기서는 \\wsl$\... 경로가 WSL 경로로 다시 변환된 것을 볼 수 있다.

 bash에서 윈도우 경로를 지정할 때는 경로 전체를 작은따옴표로 둘러싸거나, 아니면 각 \을 \\로 표시하여야 한다. \\wsl$\... 경로에 보이는 달러 기호에도 그렇게 해야 한다.

앞의 예에서는 WSL 파일 시스템의 파일 경로로 작업했지만 wslpath는 윈도우 파일 시스템의 경로에서도 잘 작동한다.

```
$ wslpath -u 'C:\Windows'
/mnt/c/Windows
$ wslpath -w /mnt/c/Windows
C:\Windows
```

이 출력에서 wslpath가 윈도우 파일 시스템의 경로를 /mnt /... 경로로 변환하고, /mnt/...로 시작되는 WSL 경로를 역으로 윈도우 경로로 변환하는 것을 볼 수 있다.

이제 wslpath의 작동 방식을 살펴보았으므로 이를 사용하는 몇 가지 예를 살펴보자.

활동 중인 wslpath

이번 장의 앞부분에서 간편한 wslview 유틸리티를 살펴보았지만, 이 유틸리티가 상대적인 WSL 경로만 처리하기 때문에 wslview /home/stuart/my-text-file.txt와 같은 꼴로 사용할 수 없다는 점도 관찰했다. 그래도 wslview를 사용하면 윈도우 경로를 지정할 수 있으므로, wslpath를 사용함으로써 이런 점을 살릴 수 있다. 예를 들어, wslview $(wslpath -w /home/user/my-text-file.txt)는 wslpath를 사용해 WSL 경로를 이에 해당하는 윈도우 경로로 일단 변환한 다음, 이렇게 해서 나온 값으로 wslview를 호출하자는 것이다. 더 편하게 사용하려면 이런 기능을 함수로 만들면 된다.

```
# 'wslvieww' 함수 생성
wslvieww() { wslview $(wslpath -w "$1"); };
# 함수를 사용
wslvieww /home/stuart/my-text-file.txt
```

 지은이가 말하고자 하는 바를 실제로 있는 파일을 대상으로 실행한 예를 들면 다음과 같다.

```
stuart@USER-PC:~/wsl-book/chapter-05$ wslvieww() { wslview $(wslpath -w "$1"); };
stuart@USER-PC:~/wsl-book/chapter-05$ wslvieww /home/stuart/wsl-book/chapter-05/
example.txt
```

이렇게 두 번에 걸쳐서 명령하면 화면에 메모장이 뜨면서 example.txt 파일의 내용을 보여준다. 물론 현재 디렉터리에 exmaple.txt가 있으므로 $ wslvieww example.txt라는 식으로 간단히 명령해도 된다.

이 예에서 wslvieww 함수는 bash(이름 뒤에 w자를 하나 더 보탰는데, 이는 윈도우용 명령임을 나타내기 위해서다)에서 생성되지만, 원한다면 이름을 다르게 지어도 무방하다. 어쨌든 이렇게 새로운 함수를 하나 정의해 두면, 이 새 함수는 wslview 명령을 사용하는 방식과 똑같은 방식으로 사용할 수 있게 되지만, 이 wslvieww 명령은 이제 리눅스 경로에 대응하는 윈도우 경로를 만들어 내고, 윈도우는 그렇게 만들어진 윈도우 경로를 확인해 해당 파일의 내용을 볼 수 있게 해 준다.

wslpath를 사용할 수 있는 또 다른 예로는 리눅스 home 폴더에서 윈도우 Downloads 폴더에 대한 심링크를 만드는 경우를 들 수 있다. 이번 장의 앞부분에 제공된 명령을 사용하려면 명령을 편집하여 윈도우 사용자 프로필에 적절한 경로를 입력해야 했다. 다음 명령들을 사용하면 윈도우 사용자 프로필을 따로 수정하지 않아도 된다.

```
$ WIN_PROFILE=$(cmd.exe /C echo %USERPROFILE% 2>/dev/null)
$ WIN_PROFILE_MNT=$(wslpath -u ${WIN_PROFILE/[$'\r\n']})
$ ln -s $WIN_PROFILE_MNT/Downloads ~/Downloads
```

이 명령들은 윈도우를 호출하여 USERPROFILE 환경 변수를 가져와서 wslpath로 변환함으로써 /mnt /… 형식으로 된 경로를 가져오는 방법을 보여준다. 마지막으로 해당 경로가 Downloads 폴더와 결합되고 ln에 전달되어 심링크를 만든다.

이러한 명령들은 wslpath를 사용해 윈도우와 WSL 파일 시스템 간의 경로 변환을 완벽하게 제어하는 방법에 대한 몇 가지 예일 뿐이다. 대부분 이 작업이 필요하지 않지만, 이런 명령들이 있다는 점을 알고 사용 방법을 알고 있으면 WSL에서 파일 작업을 효과적으로 할 수 있다.

마지막으로 살펴볼 요령은 윈도우와 WSL 배포판 간에 SSH 키를 공유하는 것이다.

SSH 에이전트 전달

SSH를 사용해 원격 컴퓨터에 연결할 때 SSH 인증 키를 사용하는 것이 일반적이다. 예를 들어, git을 통해 소스 코드 변경 사항을 깃허브에 푸시할 때 SSH 키를 사용해 다른 서비스를 인증할 수도 있다.

이번 절에서는 WSL 배포판들에 사용할 OpenSSH 인증 에이전트를 구성할 것이다. 여러분이 이미 SSH 키와 연결할 머신을 지니고 있다고 가정하겠다.

> **요령** SSH 키가 없다면 OpenSSH 문서(https://docs.microsoft.com/en-us/windows-server/administration/openssh/openssh_keymanagement)에서 키를 만드는 방법을 찾아보자.
>
> 연결할 머신을 지니고 있지 않다면 애저 문서(https://docs.microsoft.com/en-us/azure/virtual-machines/linux/ssh-from-windows#provide-an-ssh-public-key-when-deploying-a-vm)에서 SSH 방식으로 접근할 수 있는 VM을 만드는 방법을 찾아볼 수 있다(무료 평가판으로 수행할 수 있음).

윈도우와 하나 이상의 WSL 배포판에서 SSH 키를 사용하는 경우라면 매번 SSH 키를 복사할 수 있다. 대안은 **OpenSSH 인증 에이전트**를 설정하는 것이다. 윈도우에서 키를 가져오는 데 사용하도록 WSL 배포판을 구성한다. 즉, SSH 키를 관리할 수 있는 곳과 SSH 키 암호를 입력할 수 있는 곳이 한 곳뿐이다(사용한다고 가정).

윈도우 OpenSSH 인증 에이전트를 시작해 보자.

윈도우 OpenSSH 인증 에이전트가 실행 중인지 확인하기

이를 설정하는 첫 번째 단계는 윈도우 OpenSSH 인증 에이전트가 실행 중인지 확인하는 것이다. 이렇게 하려면 윈도우에서 **서비스** 앱을 열고[40] **OpenSSH Authentication**까지 아래로 스크롤한다. **실행 중**Running으로 표시되지 않으면 마우스 오른쪽 단추를 클릭하고 **속성**Properties을 선택한다. 열리는 대화 상자에서 다음과 같이 구성되어 있는지 확인하자.

- **시작 유형**(E) 값을 **자동**으로 둔다.
- **서비스 상태**를 **실행 중**으로 둔다(실행 중이 아니라면 **시작**(S) 버튼을 클릭하자).

---

40 [옮긴이] 윈도우의 작업 표시줄에서 검색 아이콘(돋보기 모양 아이콘)을 클릭한 다음 '서비스'라고 입력하면 '서비스 앱'을 찾을 수 있다. 그런 후에 이름 위에서 클릭하면 된다.

이제 ssh-add를 사용해 에이전트에 키들을 추가할 수 있다. 예를 들면 ssh-add ~/.ssh/id_rsa 같은 식이다. SSH 키에 대한 암호가 있다면 입력하라는 메시지가 표시된다. ssh-add를 찾을 수 없다는 오류가 발생하면 *https://docs.microsoft.com/en-us/windows-server/administration/openssh/openssh_install_firstuse*의 지침에 따라 OpenSSH 클라이언트를 설치한다.

예를 들어, 이전에 설명한 ssh 키 생성 방법을 따라서 옮긴이는 파워셸로 들어가 다음 폴더 안에서 다음과 같이 ssh-keygen 명령을 실행해 키를 생성해 두었다.

```
PS C:\Users\user> ssh-keygen -m PEM -t rsa -b 4096
```

그렇기 때문에 ssh 키는 C:\Users\user 폴더에 있을 것이다. 이 책에서 지시한 그대로 경로를 ~/.ssh/id_rsa로 주게 되면 파일을 찾을 수 없다는 문구가 나오는 게 당연하다. 다음과 같이 경로를 수정하여 명령하면 명령이 먹힌다.

```
PS C:\Users\user> ssh-add ~/.ssh/id_rsa
~/.ssh/id_rsa: No such file or directory
PS C:\Users\user> ssh-add .ssh/id_rsa
Identity added: .ssh/id_rsa (.ssh/id_rsa)
PS C:\Users\user>
```

키가 올바르게 추가되었는지 확인하려면 윈도우에서 ssh를 실행하여 원격 컴퓨터에 연결해 보자.

```
PS C:\> ssh stuart@sshtest.wsl.tips
key_load_public: invalid format
Welcome to Ubuntu 18.04.4 LTS (GNU/Linux 5.3.0-1028-azure x86_ 64)
Last login: Tue Jul 7 21:24:59 2020 from 143.159.224.70
stuart@slsshtest:~$
```

이 출력에는 ssh가 실행되고 원격 시스템에 성공적으로 연결되는 것을 볼 수 있다.

> **요령** 깃허브에서 인증하는 데 사용할 SSH 키를 구성한 경우라면 ssh -T git@github.com을 사용해 연결을 테스트할 수 있다. 깃허브에서 SSH 키를 사용하는 방법을 자세히 알고 싶다면 https://docs.github.com/en/github/authenticating-to-github/connecting-to-github-with-ssh에서 확인할 수 있다.
>
> **OpenSSH 인증 에이전트**를 사용해 SSH 키를 검색하도록 깃에 지시하려면 GIT_SSH 환경 변수를 C:\Windows\System32\OpenSSH\ssh.exe(또는 윈도우 폴더가 다른 경우라면 설치된 경로)로 설정해야 한다.

지금까지 여러 단계에 걸쳐 윈도우에서 SSH 키를 사용해 OpenSSH 인증 에이전트를 구성했다. 키에 암호가 있으면 사용할 때마다 암호를 묻는 메시지가 표시되지 않는다. 다음 단계에서는 WSL에서 이러한 키들에 접근할 수 있도록 구성할 것이다.

WSL에서 윈도우 SSH 키에 접근할 수 있게 구성하기

이제 윈도우에서 사용할 키를 지니게 되었으므로 윈도우의 OpenSSH 인증 에이전트에 연결하도록 WSL 안에서 리눅스 배포판을 구성하려고 한다. 리눅스 ssh 클라이언트에는 SSH_AUTH_SOCK 환경 변수가 있어서 SSH 키를 검색할 때 연결할 소켓을 제공할 수 있다. 문제는 OpenSSH 인증 에이전트가 소켓이 아닌 윈도우 이름의 파이프를 통한 연결을 허용한다는 것이다(별도의 머신은 말할 것도 없다).

리눅스 소켓을 윈도우 이름의 파이프에 연결하기 위해서 socat과 npiperelay와 같은 두 가지 유틸리티를 사용할 것이다. socat 유틸리티는 서로 다른 위치 간에 스트림을 중계할 수 있는 강력한 리눅스용 도구다. 우리는 이것을 SSH_AUTH_SOCK 소켓에서 수신 대기하고 실행하는 명령으로 전달하는 데 사용한다. 이 명령은 npiperelay 유틸리티(리눅스와 컨테이너로 멋진 작업을 수행하는 윈도우 팀의 개발자인 John Stark가 작성한 것임)가 될 것이다. 이 유틸리티는 입력을 명명된 파이프로 전달한다.

npiperelay를 설치하려면 깃허브(*https://github.com/jstarks/npiperelay/releases/latest*)에서 최신 릴리스를 가져와 여러분의 경로상에 npiperelay.exe를 추출해 두자. socat을 설치하려면 sudo apt install socat을 실행하자.

---

 socat을 설치한 예를 들면 다음과 같다.

```
stuart@USER-PC:~$ sudo apt install socat
[sudo] password for stuart:
Reading package lists... Done
Building dependency tree
Reading state information... Done
The following NEW packages will be installed:
  socat
0 upgraded, 1 newly installed, 0 to remove and 0 not upgraded.
Need to get 323 kB of archives.
After this operation, 1394 kB of additional disk space will be used.
Get:1 http://archive.ubuntu.com/ubuntu focal/main amd64 socat amd64 1.7.3.3-2 [323
kB]
Fetched 323 kB in 2s (159 kB/s)
Selecting previously unselected package socat.
(Reading database ... 32232 files and directories currently installed.)
Preparing to unpack .../socat_1.7.3.3-2_amd64.deb ...
Unpacking socat (1.7.3.3-2) ...
```

```
Setting up socat (1.7.3.3-2) ...
Processing triggers for man-db (2.9.1-1) ...
stuart@USER-PC:~$
```

SSH 키 요청 전달을 시작하려면 WSL에서 다음 명령어를 실행하자.

```
$ export SSH_AUTH_SOCK=$HOME/.ssh/agent.sock
$ socat UNIX-LISTEN:$SSH_AUTH_SOCK,fork EXEC:"npiperelay.exe -ei
-s //./pipe/openssh-ssh-agent",nofork &
```

첫 번째 줄은 SSH_AUTH_SOCK 환경 변수를 설정한다. 두 번째 줄은 socat을 실행하고 SSH_AUTH_
SOCK 소켓에서 수신하고 이를 npiperelay에 이어주도록 지시한다. npiperelay 명령줄은 입력을
수신하고 파이프라는 이름의 //./pipe/openssh-ssh-agent로 전달하도록 지시한다.

이를 통해 이제 WSL 배포판에서 ssh를 실행할 수 있다.

```
$ ssh stuart@sshtest.wsl.tips
agent key RSA SHA256:WEsyjMl1hZY/xahE3XSBTzURnj5443sg5wfuFQ+bGLY returned incorrect
signature type
Welcome to Ubuntu 18.04.4 LTS (GNU/Linux 5.3.0-1028-azure x86_64)
Last login: Wed Jul 8 05:45:15 2020 from 143.159.224.70
stuart@slsshtest:~$
```

이 출력은 WSL 배포판에서 ssh가 성공적으로 실행되었음을 보여준다. -v(verbose) 스위치와 함께
ssh를 실행하여 윈도우에서 키가 로드되었는지 확인할 수 있다.

```
$ ssh -v stuart@sshtest.wsl.tips
...    debug1: Offering public key: C:\\Users\\stuart\\.ssh\\id_rsa
RSA SHA256:WEsyjMl1hZY/xahE3XSBTzURnj5443sg5wfuFQ+bGLY agent
debug1: Server accepts key: C:\\Users\\stuart\\.ssh\\id_rsa RSA SHA256:WEsyjMl1hZY/
xahE3XSBTzURnj5443sg5wfuFQ+bGLY agent
...
```

전체 상세 출력 내용은 다소 길지만 이 코드에서는 ssh가 연결에 사용하는 키를 볼 수 있다. 경로
는 윈도우 경로이며 윈도우 OpenSSH 에이전트를 통해 키가 로드되었음을 보여준다.

이전에 socat을 시작하기 위해 실행한 명령으로 이 시나리오를 테스트할 수 있었지만, 새 터미널
세션마다 명령을 실행할 필요없이 SSH 키 요청이 자동으로 전달되기를 원할 것이다. 이를 위해
.bash_profile 파일에 다음 행을 추가하자.

```
export SSH_AUTH_SOCK=$HOME/.ssh/agent.sock
ALREADY_RUNNING=$(ps -auxww | grep -q "[n]piperelay.exe -ei -s //./pipe/openssh-ssh-
agent"; echo $?)
 if [[ $ALREADY_RUNNING != "0" ]]; then
    if [[ -S $SSH_AUTH_SOCK ]]; then
  (http://www.tldp.org/LDP/abs/html/fto.html)
        echo "removing previous socket..."
            rm $SSH_AUTH_SOCK
    fi
    echo "Starting SSH-Agent relay..."
        (setsid socat UNIX-LISTEN:$SSH_AUTH_SOCK,fork EXEC:"npiperelay.exe -ei -s //./
pipe/openssh-ssh-agent",nofork &) /dev/null 2>&1
 fi
```

이러한 명령들은 본질적으로 보면 원래 socat 명령과 동일하지만, 오류 검사를 추가하고 socat 명령을 실행하기 전에 먼저 해당 명령이 이미 실행 중인 것은 아닌지를 검사하며 여러 터미널 세션에 걸쳐서 명령이 지속될 수 있게 한다는 점에서는 다르다.

이러한 명령들을 통해 한 곳에서 SSH 키와 암호(윈도우의 OpenSSH 인증 에이전트)를 관리하고 SSH 키를 WSL 배포와 원활하게 공유할 수 있다.

또한, 리눅스 소켓을 윈도우 방식으로 이름이 지어진 파이프로 전달하는 기술은 다른 상황에서 사용할 수 있다. 리눅스에서 윈도우의 MySQL 서비스에 연결하는 것을 포함하여 더 많은 예제를 보고 싶다면 *https://github.com/jstarks/npiperelay*에서 npiperelay에 관한 문서를 확인하자.

이번에 다룬 요령과 기법 부분에서는 명령에 대한 별칭을 만드는 일부터 시작해 SSH 키를 공유하는 일에 이르는 다양한 예제로 WSL과 윈도우를 연결하는 기술을 살펴보았다. 예제 자체만으로도 충분히 유용할 수 있게 집필했지만, 예제의 배경이 되는 기술까지 이해한다면 이 기술을 더 다양한 곳에 활용할 수 있을 것이다. 예를 들어, SSH 키 공유 예제에서는 몇 가지 도구를 사용해 리눅스 소켓과 윈도우 이름이 지정된 파이프 간 브리징bridging을 활성화하는 방법을 보여주었는데, 이 예제의 배경 기술을 이해하면 해당 기술을 다른 상황에서도 사용할 수 있다.

요약

이번 장에서는 WSL 배포판에서 윈도우 파일 시스템의 파일에 접근하는 방법과 wslview 유틸리티를 사용해 파일에 대한 기본 윈도우 애플리케이션을 쉽게 시작하는 방법을 포함하여 리눅스에서 윈도우 애플리케이션을 시작하는 방법을 살펴보았다. 필요 시에 wslpath를 사용해 두 파일 시스템 체계 간에 경로를 매핑하는 방법을 포함하여 윈도우와 리눅스 스크립트 간에 입력을 파이핑 하는 방법을 배웠다.

이번 장의 끝 부분에서는 리눅스 소켓에서 윈도우 방식으로 이름이 지정된 파이프로 매핑하는 방 법을 보았고, 이 기술을 사용해 WSL에서 윈도우 SSH 키를 사용할 수 있게 했다. 이를 통해 SSH 키를 각 WSL 배포판에 복사하는 대신, 단일 공유 장소에서 SSH 키와 암호를 관리하여 SSH 키 를 더 쉽게 제어하고 백업할 수 있다.

이 모든 것이 윈도우와 리눅스를 WSL과 더 가깝게 만들고 일상적인 작업 흐름에서 생산성을 높 이는 데 도움이 된다.

이번 장에서는 많은 시간을 할애해 윈도우 터미널을 살펴보았다. 다음 장에서는 윈도우 터미널을 다시 살펴보고 몇 가지 고급 방법을 활용해 필요에 맞게 사용자 지정을 해 보자.

06

윈도우 터미널에서
더 많은 것을 얻기

우리는 **3장 윈도우 터미널을 출발점으로 삼기**에서 새로운 윈도우 터미널을 소개하고 그것의 설치 방법과 프로필 설정 방법 및 사용 방법을 살펴보았다. 이번 장에서는 윈도우 터미널을 자세히 살펴보고 윈도우 터미널에서 실행되는 여러 셸을 사용해 생산성을 유지하는 몇 가지 방법을 살펴본다. 그 후 일반적인 작업의 흐름을 단순화할 수 있도록 사용자 지정 프로필을 추가하는 방법을 살펴본다.

이번 장에서는 다음과 같은 주요 주제를 다룰 것이다.

- 탭 제목을 사용자 맞춤형으로 지정하기
- 동시에 여러 창을 사용해 가며 작업하기
- 사용자 지정 프로필 추가하기

탭 제목을 사용해 여러 탭을 관리하는 방법부터 살펴보자.

탭 제목을 사용자 맞춤형으로 지정하기

탭이 있는 사용자 인터페이스는 멋지다. 여러 브라우저에 이 기능이 있고, 여러 에디터에도 이 기능이 있으며, 윈도우 터미널에도 이 기능이 있다. 지은이를 포함한 일부 사람들에게는 탭이 있는 사용자 인터페이스도 문제가 된다. 지은이는 다음 그림과 같이 한번에 여러 탭을 열어 두고 쓰는 경우가 많다.

그림 6.1 탭이 많이 열려 있는 윈도우 터미널

이 화면에서 볼 수 있듯이 탭이 여러 개 열려 있는 상태에서는 각 탭이 실행 중인 항목과 사용 용도를 파악하기 어려울 수 있다. 지은이는 코딩을 할 때 종종 깃 작업을 수행하기 위한 탭, 코드를 만들고 실행하기 위한 탭, 실행할 때 코드와 상호 작용하기 위한 탭을 열어 둔다. 여기에 시스템과 상호 작용하는 데 필요해서 탭을 추가하거나, 다른 프로젝트에 대해 누군가 묻는 질문을 살펴보기 위해 쓸 탭을 한두 개씩 추가하다 보면 탭 개수가 빠르게 늘어난다.

앞서 나온 화면을 보면 탭에서 실행되는 셸에 따라 일부 경로 정보를 얻을 수 있는 것처럼 보이지만, 동일한 경로에 여러 탭이 있다면 모두 동일한 값을 표시하므로 도움이 되지 않는다. 다행히도 윈도우 터미널을 사용하면 탭 제목을 바꿀 수 있다. 탭 제목을 바꿔 두면 나중에 알아보기 쉽다. 가장 적합한 방법을 선택할 수 있도록 몇 가지 방법을 살펴보자.

콘텍스트 메뉴에서 탭 제목을 설정하기

제목을 설정하는 간단한 방법은 탭 제목을 마우스 오른쪽 버튼으로 클릭하여 콘텍스트 메뉴를 표시하고 **탭 이름 바꾸기**를 선택하는 것이다.

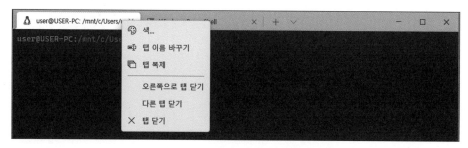

그림 6.2 탭 이름 바꾸기를 보여주는 탭 콘텍스트 메뉴

이 화면에서 볼 수 있듯이 탭을 마우스 오른쪽 버튼으로 클릭하면 탭 이름을 바꾸거나 탭을 구성하는 데 도움이 되도록 탭 색상을 설정할 수 있는 콘텍스트 메뉴가 나타난다.

그림 6.3 이름이 변경되고 색상으로 구분된 탭이 있는 윈도우 터미널

이 화면은 용도별로 탭 제목에 색을 칠한 경우를 보여준다. 또한 각 탭의 제목이 설명할 내용에 맞게 되어 있는데, 예를 들어, **git**이라는 제목은 해당 탭이 어떤 용도로 쓰이는가를 알려준다. 당연히 자신의 작업에 알맞게 제목을 바꾸면 된다.

터미널에서 작업할 때, 키보드를 사용해 제목을 구성하는 편을 더 선호할 수 있다. 이렇게 하는 방법을 바로 이어서 살펴보자.

함수를 사용해 셸에서 탭 제목을 설정하기

키보드 사용을 더 선호한다면, 여러분은 탭에서 실행 중인 셸에서 탭 제목을 설정할 수 있다. 이를 수행하는 방법은 사용 중인 셸에 따라 다르므로 여기서 몇 가지 다른 셸을 살펴보자. **bash**부터 살펴보자.

 **옮긴이
설명** 셸에서 탭 제목을 설정하는 방법을 지은이가 설명한 대로 따라 하다 보면, 우분투의 경우에는 제목이 제대로 바뀌지 않고 계속해서 현재 프롬프트(예를 들면, stuart@USER-PC:/mnt/c/Users/user 같은 것)가 탭 제목으로 바뀌어 버리는 상황을 겪게 된다. 이는 각 셸마다 탭 제목 변경에 반응하는 방법이 달라서 그런 것인데, 우분투는 변경한 제목을 무시한다고 관련 문서(https://docs.microsoft.com/ko-kr/windows/terminal/tutorials/tab-title)에 설명되어 있다(옮긴이가 실험해 본 결과 데비안도 그렇다). 따라서 제목이 바뀌는 듯이 잠시 나타났다가는 다시 프롬프트와 같은 내용이 제목이 되어 버린다. 예를 들면 다음과 같은 식이다.

이럴 때는 다음과 같이 명령하면 우분투 프로필과 데비안 프로필 들에서도 탭 제목을 바꿀 수 있다. 여기서는 탭 제목을 '우분투 20.04'로 바꾼다고 가정해 보겠다.

그리고 이렇게 하고 나서야 바로 이어지는 내용, 즉 지은이가 설명하는 내용대로 set-prompt() 함수를 만들고 이 함수를 이용해 탭 제목을 바꾸는 게 먹힌다.

다음에 나오는 것 같은 함수를 만들면 프롬프트를 쉽게 구성할 수 있다.

```
function set-prompt() { echo -ne '\033]0;' $@ '\a'; }
```

이 코드는 set-prompt라는 함수를 한 개 생성한다. 이 함수는 터미널 제목을 제어하는 이스케이프 시퀀스를 사용하므로 set-prompt "함수로 바꾼 제목"과 같은 명령을 실행하여 탭 제목을 변경할 수 있다(이 예에서는 A new title로 변경).

 이해를 돕기 위해서 앞서 나온 옮긴이 설명 내용과 아울러서 이 코드를 프롬프트에서 바로 실행한 경우를 보면 다음 그림과 같다.

파워셸의 경우, 비슷한 함수를 만들 수 있다.

```
function Set-Prompt {
    param (
        # 경로를 한 곳이나 두 곳으로 지정한다.
```

```
        [Parameter(Mandatory=$true,
        ValueFromPipeline=$true)]
        [ValidateNotNull()]
        [string]
        $PromptText
    )
    $Host.UI.RawUI.WindowTitle = $PromptText
}
```

이 코드는 파워셸의 $Host 개체에 접근하여 제목을 제어하는 Set-Prompt 함수를 보여준다. 이를 통해 Set-Prompt "새 제목"과 같은 형식으로 명령을 실행하여 bash와 비슷한 방식으로 탭 제목을 변경할 수 있다.

옮긴이 설명 이렇게 Set-Prompt 함수를 파워셸 프롬프트에서 직접 입력해 활용하는 예를 보면 다음 그림과 같다.

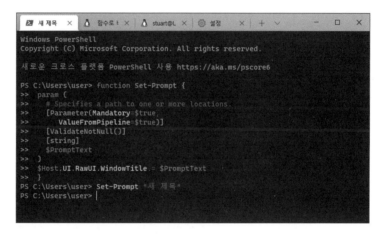

파워셸 프로필의 탭 제목이 '새 제목'으로 바뀌어 있음을 알 수 있다.

윈도우 명령 프롬프트(cmd.exe)의 경우라면 TITLE 새 탭 제목처럼 명령하여 탭 제목을 바꿀 수 있다.

(1) 다음 그림과 같이 먼저 윈도우 터미널의 드롭다운 메뉴에서 '명령 프롬프트' 항목을 선택해 윈도우 명령 프롬프트를 열자.

(2) 그러면 처음 탭 제목은 '명령 프롬프트'가 된다.

(3) 여기서 'TITLE 새 탭 제목'처럼 명령하여 탭 제목을 바꿀 수 있다. 그림을 보면 탭의 제목이 '새 탭 제목'으로 바뀐 것을 알 수 있다.

요령 일부 유틸리티들과 셸 구성 파일들에서는 기본 프롬프트 구성 내용을 재정의함으로써 프롬프트 외에 셸 제목을 제어한다. 이번 경우에는 프롬프트가 지정된 제목을 즉시 덮어쓰므로 이번 절에 나오는 함수들은 눈에 띄는 효과를 내지 않는다. 함수를 사용하는 일에 문제가 있다면 프롬프트 구성을 확인하자.

bash의 경우에는 echo $PROMPT_COMMAND를 실행하여 프롬프트 구성 내용을 확인해 보자. 파워셸의 경우에는 Get-Content function:prompt를 실행한다.

방금 본 함수를 사용하는 예는 다음과 같다.

그림 6.4 **set-prompt 함수를 사용하는 예**

bash에서 탭 제목을 제어하는 데 사용되는 set-prompt 함수를 이 화면에서 볼 수 있다. 다른 탭 (파워셸과 명령 프롬프트)들에서도 이번 절에 나온 함수를 사용하면 제목을 바꿀 수 있다.

이러한 함수들을 사용하면 터미널에서 작업하는 동안 굳이 마우스에 손을 대지 않아도 키보드만 사용해서 탭 제목을 편리하게 바꿀 수 있다. 또한, 여기에 나온 함수들을 사용하면 스크립트 형 태로 작성해 제목을 바꿀 수 있다. 예를 들어, 현재 다른 탭을 사용하고 있는 중간(즉, 다른 탭에 초 점이 있는 경우)에도 탭 제목만 보고도 지속적으로 실행 중인 스크립트의 상태를 한눈에 확인할 수 있다.

탭 제목을 바꾸는 방법 중에 마지막으로 살펴볼 방법은 윈도우 터미널을 시작할 때 명령줄을 사 용하는 방법이다.

명령줄에서 탭 제목을 바꾸기

이전 절에서는 윈도우 터미널에서 실행 중인 셸에서 탭 제목을 바꾸는 방법을 살펴보았다. 이번 절에서는 윈도우 터미널을 시작해 명령줄 인수를 전달하는 방식으로 로드할 프로필을 지정하고 탭 제목을 바꾸는 방법을 살펴보겠다.

명령줄이나 '실행' 대화 상자(▣+ℝ)에서 wt.exe 명령을 내리면 윈도우 터미널이 실행된다. wt.exe 를 실행하면 기본 프로필이 로드된 상태로 윈도우 터미널이 시작된다. 이렇게 wt.exe 명령을 사용 해 윈도우 터미널을 실행한다면 --title 스위치로 탭 제목을 제어할 수 있다(ℂⅡ wt.exe --title "여러분이 정한 탭 제목").

(1) ▣와 ⓡ을 동시에 눌러 나온 '실행' 대화 상자에서 다음과 같이 입력했다고 해 보자.

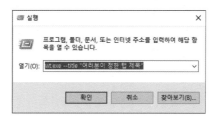

(2) 그러면 다음 그림처럼 '여러분이 정한 탭 제목'이 탭 제목인 기본 프로필 탭이 한 개 있는 윈도우 터미널이 열린다.

또한, --profile(또는 -p) 스위치를 사용하면 로드할 프로필을 지정할 수 있으므로 wt.exe -p Ubuntu-20.04 --title "우분투 20.04"라고 명령하면 윈도우 터미널은 Ubuntu-20.04 프로필을 로드하고 탭 제목을 '우분투 20.04'로 설정한다.

지은이가 설명한 내용대로 했는데도 탭 제목이 바뀌지 않는다면 윈도우 터미널의 '설정' 탭에서 해당 프로필(여기서는 Ubuntu-20.04)을 선택한 다음에 '고급'을 클릭해 나온 '제목 변경 표시 안 함' 항목을 '켬'으로 바꿔 주어야 한다. 그러고 나서 터미널을 다시 실행하면 그때부터 wt.exe -p Ubuntu-20.04 --title "우분투 20.04"라는 명령이 먹혀서 탭 제목이 바뀐다.

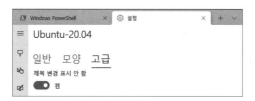

여기서는 Ubuntu-20.04라는 프로필에 대해서만 설명했지만 나머지 프로필에 대해서도 이런 요령으로 탭 제목이 바뀔 수 있게 설정 값을 바꿔 주어야 한다.

그리고 이 설정 값을 settings.json에서 수정하고자 한다면 해당 파일(윈도우 터미널의 설정 탭의 왼쪽 하단에 보이는 톱니 바퀴를 클릭하면 이 파일을 열 수 있다)의 해당 프로필 설정 부분에 다음 문구를 추가해 주어야 한다.

```
"suppressApplicationTitle": true
```

이렇게 추가한 경우를 예로 들면 다음과 같다.

```
{
    "fontFace": "\ub3cb\uc6c0\uccb4",
    "fontSize": 12,
    "guid": "{07b52e3e-de2c-5db4-bd2d-ba144ed6c273}",
    "hidden": false,
    "name": "Ubuntu-20.04",
    "source": "Windows.Terminal.Wsl",
    "suppressApplicationTitle": true
},
```

탭 제목을 제어하려는 이유 중 하나는 여러 탭으로 동시에 작업할 때 각 탭이 하는 작업을 추적하기 위한 것이다. 윈도우 터미널에는 하나 이상의 특정 탭(즉, 프로필)을 사용해 터미널을 시작할 수 있는 강력한 명령줄 인수 세트(다음 절에서 더 자세히 살펴볼 것임)가 있다. ; new-tab(세미콜론에 주의하자)을 추가하여 이전 명령을 기반으로 삼아 추가로 로드할 새 탭을 제목과 프로필 같은 추가 인수를 포함하여 지정할 수 있다.

```
wt.exe -p "PowerShell" --title "이게 파워셸"; new-tab -p "Ubuntu-20.04" --title "여기는 WSL!"
```

이 예제에서는 첫 번째 탭을 PowerShell 프로필로 지정하고 이 탭의 제목은 '이게 파워셸'로 지정했으며, 두 번째 탭은 Ubuntu-20.04 프로필로 지정하고 탭 제목을 '여기는 WSL!'로 지정하고 있다![41]

> 참고   new-tab 인수 앞에 세미콜론이 필요하지만 많은 셸(bash와 파워셸도 마찬가지)에서는 세미콜론을 명령 구분 기호로 처리한다. 바로 앞에서 본 명령이 제대로 실행되려면 파워셸에서 명령을 내릴 때 세미콜론(;) 앞에 백틱(`)을 붙여줌으로써 세미콜론을 이스케이프해야 한다(즉, `; 꼴로 세미콜론을 기입해야 한다).[42]
>
> **5장 리눅스에서 윈도우를 함께 쓰기의 리눅스에서 윈도우 애플리케이션을 호출하기**에서 볼 수 있듯이 우리는 WSL에서 윈도우 애플리케이션을 시작할 수 있다. 일반적으로 윈도우 애플리케이션을 직접 실행할 수 있지만 윈도우 터미널은 실행용 별명(execution aliases)이라고 부르는 기능을 사용하기 때문에 cmd.exe를 통해 시작해야 한다.
>
> 또한, wt.exe가 작동하는 방식으로 인해 bash에서 시작할 때 cmd.exe를 사용해 실행해야 한다.
>
> ```
> cmd.exe /C wt.exe -p "PowerShell" --title "This one is PowerShell"\; new-tab -p
> "Ubuntu-20.04" --title "WSL here!"
> ```
>
> 이 예에서는 cmd.exe를 사용해 여러 탭이 있는 윈도우 터미널을 시작하고(세미콜론을 이스케이프하려면 역슬래시 참조) 프로필과 제목을 설정하는 방법을 보여준다.

---

41   [옮긴이] 이 명령을 윈도우 터미널의 파워셸 탭에서 내려도 되고, 윈도우 '실행' 창(⊞+R)에서 내려도 된다.
42   [옮긴이] 백틱(`)은 키보드의 왼쪽 상단에 보이는 숫자 1 앞의 물결표(~)와 같은 자리에 있다.

옮긴이
설명 이렇게 해서 명령이 제대로 실행되면 명령을 내릴 때 쓴 윈도우 터미널 창이 아닌 새로운 터미널 창이 생성되는
데 그 모양은 다음과 같다.

윈도우 터미널에서는 new-tab 명령을 여러 번 반복해서 내릴 수 있으며, 이러한 방식으로 복잡한
윈도우 터미널 탭 정렬을 반복 가능한 방식으로 구성하는 명령이나 스크립트를 만들 수 있다.

이번 절에 나온 기술들을 사용하면, 윈도우 터미널 세션에서 탭 제목을 설정하는 여러 방법을 동
원할 수 있으므로 여러 셸을 서로 다른 탭으로 열어 두고도 체계적으로 일할 수 있다. 다음 절에
서는 이처럼 여러 셸을 동시에 열어 두고 일할 수 있게 하는, 윈도우 터미널의 또 다른 기능을 살
펴보자.

동시에 여러 창을 사용해 가며 작업하기

이전 절에서는 탭을 사용해 동시에 여러 개의 셸을 열어 두고 일하는 장면을 보았다. 그러나 한
탭에서 두 개 이상의 셸을 한 번에 보는 편이 더 편리할 때가 있다. 이번 절에서는 다음과 같은 작
업을 수행하기 위해 윈도우 터미널에서 여러 창을 사용하는 방법을 살펴본다.

그림 6.5 윈도우 터미널의 여러 창

이 화면은 동일한 탭에서 여러 개의 프로필을 실행하는 경우를 예로 든 것이다. 이 화면을 보면 왼쪽에서는 웹 요청을 한 파워셸 창이 나오고, 오른쪽 상단 창은 웹 서버를 실행하고 있으며, 오른쪽 하단 창은 WSL에서 실행 중인 리눅스 프로세스를 추적하기 위해 htop를 실행하고 있다.

> **요령**   tmux 유틸리티(https://github.com/tmux/tmux/wiki)를 사용해 본 경험이 많다면, tmux에서 여러 창으로 분할할 수 있음을 알 것이다. 그러나 몇 가지 차이점이 있다. tmux의 한 가지 특징을 들자면, 터미널 세션에서 연결을 끊었다가 다시 연결할 수 있도록 한다는 점인데, 그렇기 때문에 ssh로 작업할 때 편리하다. tmux는 SSH 연결이 끊어진 경우에도 세션을 보존하지만, 윈도우 터미널은 (아직까지도) 그렇게 하지 않는다. 반면에 윈도우 터미널에서는 각 창에서 서로 다른 프로필을 실행할 수 있지만 tmux에서는 그렇게 할 수 없다.
>
> 앞서 나온 화면을 보면, 동일한 탭에 속한 서로 다른 창에서 파워셸과 bash(WSL)가 모두 실행되고 있다. tmux와 윈도우 터미널의 기능을 모두 이해하고 둘 중에 여러분이 하는 일에 적합한 도구를 선택하는 게 바람직하다. 이 두 도구의 장점을 모두 누리고 싶다면, 언제든지 윈도우 터미널의 bash 셸에서 tmux를 실행하면 된다.

이제 창이 무엇인지를 이해했으므로 창을 구성하는 방법을 살펴보자.

상호 작용 가능한 창 만들기

창을 만드는 가장 쉬운 방법은 필요할 때 상호 작용할 수 있게 만드는 것이다. 몇 가지 기본적인 단축키를 사용하면 즉시 이렇게 해 볼 수 있지만, 특별한 조건에 맞추고 싶다면 여기에 설명된 대로 단축키를 자신에게 맞게 구성할 수 있다(https://docs.microsoft.com/en-us/windows/terminal/customize-settings/key-bindings#pane-management-commands).

제일 먼저 설명할 단축키는 현재 사용 중인 창을 세로로 분할하는 Alt + Shift + −이고, 창을 가로로 분할하는 단축키는 Alt + Shift + +다. 이 두 명령을 내리면 새로 생성된 창에서 모두 기본 프로필의 새 인스턴스가 실행된다.

여러분이 실행하려는 프로필이 기본 프로필과 다른 것일 수 있지만, 일반적으로 실행 중인 프로필과 동일한 프로필이라면 아예 터미널을 달리해서 사용하는 편이 더 흔하다. Alt + Shift + D를 누르면 현재 창에 쓰인 프로필의 새 인스턴스로 창이 만들어진다. 이 명령을 내리면 사용 가능한 공간에 따라 창을 가로로 분할할지 아니면 세로로 분할할지 자동으로 결정된다.

새 창을 만들 때 열리는 프로필을 직접 선택하고 싶다면 드롭다운 메뉴를 열어 프로필을 선택하면 된다.

그림 6.6 시작 프로필 드롭다운

이 화면은 실행할 프로필을 선택하는 일에 있어서 표준이 되는 드롭다운을 보여준다. 이렇게 드롭다운 메뉴를 펼친 후에 나온 프로필 중에서 선택할 프로필을 그냥 클릭하지 말고 Alt 를 누른 채로 클릭하면, 선택한 프로필이 새 창에서 시작된다. Alt + Shift +D와 마찬가지로 윈도우 터미널은 현재 창을 가로로 분할할지 아니면 세로로 분할할지 알아서 결정한다.

또 다른 옵션은 Ctrl + Shift +P를 사용해 윈도우 터미널 명령 창을 사용하는 것이다.

그림 6.7 명령 창의 분할 옵션

명령 창을 사용하여 적절한 명령을 입력해 넣으면 이에 걸맞는 명령들이 선별되어 목록 형태로 나타나게 된다. 이 화면의 경우에는 명령 창의 입력 란에 '>분할'이라고 입력했고, 이로 인해 '분할'이라는 낱말이 들어간 명령 목록이 나타나 있다. 목록에 나타난 명령들 중에 위쪽에 보이는 두 명령은 이미 설명(단축키에 대한 설명 포함)한 바 있다. 제일 아래쪽에 보이는 명령을 클릭하면 선택할 수 있는 프로필들이 새 창에 나타난다. 이 창에서 프로필을 선택할 수 있을 뿐만 아니라, 동일한 프로필에 대해서 가로로 분할할지 아니면 세로로 분할할지까지 선택할 수 있다.

옮긴이 설명 이렇게 프로필과 분할 방향을 선택하는 경우를 보여주는 화면은 다음과 같다.

먼저 그림 6.7과 같은 화면에서 '분할 창...'을 선택하면 다음과 같은 화면이 나온다.

그런 다음에 새 분할 창에서 쓸 프로필을 한 개 선택한다. 여기서는 '명령 프롬프트...'를 선택했다고 가정하겠다. 그러면 다시 다음과 같은 화면이 나온다.

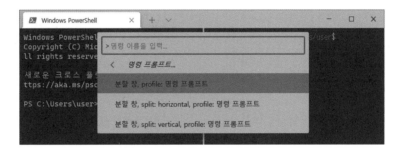

이런 선택지가 나왔을 때 horizontal이라는 낱말이 있는 항목을 선택하면 세로 방향을 기준으로 분할되어 최종 화면은 다음처럼 된다.

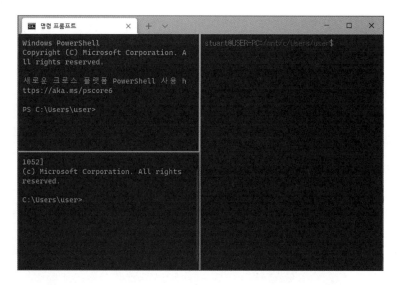

그리고 vertical이라는 낱말이 있는 화면을 선택하면 가로 방향으로 분할된다. horizontal과 vertical이라는 낱말이 없는 첫 번째 항목을 선택하면 윈도우 터미널이 분할 방향을 알아서 결정한다.

지금까지 창을 만드는 방법을 살펴보았으므로 이제 창을 사용하는 방법을 살펴보자.

창 관리

확실히 특정 창에 초점을 맞추고 싶다면 해당 창을 마우스로 클릭하면 된다. 이렇게 하면 초점을 맞춘 창이 지정된다(창 테두리 색이 강조되어 표시됨).[43] 키보드를 사용해 창을 바꾸고 싶다면 Alt 와 적절한 화살표 키를 동시에 누르면 된다. 즉, Alt 와 ↑를 동시에 누르면 초점이 현재 창의 위쪽에 있는 창에 맞춰진다.

창 크기를 변경하려면 Alt + Shift +화살표 키와 같은 조합을 사용한다. Alt + Shift +↑와 Alt + Shift +↓ 조합은 현재 창의 높이를 조정하고 Alt + Shift +←와 Alt + Shift +→ 조합은 현재 창의 너비를 조정한다.

창에서 실행 중인 셸이 종료되면 해당 창이 닫히고 남은 창들이 커져 빈 공간을 채운다. Ctrl + Shift +W를 눌러 현재 창을 닫을 수도 있다(이 단축키는 **3장 윈도우 터미널을 출발점으로 삼기**의 **윈도우 터미널 사용하기**에서 탭을 닫기 위한 단축키로도 쓴 적이 있었지만, 그때는 탭에 한 개의 창만 있었기 때문에 그런 것이다!).

---

43 옮긴이 이렇게 될 뿐만 아니라 탭 제목도 해당 프로필에 맞게 바뀐다.

마지막으로 명령줄에서 명령을 내려 윈도우 터미널을 열면서 동시에 창을 구성하는 방법을 살펴보자.

명령줄에서 창 만들기

이번 장의 앞부분에서는 윈도우 터미널의 명령줄을 사용해(즉, 명령줄에서 **wt.exe**라는 명령을 사용해) 여러 윈도우 터미널을 여러 탭이 열려 있는 상태로 실행하는 방법을 살펴보았다. 이번 절에서 동일한 작업을 하되, 탭이 아닌 여러 창들이 열려 있는 상태로 윈도우 터미널을 실행하는 방법을 볼 수 있다. 어떤 한 가지 프로젝트를 진행하고 있고 스크립트를 작성해도 될 만큼 여러 창 간의 배치 방식에 일관성이 있으며 그 배치 방식이 자주 구성하는 방식일 때 이 기능이 유용하다.

여러 탭이 있는 상태로 윈도우 터미널을 열어야 할 때 **wt.exe** 명령과 **new-tab** 명령을 연결해서 사용했다. 여러 창으로 시작할 때도 비슷한 방식으로 명령하면 된다. 다만 이런 경우에는 **new-tab** 명령 대신에 **split-pane** 명령을 사용한다(세미콜론에 대한 이스케이프 규칙은 여전히 **명령줄에서 탭 제목을 바꾸기**에 나온 규칙과 동일하다).

다음은 **split-pane**을 사용하는 예다.

```
wt.exe -p PowerShell; split-pane -p Ubuntu-20.04 -V --title "web server"; split-pane -H
-p Ubuntu-20.04 --title htop bash -c htop
```

본문에 나오는 대로 명령하면 오류가 난다. 이는 세미콜론(;) 앞에 백틱(`)을 붙이지 않아서 그렇다. 따라서 다음과 같이 명령해야 한다(단, 실행 환경에 따라서 오작동할 수도 있는데, 이럴 때는 윈도우의 커맨드 창에서 명령해 보자).

```
PS C:\>  wt exe -p PowerShell`; split-pane -p Ubuntu-20.04 -V --title "web
server"`; split-pane -H -p Ubuntu-20.04 --title htop bash -c htop
```

그리고 이렇게 명령하면 다음 모양으로 된 윈도우 터미널이 실행되어 모니터에 나타난다.

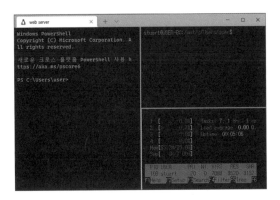

보다시피 이 예에서 split-pane 명령은 새 창을 지정하는 데 사용되었으며 -p 스위치를 사용해 해당 창에 사용할 프로필을 지정할 수 있었다. 윈도우 터미널에서 분할 방법을 선택하도록 하거나 -H를 사용해 수평으로 분할하거나 -V를 사용해 수직으로 분할할 수 있다. --title도 지정되었음을 알 수 있다. 윈도우 터미널에서는 각 창에 제목이 있을 수 있으며 현재 초점이 맞춰진 창의 제목이 탭 제목으로 표시된다. 마지막으로, 최종 창에 bash -c htop라는 인수가 추가되어 있음을 알 수 있다. 이러한 인수들은 실행이 시작된 프로필 내에서 실행할 명령으로 간주되어 처리된다. 이 명령의 최종 결과는 그림 6.5와 아주 비슷하게 나온다.[44]

이 밖에도 윈도우 터미널의 명령 창을 사용해 명령줄 옵션들을 사용할 수도 있다.[45] [Ctrl]+[Shift]+[P]를 눌러 명령 창을 불러온 다음 [Back space]를 누른다.[46]

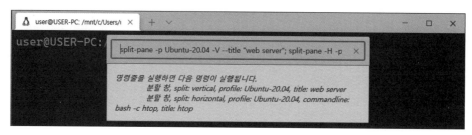

그림 6.8 **명령줄 옵션이 있는 명령 창**

이 화면에서 볼 수 있듯이 split-pane 명령을 사용해 명령줄 옵션을 사용해 기존 창을 분할할 수 있다.

지금까지 여러 프로필 실행을 관리하는 데 도움이 되는 탭과 창을 사용하는 방법에 대해 설명했다. 이번 장의 마지막 절에서는 만들려는 프로필에 대한 몇 가지 추가 아이디어를 살펴보자.

---

44 [옮긴이] 이전에 설명한 보충 내용의 마지막에 나오는 그림이 해당 명령의 실행 결과로 나온 화면을 보여준다.

45 [옮긴이] 즉, 윈도우 터미널을 연 상태에서 [Ctrl]+[Shift]+[P]를 누르면 명령 창이 뜨는데, 여기서 백스페이스를 한 번 눌러 '실행할 wt 명령줄 입력'이라는 글자가 흐릿하게 보이면, 이때 앞에서 보면 창 구성 명령을 내리면 된다는 말이다. 단, 이때 창 구성 명령 중에서 wt.exe -p PowerShell; 섹션처럼 윈도우 터미널 창 자체를 실행하는 명령 섹션은 빼야 한다.

46 [옮긴이] 그런 다음에 위에 나온 명령 중에 split-으로 시작되는 섹션을 복사해서 붙여 넣어 보자.

사용자 지정 프로필 추가하기

윈도우 터미널은 파워셸 설치 내용과 WSL 배포판들을 자동으로 검색하여 프로필 목록을 알아서 만든다(그리고 새 배포판들이 설치될 때마다 프로필 목록을 갱신한다). 이런 식으로 기존 프로필 목록을 이용해 윈도우 터미널을 실행하는 방법도 좋겠지만, 상호 작용할 수 있는 셸을 실행하는 일 외에 어떤 한 가지 프로필을 실행할 때 그 프로필 내에서 특정 애플리케이션을 지정해 프로필과 동시에 실행되게 한다면 더욱 좋을 것이다(이전 절에서는 htop를 사용해서 이렇게 해 보았다). 이번 절에서 몇 가지 예를 살펴보겠지만, 그 주된 목적은 윈도우 터미널을 어떻게 구성할지 사용자가 지정하는 방법을 보여주려는 데 있다.

SSH를 통해 정기적으로 연결하는 컴퓨터가 있다면, 윈도우 터미널이 실행되자마자 그 안에서 SSH가 실행되게 하는 윈도우 터미널 프로필을 만들어 여러분의 작업을 원활하게 흐르게 할 수 있다. 윈도우 터미널의 프로필 드롭다운 메뉴에서 '설정' 항목을 열고(또는 Ctrl+,를 눌러),[47] 이 파일의 profiles 섹션의 하위 섹션을 이루고 있는 list 섹션에 다음 프로필을 추가해 보자.

```
{
    "guid": "{9b0583cb-f2ef-4c16-bcb5-9111cdd626f3}",
    "hidden": false,
    "name": "slsshtest",
    "commandline": "wsl bash -c \"ssh stuart@slsshtest.uksouth.cloudapp.azure.com\"",
    "colorScheme": "Ubuntu-sl",[48]
    "background": "#801720",
    "fontFace": "Cascadia Mono PL"
},
```

윈도우 터미널의 이 설정 파일을 **3장 윈도우 터미널을 출발점으로 삼기**에서 소개한 적이 있는데, 이 예시용 프로필에는 해당 장에서 이미 살펴본 적이 있는 name과 colorScheme 같은 속성도 볼 수 있다. commandline 속성에서는 우리가 실행하고자 하는 바를 지정할 수 있는데, 이곳에서 wsl 명령을 사용해 bash를 실행하고 bash가 ssh를 실행하는 명령줄 한 줄을 집행하게 한다. guid 값이 여러분의 설정 내용에 담긴 그 밖의 모든 프로필과 다른지를 점검해야 한다. 이 예제에서는 WSL 에서 명령을 실행하기 위한 프로필을 만드는 방법을 보여준다. SSH의 경우에 관해서 말하자면,

---

47 　[옮긴이] 여기에 '그리고 나서 나온 화면의 왼쪽 하단에 보이는 톱니바퀴 모양 아이콘을 클릭하면 settings.json 파일이 열린 텐데.'라는 말이 들어가야 정확한 내용이 된다.

48 　[옮긴이] Ubuntu-sl이라는 이름을 쓰려면 이 이름으로 색 구성을 미리 추가해 두어야 하는데, 색 구성을 추가할 때는 윈도우 터미널에서 프로필 드롭다운 메뉴에서 '설정' 항목을 선택한 다음에 왼쪽에 보이는 팔레트 모양 아이콘을 클릭하고, 그럼으로써 나타난 '색 구성표'에서 '+ 새로 추가' 버튼을 누르고, 바로 왼편에 있는 커서 모양 버튼을 눌러 색 구성표의 이름을 Ubuntu-sl로 바꾸고, 마지막으로 시스템 색 부분을 바꾼다.

SSH 클라이언트가 윈도우에 포함되었기 때문에, commandline 속성에서 직접 ssh를 사용하는 선택지를 지니게 되었다.

이렇게 추가한 새 프로필이 시작되면 ssh도 자동으로 시작되어 여러분이 프로필에서 지정한 원격 시스템에 연결해 준다. 추가로 background 속성을 사용해 연결된 환경을 나타내는 배경색을 설정할 수 있다. 예를 들어, 개발 환경과 테스트 환경을 배경색으로 쉽게 구분할 수 있다.

SSH로 연결하는 컴퓨터가 여러 개라면 연결할 컴퓨터를 선택할 수 있는 스크립트를 실행할 수 있다.

```bash
#!/bin/bash
# 이것은 SSH를 거쳐 원격 컴퓨터에 연결할 수 있게
# 프롬프트를 설정하는 방법을 보여주는 예시용 스크립트다.
PS3="Select the SSH remote to connect to: "

# TODO 여기에 여러분의 SSH 기반 원격 접속 지정사항들을 넣자(필요한 경우라면 사용자 이름 포함).
vals=(
    stuart@sshtest.wsl.tips
    stuart@slsshtest.uksouth.cloudapp.azure.com
)
IFS="\n"
select option in "${vals[@]}"
do
if [[ $option == "" ]]; then
    echo "unrecognised option"
    exit 1
fi
echo "Connecting to $option..."
ssh $option
break
done
```

이 스크립트에는 스크립트가 실행될 때 사용자에게 표시되는 옵션(vals) 목록이 포함되어 있다. 사용자가 옵션을 선택하면 스크립트는 ssh를 실행하여 해당 시스템에 연결한다.

이 스크립트를 홈 폴더에 ssh-launcher.sh로 저장해 두었다면, 이 셸 스크립트를 실행하는 내용이 저장된 프로필을 다음처럼 작성해 윈도우 터미널의 설정 파일에 추가하면 된다.

```
{
    "guid": "{0b669d9f-7001-4387-9a91-b8b3abb4s7de8}",
    "hidden": false,
    "name": "ssh picker",
    "commandline": "wsl bash $HOME/ssh-launcher.sh,
```

```
    "colorScheme": "Ubuntu-sl",
    "fontFace": "Cascadia Mono PL"
},
```

이 프로필을 보면, commandline 섹션이 조금 전에 설명한 ssh-launcher.sh라는 스크립트를 실행하는 명령줄로 대체되었음을 알 수 있다. 이 프로필이 시작되면 wsl을 통해 bash가 실행되고 bash가 이 스크립트를 실행한다.

```
stuart@slsshtest: ~
SSH-Agent relay already running
1) stuart@sshtest.wsl.tips
2) stuart@slsshtest.uksouth.cloudapp.azure.com
Select the SSH remote to connect to: 1
Connecting to stuart@sshtest.wsl.tips...
agent key RSA SHA256:WEsyjMl1hZY/xahE3XSBTzURnj5443sg5wfuFQ+bGLY returned incorrect signature type
stuart@slsshtest: ~$
```

그림 6.9 실행 중인 ssh 실행 스크립트

이 화면에서 이 스크립트가 작동하는 것을 볼 수 있다. 스크립트는 사용자에게 시스템 목록에서 선택하라는 메시지를 표시한 다음 ssh를 실행하여 선택한 시스템에 연결한다. 이렇게 하면 정기적으로 사용되는 머신machine에 대한 연결을 편리하게 설정할 수 있다.

WSL을 사용해 작업해 보았다면 자주 실행하는 애플리케이션이나 정기적으로 수행하는 과정을 발견할 수 있을 것이다. 이러한 애플리케이션이나 일련의 과정을 윈도우 터미널 프로필에 추가해 볼 만하다!

> 참고 프로필에 배경 이미지를 설정하는 일처럼, 여기에서 볼 기회가 없었던 다양한 선택지가 있다. 자세한 내용은 https://docs.microsoft.com/en-us/windows/terminal/에 나온 윈도우 터미널 설명서에서 찾을 수 있다. 윈도우 터미널은 새로운 기능을 빠르게 추가하고 있기도 하다.
>
> 향후 출시될 기능을 확인하려면 관련 깃허브(https://github.com/microsoft/terminal/blob/master/doc/terminal-v2-roadmap.md)에서 로드맵 설명서를 참조하자.

요약

이번 장에서는 여러 윈도우 터미널 프로필로 작업하는 방법을 살펴보았다. 먼저 탭 제목(및 색상)을 바꿔 각 탭의 현재 상황을 살펴볼 수 있게 함으로써, 동시에 여러 탭을 띄워 편리하게 일하는 방법을 살펴보았다. 그런 후에 여러(즉, 서로 다를 수 있는) 프로필을 동일한 탭에서 여러 창에 나눠 띄우는 방법도 살펴보았다. 이 탭을 여러 개 띄우거나 창을 여러 개 띄우는 두 가지 방식 중에 어느 한 방식을 선호할 수도 있겠지만, 이 두 가지 방식을 결합해서 쓸 수도 있다. 어느 쪽이든, 스크립트를 사용해 프로젝트를 위한 일관되고 생산적인 작업 환경을 쉽고 빠르게 만들 수 있다. 이렇게 만든 스크립트를 윈도우 터미널의 명령줄에서 실행되게 하는 방법도 배웠다.

SSH를 실행해 원격 컴퓨터에 연결하는 프로필을 설정함으로써 셸을 실행되게 하는 일을 살펴본 후에 윈도우 터미널 프로필을 사용하는 방법을 살펴보는 일로 이번 장을 마쳤다. 그런 후에 더 나아가 bash 스크립트를 사용해 연결할 컴퓨터 목록에서 선택하라는 메시지를 표시하는 방법을 확인했다. SSH를 통해 정기적으로 컴퓨터에 연결하는 경우라면 이 예제가 유용할 수 있지만 우리의 목표는 윈도우 터미널에서 프로필을 추가로 활용하는 방법을 알리는 데 있었다. 일상적으로 반복되는 작업이나 자주 사용하는 애플리케이션이 무엇인지를 알게 된다면, 그러한 것들을 더 빠르고 쉽게 수행할 수 있도록 하기 위해 윈도우 터미널 프로필을 만드는 일에 몇 분씩 소비할 만한 가치가 있는지 따져 보자. 이러한 모든 기술을 바탕으로 윈도우 터미널을 사용함으로써 자신의 작업 흐름을 개선할 수 있을 뿐만 아니라 일상적인 작업의 생산성도 높일 수 있다.

다음 장에서는 WSL 내에서 컨테이너를 사용하는 방법을 알아보겠다.

07

WSL 안에서 컨테이너를 사용해 일하기

컨테이너는 애플리케이션을 패키징하고 관리하는 방법을 말하며, 인기 있는 주제다. 윈도우와 리눅스 버전의 컨테이너가 모두 있지만 이 책은 WSL을 소개하는 책이므로 특히 리눅스 컨테이너와 도커 컨테이너에 중점을 둘 것이다. 윈도우 컨테이너에 대해 알아보려면 *https://docs.microsoft.com/virtualization/windowscontainers/*부터 살펴보면 좋다.

컨테이너가 무엇인지를 다루고 도커를 설치한 후에 파이썬 웹 애플리케이션을 예로 사용해 자체 애플리케이션용 컨테이너 이미지를 빌드하는 방법을 안내할 텐데, 그러기 전에 미리 빌드된 도커 컨테이너를 실행하는 방법부터 안내한다. 컨테이너 이미지를 만든 후에, 쿠버네티스의 일부 주요 구성 요소를 간단히 둘러보고 이 구성 요소를 사용하여 모두 WSL에서 실행되는 쿠버네티스 내부의 컨테이너화된 응용 프로그램을 호스트하는 방법을 확인하자.

이번 장에서는 다음과 같은 주요 주제를 다룰 것이다.

- 컨테이너 살펴보기
- WSL과 도커를 함께 설치해 사용하기
- 도커를 사용해 컨테이너를 실행하기
- 도커에서 웹 애플리케이션을 빌드하고 실행하기

- 오케스트레이터 살펴보기
- WSL 안에서 쿠버네티스를 설치하기
- 쿠버네티스 안에서 웹 애플리케이션을 실행하기

컨테이너가 무엇인지부터 살펴보면서 이번 장의 내용들을 향해 출발하자.

컨테이너 살펴보기

컨테이너는 애플리케이션과 애플리케이션이 의존하는 파일들을 한 곳에 꾸려 넣는(패키징하는) 방법을 제공한다. 이런 식으로 컨테이너를 설명하면, 컨테이너라는 게 애플리케이션의 바이너리를 설치해 둔 다음에 나중에 실행할 수 있게 하는 파일 시스템을 갖춘 **VM**_{Virtual Machine}(가상머신, 가상 기계)과 비슷하다고 여길 수도 있다. 그러나 컨테이너를 실행해 보면 알겠지만 컨테이너는 애플리케이션을 실행하는 속도와 소비하는 메모리 용량 측면에서 볼 때 마치 일종의 프로세스인 것처럼 느껴지게 한다. 내부적으로 볼 때 컨테이너는 **리눅스 네임 스페이스**와 **제어 그룹(cgroup)** 같은 기능을 사용해 격리된 일련의 프로세스로, 해당 프로세스가 자체 환경(자체 파일 시스템 포함)에서 실행되는 것처럼 보이게 한다. 컨테이너는 커널을 호스트 운영체제와 공유하므로 VM보다 덜 격리되지만 많은 경우에 이 격리만으로 충분하며, 이처럼 호스트의 리소스를 공유하기 때문에 컨테이너는 메모리를 적게 소비하고 금방 실행될 수 있는 것이다.

컨테이너 실행이라는 측면 외에도 도커를 사용하면 컨테이너를 구성하는 항목(컨테이너 이미지라고 함)을 쉽게 정의할 수 있고, 다른 사용자가 사용할 수 있는 레지스트리에 컨테이너 이미지를 게시할 수 있다.

이런 점을 이번 장에서 곧 보게 되겠지만 그 전에 먼저 도커부터 설치해 보자.

WSL과 도커를 함께 설치해 사용하기

윈도우 컴퓨터에서 도커를 실행하는 전통적인 접근법은 도커 데스크톱(*https://www.docker.com/products/docker-desktop*)을 사용하는 것이다. 이 도커 데스크톱은 여러분을 위해 리눅스 VM을 만들고 관리하며 도커 서비스를 해당 VM에서 데몬으로 실행한다. 이것의 단점은 VM이 시작하는 데 시간이 걸리고 다양한 컨테이너를 실행할 수 있도록 충분한 메모리를 미리 할당해야 한다는 것이다.

WSL2를 사용하면 WSL 배포판distro 내에서 표준 리눅스 도커 데몬을 설치하고 실행할 수 있다. 도커 데몬은 더 빨리 실행되고, 실행 시에도 메모리를 더 적게 소비하고, 컨테이너를 실행할 때만 메모리 소비량을 늘리는 이점이 있다. 반면에 데몬을 직접 설치하고 관리해야 한다는 단점이 있다.

다행히 이제는 도커 데스크톱을 설치한 후에 WSL 백엔드를 활성화하는 세 번째 선택지도 생겼다. 이 접근 방식을 사용하면 설치와 관리 관점에서 도커 데스크톱의 편리함을 유지할 수 있다. 이전 방법과 다른 점은, 이번 방법에서는 도커 데스크톱이 WSL에서 데몬을 실행하기 때문에 사용 편의성을 잃어버리지 않으면서 실행을 시작하는 데 걸리는 시간과 메모리 사용량을 개선한다는 것이다.

이렇게 해 보고 싶다면 *https://www.docker.com/products/docker-desktop*에서 도커 데스크톱을 다운로드하여 설치하자. 설치되면 작업 표시줄의 '숨겨진 아이콘 표시' 아이콘(즉, 위 방향 꺾쇠)을 클릭하면 여러 아이콘이 보일 텐데 그중에서 고래 모양 아이콘(즉, 도커 아이콘)을 마우스 오른쪽 버튼으로 클릭하고, 그런 후에 나타난 상황에 맞는 메뉴들 중에서 **Settings**(설정)를 선택한다. 그러면 다음 화면이 표시된다.

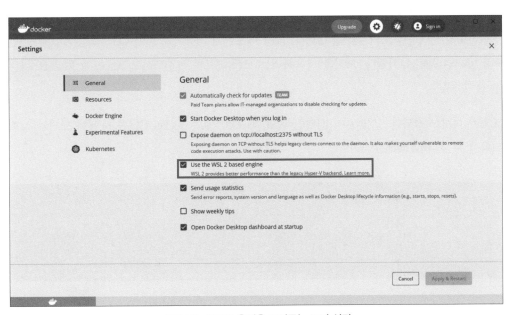

그림 7.1 **WSL2 옵션을 보여주는 도커 설정**

이 화면은 'WSL2 기반 엔진 사용' 옵션을 보여준다. 기존 VM이 아닌 WSL2에서 실행되도록 도커 데스크톱을 구성하려면 이 옵션이 선택되어 있는지 확인한다.

Resources 부분에서 도커 데스크톱이 통합할 배포판을 선택할 수 있다.[49]

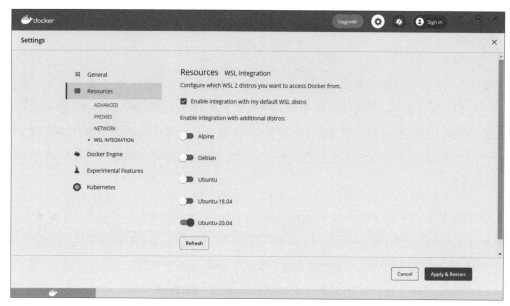

그림 7.2 **WSL 통합을 위한 도커 설정**

이 화면에서 볼 수 있듯이, 도커 데스크톱에 통합할 배포판들을 제어할 수 있다. WSL 배포판과 통합하도록 선택하면 도커 데몬용 소켓이 해당 배포판에 제공되고 도커 **CLI**Command-Line Interface(명령줄 인터페이스)가 추가된다. 도커를 사용하려는 모든 배포판을 선택하고 'Apply & Restart' 버튼을 클릭하자.

도커가 다시 시작되면[50] 여러분이 선택한 WSL 배포판[51]에서 docker CLI를 사용해 도커와 상호작용할 수 있다(**예** docker info).

```
$ docker info
Client:
  Context: default
  Debug Mode: false
...
Server:
```

---

49 울긴이 화면에 보이는 것처럼 WSL2 디스트로(즉, WSL2용 배포판)가 목록에 보이게 하려면, Microsoft Store에서 각 배포판을 미리 받아 설치해 두어야 한다.

50 울긴이 '작업 표시줄'에서 '숨겨진 아이콘 표시' 단추(즉, 위로 향한 꺾쇠)를 클릭한 후에 나온 아이콘 그림들 중에서 고래 모양 아이콘(즉, 도커 아이콘)을 마우스 오른쪽 단추로 클릭하고, 그런 후에 나온 상황에 맞는 메뉴에서 'Restart Docker...' 항목을 선택한 후에, 'Restart Docker Desktop'이라는 메시지 창이 뜨면 'Restart' 버튼을 클릭하면 된다.

51 울긴이 그림 7.2에서 선택한 배포판(들)을 말한다.

```
...
 Server Version: 20.10.7
...
 Kernel Version: 5.4.72-microsoft-standard-WSL2
 Operating System: Docker Desktop
 OSType: linux
...
```

이 코드는 docker info를 실행했을 때 나오는 출력 내용 중에 일부를 보여주며, 이를 통해 서버가 내 컴퓨터의 WSL 커널 버전과 동일한 5.4.72-microsoft-standard 커널로 리눅스에서 실행되고 있음을 알 수 있다(WSL 배포판에서 uname -r을 명령하여 자신의 컴퓨터 버전을 확인할 수 있다).

WSL을 사용해 도커 데스크톱을 설치하고 구성하는 방법이 *https://docs.docker.com/docker-for-windows/wsl/*에 실려 있는 도커 설명서에 자세히 나와 있다.[52]

이제 도커가 설치되었으므로 컨테이너를 실행해 보자.

도커를 사용해 컨테이너를 실행하기

앞서 언급했듯이 도커는 컨테이너 이미지를 패키징하는 표준화된 방법을 제공한다. 도커 레지스트리들을 통해 이러한 컨테이너 이미지를 공유할 수 있는데, 도커 허브_{Docker Hub}(*https://hub.docker.com/*)는 공개적으로 사용 가능한 이미지를 등록해 공유할 때 흔히 사용하는 레지스트리다. 이번 절에서는 다음과 같이 docker run -d --name docker-nginx -p 8080:80 nginx 명령을 사용해 nginx 웹 서버를 사용해 컨테이너를 한 개 실행할 것이다.

```
$ docker run -d --name docker-nginx -p 8080:80 nginx
Unable to find image 'nginx:latest' locally
   latest: Pulling from library/nginx
8559a31e96f4: Already exists
1cf27aa8120b: Downloading [=====================>
]     11.62MB/26.34MB
...
```

방금 실행한 명령의 마지막에 나오는 단어는 여러분이 실행할 컨테이너 이미지가 무엇인지(즉, nginx)를 도커에 알려준다. 그리고 여기에 보이는 출력 내용을 통해, 도커가 nginx 이미지를 로컬

---

52   옮긴이 우리는 WSL을 사용하지 않고 이미 도커 데스크톱을 설치했으므로 굳이 따로 참조하지 않아도 된다.

에서 찾지 못해 도커 허브에서 가져오기(즉, 다운로드)를 시작했음을 알 수 있다. 컨테이너 이미지
는 여러 레이어로 구성되며(이번 장의 뒷부분에서 이 내용을 더 자세히 설명한다) 출력 내용을 보면 1
개 레이어가 이미 존재한다는 점, 이어서 다른 레이어가 다운로드되고 있다는 점도 알 수 있다.
docker CLI는 다음과 같이 다운로드를 진행하면서 출력 내용을 계속 추가한다.

```
$ docker run -d --name docker-nginx -p 8080:80 nginx
Unable to find image 'nginx:latest' locally
latest: Pulling from library/nginx

8559a31e96f4: Already exists
1cf27aa8120b: Pull complete
67d252a8c1e1: Pull complete
9c2b660fcff6: Pull complete
4584011f2cd1: Pull complete
Digest: sha256:a93c8a0b0974c967aebe868a186 e5c205f4d3bcb5423a56559f2f9599074bbcd
Status: Downloaded newer image for nginx:latest
e570d21f9c9a641dcb4f7d903d966a1e61d3e0ef04574833ed405ee6a4164edb
```

도커가 이미지 가져오기를 완료하면, 이 출력 내용과 비슷한 내용을 보게 될 것이다. 이런 내용을
통해 도커가 이미지를 가져와서 생성한 컨테이너의 ID(e570d232f9c9a···)를 표시했음을 확인할 수
있다. 이 시점에서 docker ps라고 명령을 내려 실행 중인 컨테이너를 나열할 수 있다.[53]

```
$ docker ps
CONTAINER ID      IMAGE                    COMMAND                    CREATED
STATUS            PORTS                                               NAMES

e570d21f9c9a      nginx                    "/docker-entrypoint.…"     8 minutes ago
Up 8 minutes      0.0.0.0:8080->80/tcp, :::8080->80/tcp               docker-nginx

c79733e01a88      docker101tutorial        "/docker-entrypoint.…"     25 minutes ago
Up 25 minutes     0.0.0.0:80->80/tcp,    :::80->80/tcp                docker-tutorial
```

이 출력 내용을 통해 실행 중인 컨테이너들을 볼 수 있으며, 컨테이너 ID인 e570d232f9c9a라는
값이 docker run 명령을 내렸을 때 출력된 컨테이너 ID의 첫 섹션과 일치함을 알 수 있다. 기본
적으로 docker ps 명령은 컨테이너 ID 중에 일부만 출력하는 반면에 docker run 명령은 컨테이
너 ID를 전부 출력한다.

53 　[옮긴이] 알아보기 쉽게 출력 내용 중간에 빈 줄을 추가했다. 실제로는 빈 줄이 출력되지 않는다는 점에 주의하자.

컨테이너를 실행할 때 사용한 명령인 docker run -d --name docker-nginx -p 8080:80 nginx를 다시 살펴보자. 이 명령은 다양한 섹션으로 이루어져 있다.

- -d는 도커에게 이 컨테이너를 터미널에서 분리해서 실행하도록, 즉 백그라운드에서 실행하도록 지시한다.
- --name은 도커가 임의로 컨테이너 이름을 생성하지 못하게 하면서 컨테이너에 특정 이름인 docker-nginx를 사용하도록 지시한다. 이 이름은 docker ps 명령을 실행했을 때 출력되는 내용에서도 볼 수 있다. 또한, 이 이름을 사용할 수도 있다.
- -p를 사용하면 실행 중인 컨테이너 내부의 포트에 호스트의 포트를 매핑할 수 있다. 형식은 <호스트 포트>:<컨테이너 포트> 꼴이므로 8080:80이라고 지정했다면 호스트의 8080번 포트를 컨테이너 내부의 80번 포트에 매핑한 셈이 된다.
- 마지막 인수 nginx는 실행할 이미지의 이름이다.

80번 포트는 nginx가 출력 내용을 서비스할 때 기본적으로 사용하는 포트이고, 이 컨테이너 포트에 호스트 컴퓨터의 8080번 포트를 매핑했으므로, 다음과 같이 웹 브라우저를 *http://localhost:8080* 으로 열 수 있다.

그림 7.3 nginx 출력 내용

이 화면은 nginx가 출력한 내용을 웹 브라우저에서 본 것이다. 이 시점에서 돌이켜 보면, 한 가지 명령(docker run)을 사용해 도커 컨테이너에서 nginx를 내려받아 실행한 적이 있다. 컨테이너 리소스들에는 한 가지 격리 수준이 있다. 즉, nginx가 컨테이너 내부에서 트래픽을 처리할 때 쓰는 80번 포트를 그 외부에서는 볼 수가 없으므로, 해당 포트를 외부에서도 볼 수 있게 하려고 컨테이너의 80번 포트를 컨테이너 외부의 8080번 포트에 매핑했던 것이다. 지금 WSL2 백엔드에서 도커 데스크톱을 실행하고 있으므로 8080번 포트가 실제로는 WSL2 VM에 노출되는 셈이 되지만,

4장 윈도우에서 리눅스를 함께 쓰기의 **윈도우에서 리눅스 웹 애플리케이션에 접근하기**에서 본 마법 덕분에, 윈도우에서도 *http://localhost:8080*에 접근할 수 있는 것이다.

컨테이너를 실행 상태로 두면 리소스를 계속 소비하므로 진도를 빼기 전에 다음과 같이 컨테이너의 실행을 중단하고 해당 컨테이너를 삭제하자.

```
$ docker stop docker-nginx
docker-nginx
$ docker rm docker-nginx
docker-nginx
```

이 출력 내용을 통해 실행 중인 컨테이너를 중단시키는 docker stop docker-nginx 명령을 볼 수 있다. 이 시점에서 컨테이너가 더 이상 메모리나 CPU를 사용하지는 않지만 여전히 존재할 뿐만 아니라 이 컨테이너를 생성하기 위해 우리가 사용한 이미지를 참조하므로, 해당 이미지가 삭제되지 않는다. 따라서 컨테이너를 중단시킨 후에는 docker rm docker-nginx 명령을 내려 컨테이너를 삭제해 주어야 한다. 디스크 공간을 확보하고 싶다면 docker image rm nginx:latest까지 실행하여 nginx 이미지까지 정리하면 된다.

이제 컨테이너를 실행하는 방법을 살펴보았으므로, 이번에는 실행해 볼 자체 컨테이너 이미지를 빌드해 보자.

도커에서 웹 애플리케이션을 빌드하고 실행하기

이번 절에서는 파이썬 웹 애플리케이션을 패키징하는 도커 컨테이너 이미지를 빌드한다. 이 컨테이너 이미지에는 도커 데몬이 설치된 컴퓨터에서 실행하는 데 필요한 웹 애플리케이션과 모든 의존 파일들이 들어가 있게 된다.

이번 예제를 따라 하려면 이 책에 나오는 코드(*https://github.com/PacktPublishing/Windows-Subsystem-for-Linux-2-WSL-2-Tips-Tricks-and-Techniques*)를 담은 깃허브를 찾은 후에 chapter-07/01-docker-web-app 폴더로 가면 되는데, 이 폴더에 우리가 사용할 예시용 애플리케이션이 들어 있다. 애플리케이션 실행에 필요한 의존 파일들을 설치하는 방법이 담긴 README.md 파일을 읽어 보자.[54]

---

54 [옮긴이] 이 파일에 있는 내용을 참고해 설치하다 보면 에러 메시지가 출력될 수도 있는데, 이럴 때는 다음과 같이 명령해 먼저 환경을 최신 상태로 바꿔 두자.

```
$ sudo apt update
```

예시용 애플리케이션은 파이썬용 **플라스크** 웹 프레임워크(*https://github.com/pallets/flask*)에 빌드되고 **Gunicorn HTTP 서버**를 사용해 애플리케이션을 호스팅한다(*https://gunicorn.org/*).

이번 장에서 초점을 맞추고 있는 도커 컨테이너에 집중할 수 있게, 이 예시용 애플리케이션에는 app.py라는 코드 파일 한 개만 있다.

```python
from os import uname
from flask import Flask


app = Flask( name )

def gethostname():
    return uname()[1]

@app.route("/")
def home():
    return f"<html><body><h1>Hello from {gethostname()}</h1></body></html>"
```

코드에서 알 수 있듯이 정의된 홈페이지에 대한 단일 엔드포인트endpoint(끝점)가 있으며 웹 서버가 실행 중인 시스템의 호스트 이름을 표시하는 메시지를 반환한다.

gunicorn --bind 0.0.0.0:5000 app:app이라고 명령을 내리면 이 애플리케이션을 실행할 수 있으며, 웹 브라우저에서는 *http://localhost:5000*을 열 수 있다.

그림 7.4 웹 브라우저의 예시용 앱

이 화면처럼 앱이 실행 중인 호스트 이름(wfhome)을 보여주는 예시용 애플리케이션의 응답을 볼 수 있다.

이제 예시용 애플리케이션이 작동하는 것을 보았으므로 컨테이너 이미지로 패키징하는 방법을 살펴보자.

Dockerfile 살펴보기

이미지를 빌드하려면 이미지에 포함되어야 하는 내용을 도커에 설명할 수 있어야 하며 이를 위해 Dockerfile을 사용한다. Dockerfile에는 컨테이너 이미지를 빌드하기 위해 도커가 실행할 일련의 명령이 포함되어 있다.

```
FROM python:3.8-slim-buster

EXPOSE 5000

ADD requirements.txt .
RUN python -m pip install -r requirements.txt

WORKDIR /app
ADD . /app

CMD ["gunicorn", "--bind", "0.0.0.0:5000", "app:app"]
```

이 Dockerfile에는 여러 명령이 포함되어 있다. 이 명령들을 살펴보자.

- FROM 명령은 도커가 사용해야 하는 기본 이미지, 즉 컨테이너 이미지의 시작 내용을 지정한다. 기본 이미지에 설치된 모든 애플리케이션과 패키지는 이것들을 바탕으로 삼아 빌드하는 이미지의 일부가 된다. 여기서는 파이썬 3.8이 설치된 **데비안 버스터**Devian Buster 기반 이미지를 제공하는 python:3.8-slim-buster 이미지를 지정했다. 이미지에 여러 공통 패키지를 포함하는 python:3.8-buster 이미지도 있지만 이 경우에는 공통 패키지가 포함되므로 기본 이미지가 더 커진다. 이 애플리케이션에서는 몇 개의 패키지만 사용하므로 slim이라고 부르는 변형을 사용하려는 것이다.

- EXPOSE로는 포트(이 경우라면 웹 애플리케이션이 수신할 포트인 5000)를 노출하겠다는 의도를 나타낸다.

- ADD 명령을 사용해 컨테이너 이미지에 콘텐츠를 추가한다. ADD에 대한 첫 번째 매개 변수는 호스트 폴더에서 추가할 내용을 지정하고 두 번째 매개 변수로는 컨테이너 이미지에 배치할 위치를 지정한다. 여기에서는 requirements.txt를 추가한다.

- RUN 명령은 ADD 명령을 통해 방금 이미지에 추가한 requirements.txt 파일을 사용해 pip install 작업을 수행하는 데 사용된다.

- WORKDIR은 컨테이너의 작업 디렉터리를 /app으로 설정하는 데 사용된다.

- ADD는 전체 애플리케이션 내용을 /app 디렉터리에 복사하는 데 다시 사용된다. 다음 절에서 두 개의 개별 ADD 명령을 사용해 애플리케이션 파일이 복사된 이유를 설명한다.

- 마지막으로 CMD 명령은 이 이미지에서 컨테이너를 실행할 때 실행할 명령을 지정한다. 여기에서는 방금 웹 애플리케이션을 로컬에서 실행하는 데 사용한 것과 동일한 gunicorn 명령을 지정한다.

이제 우리에게 Dockerfile이 있으므로 이것을 사용해 이미지를 빌드하는 방법을 살펴보자.

이미지 구축

컨테이너 이미지를 빌드하려면 docker build 명령을 사용한다.

```
$ docker build -t simple-python-app  .
```

여기에서는 -t 스위치를 사용해 결과 이미지를 가리키는 태그 이름으로 simple-python-app을 지정하도록 했다. 이 이름은 나중에 이 이미지로 컨테이너를 실행해야 할 때 이미지를 지정하기 위해 쓸 이름이다. 이 명령의 마지막 섹션에서는 빌드 콘텍스트build context로 사용할 디렉터리를 도커에게 알려주기 위해 점(.)을 찍었는데, 이 점은 현재 디렉터리를 나타낸다. 빌드 콘텍스트란 도커가 이미지를 빌드하는 데 사용할 수 있도록 패키징해서 도커 데몬에 전달해야 할 내용 전체를 의미한다. Dockerfile 속에서 ADD를 사용해 추가할 파일을 지정하면 해당 파일이 빌드 콘텍스트로부터 복사되어 쓰인다.

이 명령을 내렸을 때 출력되는 내용이 너무 길어서 전체 내용을 나타내기보다는 몇 가지 핵심 섹션만 간추려서 살펴보겠다.[55]

초기 출력은 FROM 명령에서 나온다.

```
Step 1/7 : FROM python:3.8-slim-buster
3.8-slim-buster: Pulling from library/python
8559a31e96f4: Already exists
62e60f3ef11e: Pull complete
...
Status: Downloaded newer image for python:3.8-slim-buster
```

---

55 [옮긴이] 이하 출력 내용은 여러분의 사용 환경에 따라 달라질 수 있다. 예를 들어, Step [4/7] 대신에 4.7로 출력되는 식이다. 그 밖에도 여러 내용이 다르게 출력되기도 한다. 그러나 본질은 다르지 않으므로 본문 내용을 이해하기 어렵지 않을 것이다.

여기에서는 도커가 로컬에 기본 이미지가 없다고 판단하여 이전에 nginx 이미지를 실행했을 때와 마찬가지로 도커 허브에서 이미지를 가져온 것을 볼 수 있다.

출력 내용 중에 조금 더 아래쪽을 보면 이미지에 애플리케이션 요구 사항을 설치하기 위해 pip install이 실행되었음을 알 수 있다.

```
Step 4/7 : RUN python -m pip install -r requirements.txt
  ---> Running in 1515482d6808
Requirement already satisfied: wheel in /usr/local/lib/python3.8/site-packages (from -r
requirements.txt (line 1)) (0.34.2)
 Collecting flask
   Downloading Flask-1.1.2-py2.py3-none-any.whl (94 kB)
 Collecting gunicorn
   Downloading gunicorn-20.0.4-py2.py3-none-any.whl (77 kB)
 ...
```

이 코드에서 flask와 gunicorn을 설치하는 pip install 명령의 출력 내용을 볼 수 있다.

출력이 다 되면 몇 가지 성공 메시지가 표시된다.

```
Successfully built 747c4a9481d8
Successfully tagged simple-python-app:latest
```

이 성공 메시지 중 첫 번째는 방금 생성한 이미지의 ID(747c4a9481d8)를 제공하고 두 번째는 지정한 태그(simple-python-app)를 사용해 태그가 지정되었음을 보여준다. 로컬 컴퓨터에서 도커 이미지를 보려면 docker image ls라고 명령하면 된다.

```
$ docker image ls
REPOSITORY          TAG             IMAGE ID        CREATED          SIZE
simple-python-app   latest          7383e489dd38    16 seconds ago   123MB
python              3.8-slim-buster ec75d34adff92   2 hours ago      113MB
nginx               latest          4bb46517cac3    3 weeks ago      133MB
```

이 출력 내용 속에서 방금 빌드한 simple-python-app 이미지를 볼 수 있다. 이제 컨테이너 이미지를 만들었으므로 실행할 준비가 되었다!

이미지 실행

앞서 살펴본 것처럼 docker run 명령을 사용해 컨테이너를 실행할 수 있다.

```
$ docker run -d -p 5000:5000 --name chapter-07-example simple-python-app
6082241b112f66f2bb340876864fa1ccf170a519b983cf539e2d37e4f5d7e4df
```

여기에서는 simple-python-app 이미지가 chapter-07-example이라는 컨테이너 형태로 실행되게 하였고, 이 컨테이너가 5000번 포트를 노출하게 명령했다. 이 명령의 출력 내용 속에서 방금 실행한 컨테이너의 ID를 볼 수 있다.

컨테이너가 실행되었으므로 이제 웹 브라우저에서 *http://localhost:5000*을 열 수 있다.

그림 7.5 컨테이너 형태로 실행된 예시용 앱의 출력 내용을 웹 브라우저에서 확인

이 화면처럼 예시용 앱이 출력한 내용을 볼 수 있다. 출력된 호스트 이름이 docker run 명령을 내렸을 때 나온 출력 내용에 있던 컨테이너 ID의 시작 섹션과 일치한다는 점에 주목하자. 컨테이너에 대한 격리된 환경이 생성되면 이처럼 호스트 이름이 컨테이너 ID 중에 일부 문자만으로 구성된다.

이제 컨테이너의 초기 버전을 빌드하고 실행했으므로 애플리케이션을 수정하고 이미지를 다시 빌드하는 방법을 살펴보자.

변경한 내용이 있을 때 이미지를 다시 빌드하기

애플리케이션을 개발하다 보면 소스 코드를 변경할 때가 있다. 이런 상황을 일부러 만들어 보기 위해 app.py의 메시지를 간단히 변경해 볼 것이다(Hello from이라는 문구를 Coming to you from으로 바꿀 것이다). 이렇게 app.py의 내용을 변경했다면 이제 이전에 사용한 것과 동일한 명령, 즉 docker build 명령을 사용해 컨테이너 이미지를 다시 빌드할 수 있다.

```
$ docker build -t simple-python-app -f Dockerfile .
Sending build context to Docker daemon    5.12kB
Step 1/7 : FROM python:3.8-slim-buster
 ---> 772edcebc686
Step 2/7 : EXPOSE 5000
 ---> Using cache
 ---> 3e0273f9830d
Step 3/7 : ADD requirements.txt .
 ---> Using cache
 ---> 71180e54daa0
Step 4/7 : RUN python -m pip install -r requirements.txt
```

```
  ---> Using cache
  ---> c5ab90bcfe94
Step 5/7 : WORKDIR /app
  ---> Using cache
  ---> f4a62a82db1a
Step 6/7 : ADD . /app
  ---> 612bba79f590
Step 7/7 : CMD ["gunicorn", "--bind", "0.0.0.0:5000", "app:app"]
  ---> Running in fbc6af76acbf
Removing intermediate container fbc6af76acbf
  ---> 0dc3b05b193f
Successfully built 0dc3b05b193f
Successfully tagged simple-python-app:latest
```

이번에는 출력된 내용이 조금 다르다. 기본 이미지가 이미 다운로드되었기 때문에 기본 이미지를 가져오지 않는다는 점 외에도 ---> Using cache로 시작되는 줄이 여러 개라는 점을 확인할 수 있다. 도커가 Dockerfile에 기재되어 있는 명령들을 실행하면, 각 행(몇 가지 예외 포함)이 새 컨테이너 이미지를 생성하고 후속 명령이 해당 이미지 위에 형성되는데, 이는 마치 기본 이미지 위에 빌드하는 것과 비슷하다. 이처럼 이미지들을 서로 겹쳐서 쌓는 방식으로 빌드되기 때문에 층을 이룬 각 이미지를 통틀어 레이어들이라고 부른다. 이미지를 작성하는 시점에서 도커는 Docker 파일 안에 기재된 명령에서 지정해 사용하는 파일이 이전에 작성한 적이 있던 레이어와 일치한다고 판단하면, 해당 레이어를 다시 사용하게 된다. 이럴 때 도커는 ---> Using cache를 출력함으로써 그렇게 하고 있음을 알려준다. 파일 내용이 똑같지 않다면 도커는 명령을 실행하고 이후에 나올 레이어들에 대한 캐시를 무효화한다.

이러한 레이어 캐싱layer caching 때문에 애플리케이션용 Dockerfile 속에서 지정한 기본 애플리케이션 내용으로부터 requirements.txt만 따로 떼어 내 작성하는 셈이다. 왜냐하면 환경 구성 파일들을 설치하는 작업이 더 느리게 진행되는 편이고, 일반적으로 나머지 애플리케이션 파일이 더 자주 변경되기 때문이다. 애플리케이션 코드를 복사하기 전에 Dockerfile로부터 환경 구성 파일들을 설치하는 데 필요한 지시 사항들을 따로 떼어낸 다음에 pip install 명령을 내려 설치하게 해 두면, 애플리케이션을 개발할 때 레이어 캐싱이라는 기능이 제대로 먹혀 들게 된다.

 옮긴이가 테스트해 본 결과, 지금은 출력 내용이 간단해졌다. 옮긴이의 컴퓨터에서는 다음과 같은 꼴로 출력되었다.

```
stuart@USER-PC:~/wsl-book/chapter-07/01-docker-web-app$ docker build -t simple-
python-app -f Dockerfile .
[+] Building 3.0s (10/10) FINISHED
 => [internal] load build definition from Dockerfile                    0.0s
```

```
=> => transferring dockerfile: 38B                                          0.0s
=> [internal] load .dockerignore                                            0.0s
=> => transferring context: 35B                                             0.0s
=> [internal] load metadata for docker.io/library/python:3.8-slim-buster    2.7s
=> [1/5] FROM docker.io/library/python:3.8-slim-buster@
sha256:bd12f13a9b40f7fbb037                                                 0.0s
=> [internal] load build context                                            0.0s
=> => transferring context: 292B                                            0.0s
=> CACHED [2/5] ADD requirements.txt .                                      0.0s
=> CACHED [3/5] RUN python -m pip install -r requirements.txt               0.0s
=> CACHED [4/5] WORKDIR /app                                                0.0s
=> [5/5] ADD . /app                                                         0.0s
=> exporting to image                                                       0.1s
=> => exporting layers                                                      0.0s
=> => writing image sha256:a88eba175277ec81ce5e8d873154d8c92963020f06587d7602db8
ee                                                                          0.0s
=> => naming to docker.io/library/simple-python-app                         0.0s
Use 'docker scan' to run Snyk tests against images to find vulnerabilities and
learn how to fix them
stuart@USER-PC:~/wsl-book/chapter-07/01-docker-web-app$
```

이 출력 내용을 보면 CACHED와 layers라는 문구를 볼 수 있는데, 이를 통해 레이어 캐싱이 이루어지고 있음을 알 수 있다.

이제까지 다양한 도커 명령을 사용해 보았다. 더 자세한 내용을 알고 싶다면(이미지를 레지스트리로 밀어 넣는 방법도 포함해서) 도커 101 자습서(*https://www.docker.com/101-tutorial*)를 참조하자.

이번 절에서는 자체적으로 만든 이미지든지 아니면 도커 허브에서 제공하는 이미지든지 간에 컨테이너 생성용 이미지를 빌드하는 방법과 이렇게 빌드한 이미지를 가지고 컨테이너를 생성해 실행하는 방법을 살펴보았다. 또한, 레이어 캐싱 기능이 있기 때문에 개발 주기가 짧아질 수 있다는 점도 확인했다. 지금까지는 사실 기본 단계에 불과한데, 다음 절에서 컨테이너를 사용해 시스템을 구축할 수 있게 레이어를 한 층 더 쌓아 올리는 데 사용할 오케스트레이터에 대해 살펴보겠다.

오케스트레이터 살펴보기

이전 절에서는 도커의 기능을 사용해 애플리케이션을 컨테이너 이미지로 쉽게 패키징하고 실행하는 방법을 살펴보았다. 이미지를 도커 레지스트리로 푸시하면 도커가 설치된 모든 컴퓨터에서 해당 애플리케이션을 가져와서 실행하기가 간편해진다. 그러나 규모가 더 큰 시스템은 많은 컴포넌트로 구성되어 있으며 이러한 컴포넌트들을 여러 도커 호스트에 배포할 수 있다. 이를 통해 실행 중인 컴포넌트 컨테이너의 인스턴스 수를 늘리거나 줄임으로써 시스템의 변화하는 로드_{load}(작업부하)에 적응할 수 있다. 오케스트레이터orchestrator(편성자)를 사용하면 컨테이너화된 시스템에서 이러한 기능들을 발휘할 수 있다. 오케스트레이터를 사용하면 실행에 실패한 컨테이너를 자동으로 다시 실행하게 할 수도 있고, 특정 호스트에서 실행에 실패한 컨테이너를 다른 호스트로 옮겨 실행하게 할 수도 있다. 또한, 이처럼 컨테이너가 다시 실행되거나 호스트 간에 옮겨질 가능성이 있을 때 컨테이너들과 안정적으로 신호를 주고받을 수 있게 하는 식으로 다양한 기능들을 활용할 수 있다.

컨테이너 오케스트레이터는 여러 가지이며, 그중에는 **쿠버네티스**Kubernetes, **도커 스웜**Docker Swarm, **메소스피어**Mesosphere **DC/OS**(마라톤Marathon과 함께 아파치 메소스Apache Mesos에 구축됨)도 있다. 이러한 오케스트레이터는 모두 방금 설명한 요구 사항을 구현하는 기능과 방법을 조금씩 다르게 제공한다. 이것들 중에서도 쿠버네티스가 큰 인기를 끌며, 현재 모든 주요 클라우드 공급 업체가 쿠버네티스 제품을 제공한다(도커 엔터프라이즈와 메소스피어 DC/OS에서도 쿠버네티스를 지원한다). 이번 장의 나머지 부분에서는 WSL에서 쿠버네티스 개발 환경을 만들고 이 개발 환경에서 애플리케이션을 실행하는 방법을 살펴보자.

WSL 안에서 쿠버네티스를 설치하기

쿠버네티스는 설치 옵션이 다양하며 그러한 옵션 중에는 다음과 같은 것들도 있다.

- Kind(*https://kind.sigs.k8s.io/*)

- Minikube(*https://kubernetes.io/docs/tasks/tools/install-minikube/*)

- MicroK8s(*https://microk8s.io/*)

- k3s(*https://k3s.io/*)

이들 중 첫 번째로 나온 Kind는 도커에서 사용할 수 있는 쿠버네티스Kubernetes in Docker를 상징하며 쿠버네티스 테스트용으로 설계되었다. 빌드 도구가 도커 컨테이너를 실행할 수 있는 한, 이 옵션은 자동화된 빌드에서 통합 테스트의 일부로 쿠버네티스를 실행하는 방법으로 좋은 옵션이 될 수 있다. 기본적으로 Kind는 단일 노드로 된 쿠버네티스 클러스터를 생성하지만, 각 노드가 별도의 컨테이너로 실행되는 다중 노드 클러스터를 실행하도록 구성할 수 있다(**10장 비주얼 스튜디오 코드와 컨테이너의 개발용 컨테이너에서 쿠버네티스를 사용해 일하기**에서 Kind를 사용하는 방법을 살펴볼 것이다).

그러나 이번 장에서는 도커 데스크톱이 기본 제공하는 쿠버네티스 기능들을 사용해 여러분을 위해 관리될 쿠버네티스 클러스터를 간단히 활성화해 보겠다.

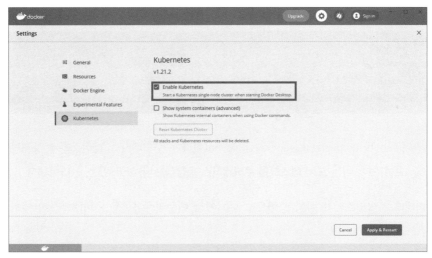

그림 7.6 도커 데스크톱에서 쿠버네티스 활성화

도커 데스크톱의 설정(Settings) 페이지에서 **kubernetes** 항목을 선택한 다음에 쿠버네티스 활성화 옵션(즉, **Enable Kubernetes**라는 체크박스)을 선택한 것을 볼 수 있다. 이 옵션을 선택하고 **Apply & Restart**를 클릭하면 도커 데스크톱이 쿠버네티스 클러스터를 설치한다.

 이 작업을 마친 후에 kubectl 명령을 제대로 쓸 수 있으려면, 다음 화면에 보이듯이 **Resources** 항목을 클릭하고 **WSL INTEGRATION**을 클릭해서 나온 화면에서 도커 설정 내용을 적용할 배포판을 선택한 다음에 **Apply & Restart**를 클릭해 주어야 한다.

docker CLI를 사용해 도커를 다뤘듯이 쿠버네티스가 자체 제공하는 CLI인 kubectl을 사용해 쿠버네티스를 다룰 수 있다. 쿠버네티스 클러스터에 연결할 수 있는지를 kubectl 기반 명령인 kubectl cluster-info를 사용해 확인할 수 있다.

```
$ kubectl cluster-info
Kubernetes master is running at https://kubernetes.docker. internal:6443
KubeDNS is running at https://kubernetes.docker.internal:6443/api/v1/namespaces/kube-
system/services/kube-dns:dns/proxy
To further debug and diagnose cluster problems, use 'kubectl cluster-info dump'.
```

이 출력은 kubectl이 kubernetes.docker.internal이라는 쿠버네티스 클러스터에 성공적으로 연결되었음을 보여주며, 이는 **도커 데스크톱 쿠버네티스 통합**을 사용하고 있음을 나타낸다.

이제 쿠버네티스 클러스터가 실행 중이므로 여기에서 애플리케이션을 쿠버네티스 안에서 실행하는 방법을 살펴보자.

쿠버네티스 안에서 웹 애플리케이션을 실행하기

쿠버네티스는 몇 가지 새로운 용어를 도입했으며 그중 첫 번째 용어는 **파드**pod다.[56] 파드는 쿠버네티스에서 컨테이너를 실행하는 방법이다. 쿠버네티스에 파드를 한 개 실행하라고 요청할 때, 실행할 이미지를 지정하는 식으로 어떤 세부 정보를 지정하게 된다. 쿠버네티스와 같은 오케스트레이터들에는 구성 요소의 인스턴스 수를 확장할 수 있는 기능도 들어 있을 뿐만 아니라, 여러 컴포넌트를 시스템의 한 부분으로 삼아 실행할 수 있도록 설계되었다. 이 목표를 달성하기 위해 쿠버네티스는 **배포판**deployment이라는 또 다른 개념을 추가한다. 배포판은 파드 위에 구축되며, 쿠버네티스를 실행할 해당 파드의 인스턴스 수를 지정할 수 있고, 이 값을 동적으로 변경할 수 있으므로 애플리케이션의 규모를 키우거나 줄일 수 있는 것이다.

잠시 후에 배포판을 한 개 생성하는 작업을 살펴보겠지만, 먼저 예시용 애플리케이션에 대한 새 태그를 생성해야 한다. 이전에 도커 이미지를 빌드했을 때 simple-python-app이라는 태그를 사용했다. 각 태그별로 한 개 이상의 버전을 지니게 되는데, 버전을 따로 명시하지 않았기 때문에 버전이 simple-python-app:latest로 간주되었다. 쿠버네티스를 사용할 때, **최신**latest 이미지 버전을 사용한다는 것은 쿠버네티스가 레지스트리에서 이미지를 가져오려고 한다는 점을 의미한다.

56 　[옮긴이] 쿠베네티스 공식 한글 표기 방식을 따라 표기했다. 한 단지, 한 떼, 한 묶음 등의 뜻을 지녔다.

심지어 이미지가 로컬에 있더라도 그렇게 한다. 이미지를 레지스트리로 푸시한 적이 없었기 때문에, 이런 작업이 이뤄지지 않는다. 이미지 이름으로 simple-python-app:v1을 지정해 이미지를 다시 빌드해도 되지만, 이미 이미지를 빌드해 두었으므로, docker tag simple-python-app:latest simple-python-app:v1이라는 명령을 실행함으로써 이미지를 바탕으로 태그가 지정된 새 버전을 만들 수도 있다. 이제 동일한 이미지를 참조하는 두 개의 태그를 갖게 된 셈이지만, 쿠버네티스는 이미지가 이미 로컬에 없는 경우에만 simple-python-app:v1을 사용해 이미지를 가져오려고 시도한다. 새로운 태그를 사용해 쿠버네티스에 애플리케이션 배포판을 시작해 보자.

배포판 생성

예시용 애플리케이션을 쿠버네티스에 배포하려면 우선 쿠버네티스에서 배포판 객체_{deployment object}를 만들어야 한다. 컨테이너 이미지에 버전이 지정된 태그를 사용해 kubectl을 사용해 배포판을 만들 수 있다.

```
$ kubectl create deployment chapter-07-example --image=simple-python-app:v1
deployment.apps/chapter-07-example created
$ kubectl get deployments
NAME                         READY    UP-TO-DATE   AVAILABLE   AGE
chapter-07-example           1/1      1            1           10s
```

이 출력 내용에서 chapter-07-example이라는 배포판이 생성되는 것을 볼 수 있다. 이 배포판은 simple-python-app:v1이라는 이미지를 실행하는 배포판이다. 배포판 생성 화면 다음에는 배포판을 나열하고 배포 상태에 대한 요약 정보를 가져오는 데 사용되는 kubectl get deployments를 실행한 내용이 표시되어 있다. 여기에서 READY 열에 보이는 1/1은 배포판이 파드 인스턴스 하나를 실행하도록 구성되었으며 해당 인스턴스를 사용할 수 있음을 나타낸다. 파드 위에서 실행 중인 애플리케이션이 충돌하면 쿠버네티스가 (기본적으로) 이를 다시 자동으로 실행해 준다. kubectl get pods라는 명령을 내려 배포판이 생성되어 있는 파드를 볼 수 있다.

```
$ kubectl get pods
NAME                                     READY    STATUS     RESTARTS   AGE
chapter-07-example-7dc44b8d94-4lsbr      1/1      Running    0          1m
```

이 출력 내용에서는 배포판의 이름 뒤에 임의의 접미사가 붙어 파드 이름이 된다는 점을 알 수 있다.

앞에서 언급했듯이, 파드를 거쳐 배포판을 사용할 때의 한 가지 이점으로 규모를 조절할 수 있다는 점을 들 수 있다.

```
$ kubectl scale deployment chapter-07-example --replicas=2
 deployment.apps/chapter-07-example scaled
$ kubectl get pods
NAME                                    READY   STATUS    RESTARTS   AGE
chapter-07-example-7dc44b8d94-4lsbr      1/1     Running   0          2m
chapter-07-example-7dc44b8d94-7nv7j      1/1     Running   0          15s
```

여기에서는 chapter-07-example이라는 이름을 지닌 배포판에서 kubectl scale 명령을 사용해 복제본_{replica} 수를 2개로 설정하고 있다. 다시 말해, 배포판의 규모를 키워 두 개의 파드로 확장한 셈인 것이다. 이렇게 규모를 키운 후에 kubectl get pods를 다시 실행해서 우리가 만든 두 번째 파드를 볼 수 있다.

> **요령**   kubectl로 작업할 때, bash 자동 완성 기능_{bash completion}[57]을 사용하면 생산성을 높일 수 있다. 이를 구성하려면 다음을 실행하자.
>
> ```
> echo 'source <(kubectl completion bash)' >>~/.bashrc
> ```
>
> 이렇게 하면 .bashrc 파일에 kubectl bash 자동 완성 기능이 추가되며, 이 기능을 활성화하려면 bash를 다시 시작해야 한다(상세한 정보를 https://kubernetes.io/docs/tasks/tools/install-kubectl/#optional-kubectl-configurations에서 모두 볼 수 있다).
>
> 이렇게 변경함으로써 이제 다음 내용을 입력할 수 있다(<탭 키> 이 표시된 곳에서 탭 키를 누르면 된다).
>
> ```
> kubectl sc<탭 키> dep<탭 키> chap<탭 키> --re<탭 키>2
> ```
>
> bash 자동 완성 기능의 최종 결과는 다음과 같다.
>
> ```
> kubectl scale deployment chapter-07-example --replicas=2
> ```
>
> 보다시피, 이런 식으로 bash 자동 완성 기능을 사용하면 명령 입력 시간을 절약할 수 있고, 명령(메 스케일)과 리소스 이름(7장-예)에 대한 bash 자동 완성 기능도 만들 수 있다.

이제 애플리케이션을 배포했으므로 접근 방법을 살펴보자.

서비스 생성하기

다음으로 chapter-07-example 배포판으로 실행되는 웹 애플리케이션에 접근할 수 있게 해 보자. 파드들에서 실행되는 웹 애플리케이션의 인스턴스를 가질 수 있으므로 파드 세트에 접근할

---

57   [옮긴이] 즉, 자동 완성 스크립트.

수 있는 방법이 필요하다. 이를 위해 쿠버네티스에는 **서비스**service라는 개념이 있다. 이는 kubectl expose를 사용해 만들 수 있다.

```
$ kubectl expose deployment chapter-07-example--type="NodePort" --port 5000
  service/chapter-07-example exposed
$ kubectl get services
NAME                  TYPE        CLUSTER-IP       EXTERNAL-IP    PORT(S)           AGE
chapter-07-example    NodePort    10.107.73.156    <none>         5000:30123/TCP    7s
kubernetes            ClusterIP   10.96.0.1        <none>         443/TCP           16m
```

여기에서는 kubectl expose를 실행하여 chapter-07-example 배포판을 위한 서비스를 생성하도록 쿠버네티스에 지시한다. NodePort를 서비스 유형으로 지정하여 클러스터의 모든 노드에서 서비스를 사용할 수 있도록 하고, 웹 애플리케이션이 수신하는 포트와 일치하도록 서비스가 대상으로 하는 포트로 5000을 전달한다. 다음으로, 새로운 chapter-07-example 서비스를 보여주는 kubectl get services를 실행한다. PORT(S) 열 아래에 5000:30123/TCP가 표시되어 서비스가 포트 30123에서 수신 대기하고 있으며, 배포판의 파드 쪽에서 5000번 포트로 트래픽을 전달할 것임을 나타낸다.

도커 데스크톱이 쿠버네티스 클러스터에 대한 네트워킹을 설정하는 방식(및 윈도우에서 WSL로 localhost의 WSL 전달) 덕분에, 웹 브라우저에서 *http://localhost:30123*을 열 수 있다.

Hello from chapter-07-example-7dc44b8d94-4lsbr

그림 7.7 쿠버네티스 웹 애플리케이션을 브라우저에서 보기

이 화면을 보면 브라우저에 로드된 웹 애플리케이션과 여기에 표시되는 호스트 이름이, 배포판을 확장하고 나서 파드를 나열할 때 본 파드 이름 중 하나와 일치한다는 점을 알 수 있다. 페이지를 몇 번 새로 고치면 배포판을 확장한 후 생성한 파드 이름 간에 이름이 변경된다. 이를 통해 생성된 쿠버네티스 서비스가 파드 간에 트래픽을 분산하고 있음을 알 수 있다.

배포판과 서비스를 생성하기 위해 kubectl 명령을 대화형으로 실행했지만, 쿠버네티스에는 선언적 배포판들을 지원한다는 강력한 면도 있다. 쿠버네티스를 사용하면 YAML 포맷으로 작성된 파일에서 배포판이나 서비스에 해당하는 객체를 정의할 수 있다. 이러한 방식으로 시스템의 여러 측면을 지정한 다음에 한 번에 YAML 파일 세트를 쿠버네티스에 전달할 수 있으며, 그러면 쿠버네티스는 그것들을 모두 생성한다. 나중에 YAML 사양을 업데이트해서 쿠버네티스에 전달할 수 있으며, 그러면 쿠버네티스는 사양의 차이를 조정하여 변경 사항을 적용한다. 이에 대한 예는 chapter-07/02-deploy-to-kubernetes 폴더의 코드에 있다(배포 방법에 대한 지침은 폴더의 README.md 파일을 참조하자).

이번 절에서는 쿠버네티스의 배포 기능을 사용해 컨테이너 이미지로 패키징된 웹 애플리케이션을 배포하는 방법을 살펴보았다. 이것이 어떻게 파드를 생성하고 실행 중인 파드 개수를 동적으로 확장할 수 있는지도 살펴보았다. 또한 쿠버네티스를 사용해 배포할 때 파드에 트래픽을 분산하는 서비스를 만드는 방법도 살펴보았다. 이 서비스는 배포판의 파드들에 대한 논리적 추상화를 제공하고, 배포판의 규모를 키우고, 다시 실행된 파드(예 충돌로 인해 다시 실행된 파드)를 처리한다. 쿠버네티스를 사용하는 일과 관련해서는 이게 좋은 출발선이 되며, 더 자세한 내용을 알고 싶다면 쿠버네티스 측에서는 아주 좋은 자습서(*https://kubernetes.io/docs/tutorials/kubernetes-basics/*)를 제공하므로 이것을 살펴보자.

> **참고** 애플리케이션을 빌드하기 위해 도커나 쿠버네티스를 사용하는 방법을 자세히 알아보기에 좋은 출발점들이 있다(이곳에 가면 또 다른 내용으로 연결해 주는 링크도 있다).
>
> https://docs.docker.com/develop/
> https://kubernetes.io/docs/home/

요약

이번 장에서는 컨테이너를 소개했으며, 도커 데몬이 실행 중인 시스템에서 컨테이너를 실행할 수 있도록 애플리케이션과 해당 의존 파일들을 함께 패키지화하는 방법을 살펴보았다. 흔히 사용하는 공용 레지스트리 방식을 포함하여, 이미지를 공유하는 방법으로 도커 레지스트리인 **도커 허브**에 대해 논의했다. docker CLI에 대해 소개했고 도커가 도커 허브에서 로컬 컴퓨터로 이미지를 자동으로 가져와서 도커 허브에서 nginx 이미지를 실행하는 데 사용했다.

nginx 이미지를 실행한 후에, Dockerfile에 정의된 단계를 사용해 사용자 지정 웹 애플리케이션에서 이미지를 빌드하는 방법을 확인했다. 도커가 Dockerfile의 각 단계를 위해 이미지 레이어들을 빌드하고, 파일이 변경되지 않은 경우에는 이후 빌드에서 해당 레이어들을 다시 사용하는 방법을 보았다. 또한, 가장 흔히 변경되는 내용이 이후 단계에서 추가되도록 Dockerfile을 세심하게 구조화하여 후속 빌드 시간을 개선하는 데 사용할 수 있는 방법을 보았다.

도커로 작업하는 방법을 살펴보고 나서, 컨테이너 오케스트레이터의 개념을 알아보고, 그 후에 쿠버네티스를 간단히 살펴보았다. 쿠버네티스를 사용해 파드 또는 배포판이나 서비스와 같은 다양한 유형의 리소스를 기반으로 애플리케이션을 배포하는 방법을 살펴보았다. 쿠버네티스 배포판이 단 하나의 명령으로 실행되는 파드의 인스턴스 수를 쉽게 확장할 수 있도록 파드에 어떻게 구축되는지 보았다. 그리고 규모 확장과는 무관하게 파드를 쉽고 일관된 방법으로 다루기 위해 배포판에서 쿠버네티스 서비스를 사용하는 방법을 보았다.

다음 장에서는 컨테이너를 빌드하거나 컨테이너를 사용해 작업할 때 필요한 WSL에 관한 지식을 조금 더 깊이 살펴보자.

08

WSL 배포판을 사용해 일하기

2장 WSL 설치 및 구성하기의 **WSL 명령 살펴보기**에서는 WSL 명령을 사용하여 설치한 **배포판들**을 나열해 표시해 보고, 관련 명령어를 실행하고, 필요에 따라 종료할 수 있는 방법을 보았다.

이번 장에서는 배포판을 관리라는 관점에서 다시 살펴보자. 특히 **내보내기**와 **가져오기** 명령을 사용해 배포판을 백업하거나 다른 시스템에 복사하는 방법을 살펴보자. 또한, 도커 컨테이너 이미지를 기반으로 새 배포판을 신속하게 생성하여 의존 항목들이 설치된 상태에서 자신만의 배포판을 쉽게 만들 수 있는 방법도 살펴본다.

이번 장에서는 다음과 같은 주제를 주로 다루겠다.

* WSL 배포판을 내보내고 가져오기
* 사용자 지정 배포판을 생성하고 실행하기

WSL 배포판을 내보내고 가져오는 방법을 살펴보면서 장을 시작해 보자.

WSL 배포판을 내보내고 가져오기

WSL 배포판을 구성하는 데 시간을 투자한 여러분은 이제 해당 배포판을 다른 컴퓨터로 복사할 수 있기를 바랄 것이다. 아마도 여러분은 컴퓨터를 교체했거나 다시 설치했거나, 아니면 컴퓨터가 여러 대 있어서, 배포판을 처음부터 구성하기보다는 이미 구성해 둔 배포판을 두 번째 컴퓨터에 복사하려는 것일 수도 있다. 이번 절에서는 배포판을 아카이브 파일 형식으로 내보냄으로써 다른 컴퓨터로 복사할 수 있게 하는 방법을 살펴보자.

내보내기용으로 쓸 배포판을 준비하는 일부터 해 보자.

내보내기 준비하기

배포판을 내보내기 전에 우리는 배포판의 기본 사용자가 배포판 내부의 /etc/wsl.conf 파일에 정의되어 있는지 확인하고 싶다(wsl.conf에 대해 자세히 알고 싶다면 **2장 WSL 설치 및 구성하기**의 **wsl.conf와 .wslconfig 살펴보기**를 참고하자). 기본 사용자가 정의되어 있으면 나중에 배포판을 가져온 후에도 WSL은 기본 사용자가 해당 배포판을 계속 사용할 수 있게 해 준다.

여러분의 WSL 배포판에서 터미널을 한 개 열고 cat /etc/wsl.conf라는 명령을 내려 파일 내용을 살펴보자.

```
$ cat /etc/wsl.conf
[network]
generateHosts = true
generateResolvConf = true
[user]
default=stuart
```

이 출력의 끝에서 default=stuart 항목이 있는 [user] 섹션을 볼 수 있다. 기본 사용자 항목이 없거나 wsl.conf가 없다면, 여러분이 선호하는 에디터를 사용해 이와 비슷한 항목(적절한 사용자 이름이 사용된 항목)이 있는지 확인할 수 있다.

 옮긴이 설명 아마도 배포판을 처음 설치했다면 이 파일이 없을 가능성이 크다. 이럴 때는 'No such file or directory'라는 문구가 화면에 표시될 것이다. 이런 상황에서는 앞에서 살펴본 7장 내용 중에 실행되지 않는 섹션도 있을 수 있다. 따라서 적절한 에디터를 사용해 wsl.conf라는 이름으로 된 파일을 /etc 디렉터리에 만들되, 해당 내용을 위 화면에 나온 내용에 맞춰 작성하면 된다.

다만, 이런 경우에 또 다음과 같은 문구가 뜰 수 있다.

```
E325: ATTENTION
Found a swap file by the name "/etc/.wsl.conf.swp"
          owned by: root    dated: Sun Jul 04 12:48:27 2021
         [cannot be opened]
While opening file "/etc/wsl.conf"
      CANNOT BE FOUND
(1) Another program may be editing the same file.  If this is the case,
    be careful not to end up with two different instances of the same
    file when making changes.  Quit, or continue with caution.
(2) An edit session for this file crashed.
    If this is the case, use ":recover" or "vim -r /etc/wsl.conf"
    to recover the changes (see ":help recovery").
    If you did this already, delete the swap file "/etc/.wsl.conf.swp"
    to avoid this message.

Swap file "/etc/.wsl.conf.swp" already exists!
[O]pen Read-Only, (E)dit anyway, (R)ecover, (D)elete it, (Q)uit, (A)bort:
```

이는 해당 파일을 이미 누군가가 사용하고 있든가 그 밖의 이유로 스왑 파일이 형성되어 있으니 주의하라는 문구다. 이럴 때는 일단 'Q'나 'q'를 입력해 빠져나온 다음에 다음 명령을 내려 해당 스왑 파일을 지운다.

```
$ rm /etc/.wsl.conf.swp
$
```

그러고 나서 sudo 권한으로 적절한 에디터를 사용해 wsl.conf 파일을 작성해 저장하면 된다.

```
$ sudo vi /etc/wsl.conf
```

다시 해당 파일 내용을 cat 명령으로 확인해 보면 이 책에서 말하는 내용과 동일한 내용이 들어가 있음을 볼 수 있다.

```
$ cat /etc/wsl.conf
[network]
generateHosts = true
generateResolvConf = true

[user]
default=stuart
```

또는, 다음 명령을 실행하여 사용자를 추가할 수 있다(wsl.conf에 [user] 섹션이 없다고 가정).

```
$ sudo bash -c "echo -e '\n[user]\ndefault=$(whoami)' >> /etc/wsl.conf"
```

이 명령은 echo를 사용해 현재 사용자로 설정된 기본 구성 내용을 포함하고 있는 [user] 섹션을 출력한다. 이 출력 내용에는 현재 사용자 이름을 입수하기 위해 whoami를 호출한 결과가 포함된다. 전체 명령은 sudo를 사용해 래핑되고 실행되어 파일에 쓰는 데 필요한 권한이 있는지를 확인하게 된다.

이렇게 해서 /etc/wsl.conf 파일이 있음을 확인했거나 사용자 프로필을 추가해 해당 파일을 완성했거나 해당 파일을 아예 처음부터 새로 작성했다면 이제 배포판을 내보내는 방법을 살펴보자.

내보내기 수행하기

배포판을 내보내려면 wsl 명령을 사용해 배포판의 내용을 디스크의 파일로 내보낸다. 이를 위해 wsl --export를 실행한다.

```
PS C:\> wsl --export Ubuntu-18.04 c:\temp\Ubuntu-18.04.tar
```

옮긴이 설명 │ 지금까지 이 책에서는 윈도우 터미널에서 WSL 배포판 중 한 개를 탭으로 열어(예를 들면, Ubuntu-20.04 같은 것을 열어) 리눅스 명령들을 내렸는데, 옮긴이의 경우에는 윈도우 터미널의 '새 탭에서 열기' 아이콘(즉, 아래 방향 꺾쇠)을 클릭해서 나온 메뉴에서 'Windows Powershell'을 선택해서 연 탭에서 wsl 명령을 실행해 보았다. 다음과 같은 식으로 위 명령을 참고해 Ubuntu-18.04와 Ubuntu-20.04라는 배포판을 모두 디스크의 파일로 내보내도록 wsl 명령을 실행했다.

예시처럼 내보낼 배포판의 이름(Ubuntu-20.04)과 내보내기를 저장할 경로(C:\temp\Ubuntu-20.04.tar)를 지정한다. 내보내기는 배포판의 크기와 포함된 콘텐츠의 양에 따라 완료하는 데 몇 분 정도 걸린다.

내보내기 프로세스가 실행되는 중에는 배포판을 사용할 수 없는데, 이는 wsl --list 명령(별도의 터미널 인스턴스에서 실행됨)을 내렸을 때 표시되는 내용과 같다.

```
PS C:\> wsl --list --verbose
    NAME                          STATE           VERSION
  * Ubuntu-20.04                  Running         2
    Legacy                        Stopped         1
    Ubuntu-18.04                  Converting      2
PS C:\>
```

예를 들어, 이 출력에서 Ubuntu-18.04 배포판의 상태가 Converting으로 표시되는 것을 볼 수 있는데, 이는 Ubuntu-18.04를 내보내는 중이라는 의미다. 내보내기 명령이 완료되면 배포판은 Stopped 상태가 된다.

내보낸 파일은 리눅스에 공통적인 **TAR** 형식(원래 **Tape Archive**의 약자)으로 된 아카이브다. TAR 형식으로 내보낸 파일을 저장해 둔 폴더로 가서 해당 파일을 열면(예를 들어, 반디집 등의 적절한 압축 프로그램을 사용해서 C:\TEMP 폴더에 있는 Ubuntu-20.04 파일을 열면) 내용을 볼 수 있다.[58]

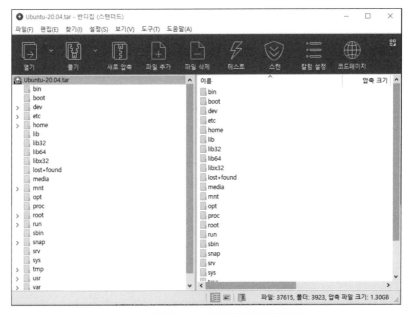

그림 8.1 내보낸 TAR이 반디집으로 열린 화면

이 화면을 보면 내보낸 TAR 형식으로 된 파일에 리눅스 시스템의 익숙한 폴더가 포함되어 있음을 알 수 있다. 이 상태에서 /home/stuart와 같은 폴더를 열어 볼 수 있고, 원한다면 개별 파일을 따로 내보낼 수 있다.

---

58   옮긴이 반디집이나 알집이 설치되어 있다면 해당 프로그램에 의해 이 압축 파일이 열릴 것이다.

이제 배포판용으로 쓰기 위해 파일을 내보내 보았으므로 이번에는 이 파일을 가져오는 방법을 살펴보자.

가져오기 수행하기

배포판에 대한 내보내기 파일이 있으면 새 컴퓨터에 복사하거나(배포판을 전송한다고 가정) 배포판의 복사본을 만들기 위해 내보내기/가져오기를 사용하는 경우라면 동일한 위치에 둘 수 있다.

가져오기를 수행할 때는 다음 wsl 명령을 사용한다.

```
PS C:\> wsl --import Ubuntu-20.04-Copy C:\wsl-distros\Ubuntu-20.04-Copy C:\temp\
Ubuntu-20.04.tar
```

보다시피 이번에는 --import 스위치를 사용하고 있다. 또한, 이 스위치에 이어서 다음 세 가지 매개 변수를 전달한다.

- Ubuntu-20.04-Copy: 이 이름은 가져오기에 의해 생성될 새 배포판의 이름이다.
- C:\wsl-distros\Ubuntu-20.04-Copy: 이는 새 배포판이 디스크에 저장되는 경로다. Microsoft Store를 통해 설치된 배포판은 $ env:LOCALAPPDATA\Packages 아래의 폴더에 설치되며, 가져온 배포판을 비슷한 위치에 보관하고 싶다면 이 경로를 사용하면 된다.
- C:\temp\Ubuntu-20.04.tar: 이는 앞서 내보냈던 배포판이 있는, TAR 형식으로 된 파일의 경로이며 여기서는 이 배포판을 가져와 새 배포판을 만드는 것이다.

내보낼 때 그랬던 것처럼 가져올 내용이 많으면 가져오기 작업을 처리하는 데 시간이 오래 걸릴 수 있다. 이럴 때는 다른 터미널 인스턴스 내에서 wsl을 실행하여 가져오기 작업 상태를 볼 수 있다.

```
PS C:\> wsl --list --verbose
    NAME                            STATE       VERSION
  * Ubuntu-20.04                    Running     2
    Legacy                          Stopped     1
    Ubuntu-20.04-Copy               Installing  2
    Ubuntu-18.04                    Stopped     2
PS C:\Users\stuar>
```

이 출력 내용을 통해 새 배포판(Ubuntu-20.04-Copy)을 가져오는 동안에 Installing 상태로 표시되는 것을 볼 수 있다. 가져오기 명령이 완료되면 새 배포판을 사용할 수 있다.

여기에서 보았듯이 어떤 배포판을 가져올 수 있는 TAR 형식으로 된 파일로 내보내 두면 컴퓨터에서 해당 배포판의 복제본을 만들 수 있다. 이런 식으로 복제본을 만들어 쓰게 되면 원래 배포판에 영향을 주지 않고 다른 애플리케이션을 테스트할 수 있다. 또한 시스템 간에 TAR 형식으로 된 파일을 복사하면 여러분이 구성한 배포판을 시스템 간에 복사하여 재사용할 수도 있다.

다음 절에서는 자신만의 배포판을 만드는 방법을 살펴보자.

사용자 지정 배포판 생성과 실행하기

여러 프로젝트에서 각 프로젝트에 고유한 도구들을 사용해 일하면서 의존 파일들을 별도로 유지하려는 경우라면, 각 프로젝트별로 배포판을 만들어 실행하는 편이 더 편리할 수 있다. 방금 살펴보았듯이, 배포판을 내보내고 가져오는 기술을 활용하면 첫 배포판의 복사본을 만드는 식으로 프로젝트별로 배포판을 만들 수 있다.

이번 절에서는 이러한 기술을 대체할 접근 방식으로 도커 이미지를 사용하는 방법을 살펴보겠다. 다양한 개발자 도구 세트가 설치된 이미지를 포함하여 다양한 이미지가 도커 허브라는 곳에 게시되어 있다. 이번 절에서 볼 수 있듯이 도커 허브를 이용하면 새로운 간편하게 배포판을 설치할 수 있으므로, 작업에 쓸 도구 세트를 쉽게 바꿀 수 있다. **10장 비주얼 스튜디오 코드와 컨테이너**에서는 이에 대한 대안으로 컨테이너를 직접 사용해 개발할 때 의존하게 되는 파일들을 캡슐화하는 방법을 살펴보겠다.

미리 말해 두자면, WSL용 사용자 지정 배포판을 빌드하는 접근 방식이 또 있지만 이 방식은 더 복잡해서 이번 절에서 다루기에 적합하지 않다. 이 방식은 리눅스 배포판을 윈도우 스토어에 게시하는 방법이기도 하다. 자세한 내용을 *https://docs.microsoft.com/en-us/windows/wsl/build-custom-distro*에서 찾아 볼 수 있다.

이번 절에서는 .NET Core로 작업할 준비가 된 배포판을 컨테이너를 사용해 구성하는 방법을 살펴본다(그러나 이런 과정을 컨테이너 이미지를 찾을 수 있는 모든 기술 스택에 다 적용할 수 있다). 여기에서는 도커 허브를 사용해 새 WSL 배포판의 기반으로 사용할 이미지를 찾고 나서, WSL에서 원활하게 작동하도록 실행 중인 컨테이너를 구성할 것이다. 컨테이너를 구성한 후에는 이전 절에서 본 것처럼 TAR 형식으로 된 파일 형식으로 내보내 나중에 가져올 수 있게 하겠다.

사용하려는 이미지를 찾는 일부터 해 보자.

컨테이너 이미지 찾기와 가져오기

첫 번째 단계는 출발점으로 사용할 컨테이너를 찾는 것이다. 도커 허브(*https://hub.docker.com/*)에서 microsoft dotnet을 검색하면 목록이 나온다. 화면을 스크롤해서 마이크로소프트에서 만든 이미지[59]를 찾아 클릭하면 해당하는 페이지(*https://hub.docker.com/_/microsoft-dotnet*)로 연결된다.

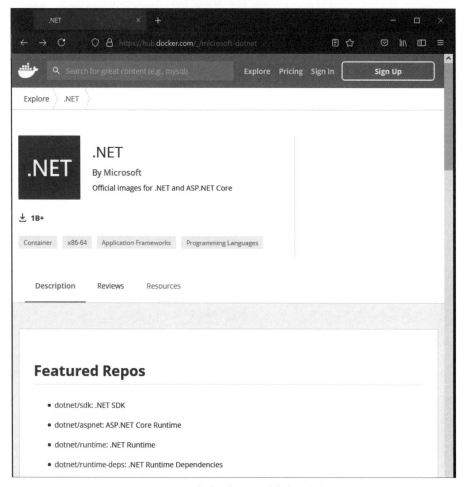

그림 8.2 도커 허브의 .NET 이미지 페이지

이 화면에서 볼 수 있듯이 사용할 수 있는 이미지가 .NET에 많이 있다. 이번 장에서는 .NET 5.0 이미지를 사용할 텐데, 그중에서도 특히 SDK 이미지를 사용한다. 이는 (런타임 이미지가 디자인된 애플리케이션을 실행하게 되기를 바라는 것이 아니라) 빌드 애플리케이션을 테스트할 수 있게 되기를 바라기 때문이다.

---

59 〔옮긴이〕 이름이 'microsoft/dotnet'이라고 되어 있다.

dotnet/sdk 페이지를 클릭하면 이미지를 가져와서 실행하는 데 필요한 이미지 태그를 찾을 수 있다.[60]

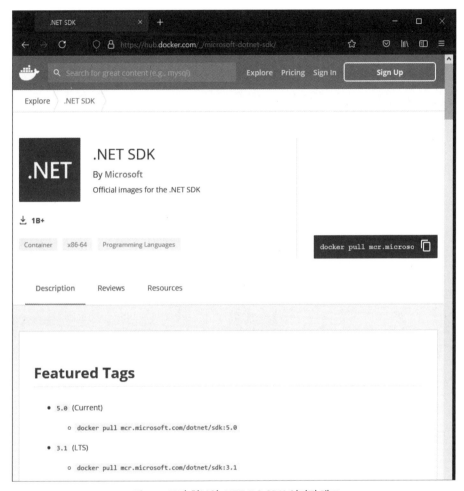

그림 8.3 도커 허브의 .NET 5.0 SDK 이미지 태그

이 화면에서 볼 수 있듯이 docker pull mcr.microsoft.com/dotnet/sdk:5.0을 실행[61]하여 이미지를 로컬 컴퓨터로 가져올 수 있다.

이제 새 배포판의 시작점으로 사용할 이미지를 찾았으므로, WSL에서 사용할 수 있도록 준비하는 몇 가지 단계를 거쳐야 한다. 이 단계들이 무엇인지 보자.

60　[옮긴이] 이미지 태그의 버전이 계속 향상되고 있으므로 이 책을 독자가 보는 시점에서의 버전은 다를 수 있다.

61　[옮긴이] 윈도우 터미널의 파워셸 탭에서 이 명령을 내려야 한다. 즉, 다음과 같은 꼴이어야 한다.

```
PS C:\> docker pull mcr.microsoft.com/dotnet/sdk:5.0
```

WSL용 컨테이너 구성하기

도커 허브에서 방금 가져온 이미지를 내보내려면 먼저 WSL에 깔끔하게 맞도록 몇 가지 조정이 필요하다.

1. 우선 실행 중인 컨테이너를 이미지로부터 생성해서 만든다.

```
PS C:\> docker run -it --name dotnet mcr.microsoft.com/dotnet/sdk:5.0
  root@62bdd6b50070:/#
```

여기에서는 마지막 절에서 가져온 이미지에서 컨테이너를 시작했음을 알 수 있다. 나중에 쉽게 참조할 수 있도록 이 컨테이너의 이름을 dotnet이라고 지정했다. 또한, -it 스위치를 전달하여 대화형 접근 방식으로 컨테이너를 실행한다. 이 출력 내용 중에 마지막 줄을 통해 우리가 컨테이너 내부의 셸 프롬프트에 있음을 알 수 있다.

2. 가장 먼저 설정해야 할 것은 WSL에서 사용할 사용자다.

```
root@62bdd6b50070:/# useradd -m stuart
root@62bdd6b50070:/# passwd stuart
New password:
Retype new password:
passwd: password updated successfully
root@62bdd6b50070:/#
```

여기서는 먼저 useradd 명령을 사용해 stuart라는 새 사용자를 생성하는데(하지만 다른 이름을 골라도 무방하다!), 이때 -m 스위치를 쓰면 사용자 홈 디렉터리도 생성된다. 그런 후에 passwd 명령을 사용해 사용자 암호를 설정한다.

3. 그렇게 한 다음에 /etc/wsl.conf 파일을 추가하여 방금 만든 사용자를 기본 사용자로 하도록 WSL에 지시한다.

```
root@62bdd6b50070:/# echo -e "[user]\ndefault=stuart" > /etc/wsl.conf
root@62bdd6b50070:/# cat /etc/wsl.conf
[user]
default=stuart
root@62bdd6b50070:/#
```

이 출력 내용을 통해서, 우리가 파일 내용을 설정하기 위해 echo 명령의 출력 내용을 리디렉션했음을 알 수 있지만, 이렇게 하는 대신에 여러분이 선호하는 터미널 텍스트 에디터를 사용해서 /etc 폴더에 있는 /wsl.conf 파일을 수정해도 된다. 파일을 작성한 후에 cat 명령을 사용해 파일 내용을 화면에 나타내 보았다. 이렇게 수정할 때는 우리가 생성한 사용자 이름(즉, stuart)과 일치하도록 default 속성 값을 설정했다는 점에 유념하자.

이 단계에서 구성 사항을 더 추가해도 되지만(이번 장 뒷부분의 **한 단계 더 나아가기**에서 몇 가지 예를 살펴보자), 일단 기본 준비를 마친 셈이므로 지금은 컨테이너를 WSL 배포판으로 변환하는 일부터 해 보자.

컨테이너를 WSL 배포판으로 변환하기

이번 장의 첫 번째 절에서는 WSL 배포판을 TAR 형식 파일로 내보낸 다음, 해당 TAR 형식으로 된 파일을 새 배포판(동일하거나 다른 컴퓨터에서)으로 가져오는 방법을 살펴보았다.

다행히 도커는 컨테이너를 WSL에서 사용하는 형식과 호환되는 TAR 형식으로 된 파일로 내보내는 방법을 제공한다. 이번 절에서는 내보내기/가져오기 과정을 통해 방금 구성한 컨테이너를 가져와서 WSL 배포판으로 변환할 것이다.

내보내기 전에 일단 컨테이너에서 빠져나오자.

```
root@62bdd6b50070:/# exit
exit
PS C:\> docker ps -a
CONTAINER ID        IMAGE                                   COMMAND     CREATED
STATUS              PORTS                                   NAMES
62bdd6b50070        mcr.microsoft.com/dotnet/sdk:5.0        "bash"      52 minutes ago
Exited (0) 7 seconds ago                                    dotnet
```

이 출력은 컨테이너의 bash 인스턴스를 종료하기 위해 exit 명령을 실행하는 것을 보여준다. 이로 인해 컨테이너 프로세스가 종료되고 컨테이너가 더 이상 실행되지 않는다. docker ps -a를 실행하면 모든 컨테이너(중지된 컨테이너 포함)의 목록을 볼 수 있으며 목록에서 작업한 컨테이너를 볼 수 있다.

이렇게 한 후에 도커 컨테이너를 TAR 형식으로 된 파일로 내보낼 수 있다.

```
PS C:\> docker export -o c:\temp\dotnet.tar dotnet
```

여기에서는 docker export 명령을 사용하고 있다. -o 스위치로 출력 TAR 형식으로 된 파일의 경로를 지정하고, 마지막 인수는 내보낼 컨테이너의 이름(즉, dotnet)이다.

이 명령이 완료되면(시간이 걸릴 수 있음), wsl 명령을 사용해 가져올 수 있는 TAR 형식으로 된 파일이 준비된 것이다.

```
PS C:\> wsl --import dotnet5 C:\wsl-distros\dotnet5 C:\temp\dotnet.tar --version 2[62]
```

가져오기 명령은 이전 절과 같다. 첫 번째 인수는 만들려는 배포판의 이름인 dotnet5다. 두 번째 인수로는 WSL이 배포판을 저장할 위치를 지정한다. 새 번째 인수로는 가져오려는 TAR 형식으로 된 파일의 경로를 제공한다.

이 작업이 완료되면, 새 WSL 배포판을 만든 셈이 되며, 해당 배포판을 실행할 준비가 된 셈이다.

새 배포판 실행

이제 새 배포판을 만들었으므로 이 배포판을 대상으로 테스트해 볼 수 있다. 배포판 내에서 bash 의 새 인스턴스를 시작하고, 어떤 사용자로 실행 중인지 확인해 보자.

```
PS C:\> wsl -d dotnet5 bash
stuart@wfhome:/mnt/c$ whoami
stuart
stuart@wfhome:/mnt/c$
```

여기서는 방금 만든 dotnet5 배포판 내에서 bash를 시작하고 나서 whoami를 실행한다. 이렇게 하면 배포판으로 가져오기 전에 컨테이너에서 만들고 구성한 stuart 사용자로 배포판을 실행하고 있는 중이라는 점이 나타난다.

이제 dotnet이 실행되는지 시험해 볼 수 있다.

1. 시작하기 위해, dotnet new를 사용해 새 웹 앱을 만들어 보자.

```
stuart@wfhome:~$ dotnet new webapp --name new-web-app
...(중략)...
The template "ASP.NET Core Web App" was created successfully.
This template contains technologies from parties other than Microsoft,
see https://aka.ms/aspnetcore/5.0-third-party-notices for details.
Processing post-creation actions...
Running 'dotnet restore' on new-web-app/new-web-app. csproj...
  Determining projects to restore...
  Restored /home/user/new-web-app/new-web-app.csproj (in 297 ms).
Restore succeeded.
```

---

62 [옮긴이] 이 명령을 실행하면 '지정된 경로를 찾을 수 없습니다.'라는 문구가 보일 수 있다. 이런 경우는 C:\의 하위 폴더인 wsl-distros가 없어서 그런 것이다. 이럴 때는 C 드라이브의 루트(즉, C:\)에 wsl-distros라는 폴더를 먼저 생성해 두자. 즉, C:\wsl-distros라는 폴더가 있어야 한다는 말이다.

2. 다음으로, 디렉터리를 새 웹 앱으로 변경한 다음에 dotnet run을 사용해 해당 웹 앱을 실행할 수 있다.

```
stuart@wfhome:~$ cd new-web-app/
stuart@wfhome:~/new-web-app$ dotnet run
Building...
warn: Microsoft.AspNetCore.DataProtection.KeyManagement.
XmlKeyManager[35]
No XML encryptor configured. Key {d4a5da2e-44d5-4bf7-b8c9-ae871b0cdc42} may be
persisted to storage in unencrypted form.
info: Microsoft.Hosting.Lifetime[0]
  Now listening on: https://localhost:5001
info: Microsoft.Hosting.Lifetime[0]
  Now listening on: http://localhost:5000
info: Microsoft.Hosting.Lifetime[0]
  Application started. Press Ctrl+C to shut down.
info: Microsoft.Hosting.Lifetime[0]
  Hosting environment: Development
info: Microsoft.Hosting.Lifetime[0]
  Content root path: /home/user/new-web-app
^Cinfo: Microsoft.Hosting.Lifetime[0]
  Application is shutting down...
stuart@wfhome:~/new-web-app$
```

보다시피 이 접근 방식은 새롭고, 별도의 WSL 배포판을 빠르게 만들 수 있는 좋은 방법을 제공하며, 이를 사용해 프로젝트 간에 서로 다르게 쓰이는 의존 파일들을 프로젝트에 맞춰 버전을 서로 다르게 해 가며 쓸 수 있다. 이 접근 방식은 기본 배포판에 설치하지 않고 미리보기를 시험해 보기 위해 임시 배포판을 만드는 일에도 적용할 수 있다. 이번에 예시로 든 임시 배포판(즉, dotnet5)의 실행이 완료된 후에는 wsl --unregister dotnet5라는 명령을 내려 배포판을 삭제하면 디스크 공간을 확보할 수 있다.

 옮긴이 설명 지금까지 만든 임시 배포판인 dotnet5를 디스크에서 제거하려면, 먼저 다음과 같이 명령하여 dotnet5의 bash 셸 상태에서 빠져나와야 한다. 그러면 프롬프트가 다시 파워셸 프롬프트로 바뀐다.

```
stuart@wfhome:~/new-web-app$ exit
PS C:>
```

그런 후에 앞에서 지은이가 설명한 명령을 내린다. 그러면 '등록 취소 중...'이라는 문구가 뜬 후에 작업이 완료된다.

```
PS C:> wsl --unregister dotnet5
등록 취소 중...,
PS C:>
```

참고로 불필요한 WSL 배포판이 있다면 wsl --unregister dotnet5와 같은 형식으로 WSL 배포판을 지울 수 있다. 예를 들어, wsl -l 명령으로 WSL에 등록된 배포판 목록을 본 후에 wsl --unregister Alpine이라고 명령을 내려 Apline이라는 배포판을 제거하는 경우는 다음과 같다.

```
PS C:\> wsl -l
Linux용 Windows 하위 시스템 배포:
Ubuntu-20.04(기본값)
docker-desktop-data
Alpine
docker-desktop
Ubuntu
Debian
Ubuntu-18.04
Ubuntu-20.04-Copy
PS C:\Users\user> wsl --unregister Alpine
등록 취소 중...
PS C:\> wsl -l
Linux용 Windows 하위 시스템 배포:
Ubuntu-20.04(기본값)
docker-desktop-data
docker-desktop
Ubuntu
Debian
Ubuntu-18.04
Ubuntu-20.04-Copy
PS C:\>
```

여기서 사용한 과정은 대화식으로 이루어져 있으며 몇 가지 단계를 거쳐 이 과정이 완성되는데, 이는 많은 상황에서 별 문제가 되지 않는다. 다만 이러한 단계들을 반복해야 하는 경우라면 이를 더 자동화하고 싶을 수 있을 것이다. 다음 절에서 살펴보자.

한 단계 더 나아가기

지금까지 도커를 대화 방식으로 사용해 가며 컨테이너를 TAR로 내보낸 다음에 다시 WSL용 배포판으로 가져올 수 있게 설정하는 방법을 살펴보았다. 이번 절에서는 이 과정을 자동화하는 방법을 살펴보고 이전에 수행한 이미지 준비 과정을 개선하기 위해 몇 가지 추가 단계를 추가해 자동화할 것이다.

컨테이너 구성 자동화의 기반은 **7장 WSL 안에서 컨테이너를 사용해 일하기**의 **Dockerfile 살펴보기**에서 확인한 Dockerfile이다. Dockerfile로 이미지를 빌드한 다음 이전 단계에 따라 이미지에서 컨테이너를 실행하고 파일 시스템을 WSL 배포판으로 가져올 수 있는 TAR 형식으로 된 파일로 내보낼 수 있다.

Dockerfile부터 살펴보자.

Dockerfile 생성

docker build 명령을 사용하면 Dockerfile을 전달하여 컨테이너 이미지를 빌드하는 단계를 자동화할 수 있다. 이 Dockerfile 내용 중에 시작 부분을 보면 다음과 같다.[63]

```
FROM mcr.microsoft.com/dotnet/sdk:5.0

ARG USERNAME
ARG PASSWORD

RUN useradd -m ${USERNAME}
RUN bash -c 'echo -e "${PASSWORD}\n${PASSWORD}\n" | passwd ${USERNAME}'
RUN bash -c 'echo -e "[user]\ndefault=${USERNAME}" > /etc/wsl. conf'
RUN usermod -aG sudo ${USERNAME}
RUN apt-get update && apt-get -y install sudo
```

이 Dockerfile에서 ARG 문 두 개를 사용해, USERNAME과 PASSWORD를 전달하기 전에 FROM 단계에서 시작 이미지(이전에 사용한 것과 동일한 dotnet/sdk 이미지)를 지정한다. 그 후, 이미지를 구성하기위해 여러 명령을 RUN(실행)한다. 1개 Dockerfile 안에서 RUN 단계에서 쓰는 명령들을 하나로 연결함으로써 RUN 단계로 연결된 명령을 줄이는 편이 더 일반적이기는 하지만, 여기에서는 그저 전체 파일 시스템을 내보내는 일만 할 뿐이므로 굳이 그런 식으로 명령을 연결해서 쓸 이유가 없다. 일단 명령들부터 살펴보자.

- 이전에 사용자를 생성하는 데 사용한 useradd 명령이 보인다. 여기서는 USERNAME 인수 값을 지정해 사용한다.
- passwd 명령을 내릴 때는 사용자가 암호를 두 번 입력할 것을 고려해야 한다. 따라서 echo 명령을 사용하되 중간에 줄 바꿈을 두어 암호를 두 번 출력하게 하고, 이렇게 해서 얻은 내용을 passwd에 전달한다. bash를 호출해 이런 식으로 구성한 명령을 실행하게 되는데, 그래서 \n을 사용해 줄 바꿈을 제어하는 것이다.
- echo 명령을 다시 사용해 /etc/wsl.conf 파일의 내용을 형성하는데, 이럼으로써 WSL의 기본 사용자를 구성한다.

---

63 [옮긴이] 이 도커 파일 내용이 프로젝트 폴더(new-web-app) 안의 Dockerfile이라는 이름으로 된 파일 안에 모두 들어 있어야 한다. 즉, Dockerfile을 만들어 이 내용을 넣어 두어야 한다는 말이다. 리눅스를 모른다면 vi나 vim이나 edit 명령으로 파일을 작성하는 방법을 따로 찾아보자.

- 사용자가 sudo를 실행할 수 있도록 usermod를 호출함으로써, sudo를 쓸 권한을 가진 그룹에 사용자를 추가한다.

- 그런 후에 apt-get을 사용해 sudo 유틸리티를 설치한다.

보다시피, 이전에 수동으로 실행한 단계와 환경을 좀 더 자연스럽게 느끼도록 하고 sudo를 설정하기 위해 몇 가지 단계를 추가했다. 이 밖에도 다른 단계를 더 추가할 수 있으며, 이 Dockerfile의 FROM 문 다음에 나오는 이미지 이름을 변경하는 식으로, 다른 데비안 기반 이미지를 가져오는 일에도 재사용할 수 있다.

이제 Dockerfile을 사용해 도커 이미지를 빌드할 수 있게 되었다. 한번 살펴보자.

TAR 형식으로 된 파일 만들기

이제 Dockerfile이 있으므로 도커를 호출하여 이미지를 빌드하고 TAR 형식으로 된 파일을 만들어야 한다. 이를 위해 다음 명령을 사용할 수 있다.

```
PS C:\> docker build -t dotnet-test -f Dockerfile --build-arg  USERNAME=stuart --build-arg PASSWORD=ticONUDavE .
PS C:\> docker run --name dotnet-test-instance dotnet-test
PS C:\> docker export -o c:\temp\chapter-08-dotnet.tar dotnet-test-instance
PS C:\> docker rm dotnet-test-instance
```

 Dockerfile이 있는 곳에서 이 명령들을 내려야 한다. 이전까지 제대로 실행했다면 여러분의 사용자 홈 디렉터리(즉, 윈도우 내의 사용자 홈 디렉터리) 내에 new-web-app이라는 폴더가 남아 있을 테고, 이 폴더 안에 Dockerfile이 들어 있다. 따라서 옮긴이의 경우에는 다음과 같은 프롬프트에서 명령을 내렸다.[64]

```
PS C:\Users\user\new-web-app> docker build -t dotnet-test -f Dockerfile --build-arg  USERNAME=stuart --build-arg PASSWORD=ticONUDavE .
```

이 명령 세트는 Dockerfile을 사용해 TAR 형식으로 된 파일을 형성하는 데 필요한 단계를 수행한다.

- 생성할 이미지 이름(즉, dotnet-test), 도커를 빌드할 때 넣어 줄 Dockerfile, 우리가 정의한 각 ARG에 대한 값을 지정하여 docker build 명령을 실행한다. 여기에서 여러분이 사용

---

64 [옮긴이] 만일 옮긴이와 같은 경로를 밟아 오지 않았다면, 여러분이 원하는 위치에 도커 파일을 새로 만들거나, 혹은 이 책에서 제공하는 실습 코드 위치(예를 들면, \wsl-book\chapter-08\03-custom-distro-dockerfile 같은 곳)에서 명령을 실행하면 된다.

하려는 사용자 이름(USERNAME)과 비밀번호(PASSWORD)도 지정해 줄 수 있다.

- docker run을 사용해 이미지로부터 컨테이너를 형성해 낸다. 컨테이너 파일 시스템을 내보낼 수 있으려면 이 작업을 수행해야 한다. 도커에서 save 명령을 제공하기는 하지만 이 명령은 이미지(레이어들을 사용해 완성한 이미지)를 저장할 뿐이며, 이 이미지 파일은 WSL로 가져오는 데 필요한 형식이 아니다.

- docker export를 실행하여 컨테이너 파일 시스템을 TAR 형식으로 된 파일로 내보낸다.

- docker rm을 사용해 컨테이너를 삭제함으로써 여유 공간을 확보할 뿐만 아니라 지금까지 내려 보았던 명령들을 쉽게 다시 내려볼 수 있게 한다.

이 시점에서 우리에게는 TAR 형식으로 된 파일을 지니게 되었는데, 이전 절에서 본 것처럼 이 파일을 기반으로 wsl --import를 실행하여 새 WSL 배포판을 만들 수 있다.

```
PS C:\>wsl --import chapter-08-dotnet c:\wsl-distros\chapter-08-dotnet c:\temp\chapter-
08-dotnet.tar
```

그러면 Dockerfile에서 적용한 지정된 사용자와 구성으로 chapter-08-dotnet 배포판이 생성된다.

이런 식으로 명령을 스크립트 형태로 구성해 사용하면 새 배포판을 쉽게 만들 수 있다. Dockerfile에 어떤 단계를 보탬으로써 또 다른 애플리케이션이나 구성 내용을 추가할 수 있다. 예를 들어, 해당 배포판에서 애저를 사용해 작업하고 싶다면 Dockerfile에 다음 줄을 추가하여 애저 CLI를 설치함으로써 편리함을 얻을 수 있다.

```
RUN  curl -sL https://aka.ms/InstallAzureCLIDeb | bash
```

이 RUN 명령은 애저 CLI 설명서(*https://docs.microsoft.com/en-us/cli/azure/install-azure-cli-apt?view=azure-cli-latest*) 의 설치 지침을 참고해 내린 것이다.

이러한 방식으로 간단히 스크립트를 작성함으로써 여러분의 필요에 맞게 새 WSL 배포판을 구성할 수 있다. 덕분에 이 도구를 오래도록 보관해 두며 거듭 사용할 계획이든지 아니면 잠시 사용하다가 버릴 생각이든지에 상관 없이, 여러분이 지닌 도구 중에서도 상당히 강력한 도구가 될 것이다.

요약

이번 장에서는 WSL의 export 명령과 import 명령을 사용하는 방법을 살펴보았다. 이러한 명령을 사용하면 배포판을 다른 컴퓨터에 복사할 수도 있고, 컴퓨터를 다시 설치해야 할 때 배포판을 백업하거나 복원할 수 있다. 또한 배포판을 복제할 수도 있으므로, 원래 배포판에 영향을 끼치지 않으면서 배포판 사본에서 여러 가지를 실험하거나 작업할 수 있다.

또한 이번 장에서 컨테이너를 사용해 새 배포판을 빌드하는 방법도 보았다. 이렇게 하면 원래 배포판에 영향을 주지 않으면서도 여러분이 작업할 새 배포판을 구성할 수도 있고, 애플리케이션을 빠르게 테스트해 볼 수도 있는데, 이는 생산적인 방법이다. 프로젝트 간에 기술 스택이 다르고 의존 파일들 간에 조금 격리해 두어야 할 필요가 있다면, 프로젝트별로 배포판을 구성하는 게 좋은 방법이 될 수도 있다. 스크립트를 사용해 이러한 배포판을 만들 수 있다면 이러한 다중 배포 방식을 활용할 수 있을 것이므로 생산성을 크게 높일 수 있다.

이러한 환경을 만드는 데 필요한 스크립트를 Dockerfile 형태로 작성해 보면서, 컨테이너를 활용해 작업하는 데 더 익숙해졌다. 이런 여정을 지속하면서 **10장 비주얼 스튜디오 코드와 컨테이너**에서 여러분의 개발 업무에 컨테이너를 직접 활용하는 방법을 살펴볼 것이다.

그러기 전에 먼저 다음 장에서 마이크로소프트의 강력한 무료 에디터인 비주얼 스튜디오 코드를 살펴보고, WSL 내에서 소스 코드를 사용해 작업할 방법을 탐구해 보겠다.

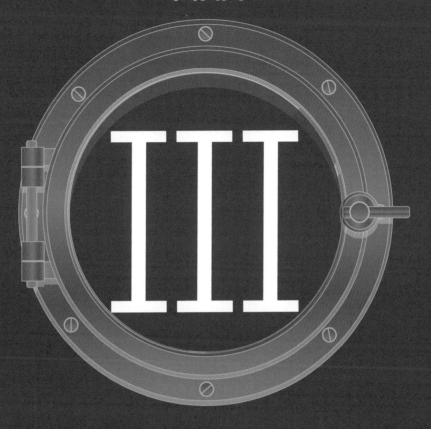

WSL을 사용해 개발하기

3부는 배포판의 코드 작업을 위해 제공하는 강력한 기능을 탐색하는 것으로 시작한다. 또한, 비주얼 스튜디오 코드로, WSL에서 컨테이너를 사용해 격리되고 쉽게 공유되는 컨테이너화된 개발 환경을 구축하는 방법도 확인할 수 있다. 마지막으로 명령줄 유틸리티에서 JSON으로 작업하기 위한 몇 가지 요령과 기법, 애저와 쿠버네티스 명령줄 도구에 대한 몇 가지 요령을 다룬다.

3부는 다음 장들로 구성된다.

CHAPTER 9   비주얼 스튜디오 코드와 WSL

CHAPTER 10   비주얼 스튜디오 코드와 컨테이너

CHAPTER 11   명령줄 도구로 생산성을 높이는 요령

09

비주얼 스튜디오 코드와 WSL

지금까지 이 책에서는 WSL에 초점을 맞추고 WSL로 직접 작업했다. 이번 장에서는 한 단계 더 나아가 WSL을 기반으로 애플리케이션을 개발하는 방법을 살펴볼 것이다. 특히 이번 장에서는 마이크로소프트의 무료 에디터인 비주얼 스튜디오 코드를 살펴본다.

WSL이 제공하는 상호 운용 방식을 통해 윈도우에서 WSL 배포판의 파일에 접근하는 방법을 우리는 이미 살펴보았다. 비주얼 스튜디오 코드를 사용하면 WSL 배포판이 제공하는 에디터에 윈도우의 그래픽 편집 환경을 연결하는 식으로 한 차원 더 높은 수준에서 코드를 편집할 수 있다. 이러한 방식으로 비주얼 스튜디오 코드는 WSL 내에서 실행되는 리눅스 애플리케이션에 대한 그래픽 디버깅 환경 역할을 할 수 있다. 이를 통해 풍부한 윈도우 기반 편집 환경을 비주얼 스튜디오 코드 내에서 경험하면서 WSL에서 제공하는 도구와 의존 파일들을 사용해 작업할 수 있는 것이다.

이번 장에서는 다음과 같은 주요 주제를 다룰 것이다.

- 비주얼 스튜디오 코드 살펴보기
- Visual Studio Code Remote 살펴보기
- Remote-WSL 작업을 위한 요령

비주얼 스튜디오 코드를 소개하고 설치하는 일부터 해 보자.

비주얼 스튜디오 코드 살펴보기

비주얼 스튜디오 코드는 마이크로소프트에서 만든 코드 에디터로 소스가 공개되어 있으며 여러 플랫폼에서 사용할 수 있다. 기본적으로 자바스크립트(및 타입스크립트) 기반 애플리케이션 개발을 지원하지만 확장 프로그램extension을 추가하면 개발 작업 시에 다양한 언어(C++, 자바, PHP, 파이썬, Go, C#, SQL 포함)를 사용해 코드를 작성할 수 있다. 비주얼 스튜디오 코드를 설치하는 일부터 하자.

비주얼 스튜디오 코드를 설치하려면 *https://code.visualstudio.com/*으로 이동하여 다운로드 링크를 클릭하고 다운로드가 완료되면 설치 관리자를 실행한다. 설치 과정은 상당히 간단하지만, 자세한 내용(나이틀리 빌드nightly build를 제공하는 내부자 버전 설치 방법 포함)을 알고 싶다면 *https://code.visualstudio.com/docs/setup/setup-overview*를 참조하자.

설치하고 나서 비주얼 스튜디오 코드를 실행하면 다음과 같은 창이 나타난다.

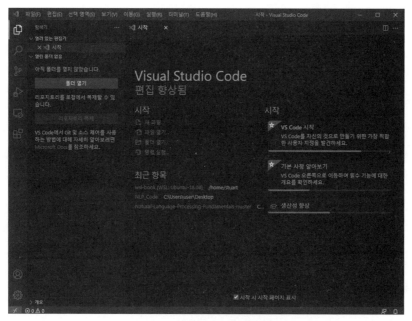

그림 9.1 비주얼 스튜디오 코드

비주얼 스튜디오 코드의 시작 페이지는 몇 가지 일반적인 작업(예 폴더 열기), 최근 항목(처음으로 설치했다면 나타나지 않음), 다양하고 편리한 도움말 페이지에 대한 링크를 제공한다.

일반적으로 비주얼 스튜디오 코드의 기본 사용법은 여러분에게 익숙한 그 밖의 그래픽 기반 에디터와 다르지 않다. 설명서에는 몇 가지 훌륭한 소개 영상(*https://code.visualstudio.com/docs/getstarted/introvideos*)과 문서 형태로 정리된 요령과 기법(*https://code.visualstudio.com/docs/getstarted/tips-and-tricks*)이 있다. 이 주소들로 가 보면 비주얼 스튜디오 코드를 최대한 활용할 수 있도록 하는 편리한 기술을 많이 만나볼 수 있으므로, 이를 참조해 생산성을 높이는 게 바람직하다.

개발을 시작하기 위해 폴더를 여는 방법은 다양하다.

- 그림 9.1에 표시된 시작 페이지에서 **폴더 열기** 링크를 사용한다.
- 파일 메뉴에서 **폴더 열기** 항목을 사용한다.
- 명령 창을 열어 **파일: 폴더 열기**라고 입력하고 나서 조회되어 나온 동일한 이름의 항목을 사용한다.

마지막에 나온 명령 창 사용 방식을 따르면 비주얼 스튜디오 코드에서 명령을 빠르게 검색할 수 있다. Ctrl + Shift + P를 눌러 명령 창을 열 수 있다.

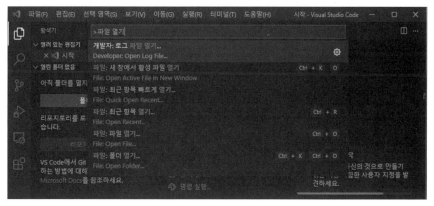

그림 9.2 명령 창

이 화면은 열린 명령 창을 보여준다. 명령 창에서는 비주얼 스튜디오 코드에서 작업(설치된 확장 프로그램의 작업 포함)하는 데 필요한 모든 명령에 접근할 수 있다. 명령 창에 무언가를 입력하면 작업 목록이 걸러져 나온다. 예를 들어, '파일 열기'라고 입력하면 **파일: 폴더 열기**라는 행동에 빠르게 접근할 수 있다. 또한, 명령 창에는 명령에 대한 단축키도 표시되어 있으므로 널리 사용하는 명령에 대한 단축키를 쉽게 배울 수 있다.

앞서 언급했듯이 비주얼 스튜디오 코드의 기능을 보충해 주는 확장 프로그램이 다양하게 있는데, 이것들을 *https://marketplace.visualstudio.com/vscode*에서 찾아 선택할 수 있다. 아니면 명령 창에서 '확장 설치'를 입력하는 식으로 비주얼 스튜디오 코드에서 직접 찾아 설치해도 된다.

'확장 설치'라고 입력했을 때 화면에 나타나는 내용은 다음과 같다.

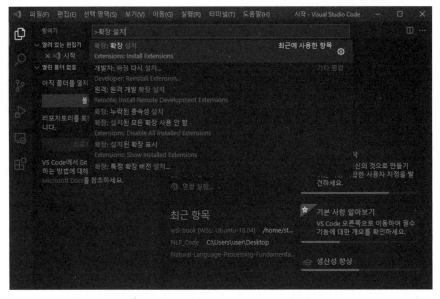

확장 프로그램[65]을 활용하면 새 언어 지원, 새 에디터 테마 제공과 같은 다양한 기능을 비주얼 스튜디오 코드에 추가할 수 있다. 이번 장에서는 파이썬 애플리케이션을 예제로 사용하지만 이런 원칙은 다른 언어에도 적용된다. 언어 지원 기능을 추가하는 일을 자세히 알고 싶다면 *https://code.visualstudio.com/docs/languages/overview*를 참조하자.

예시용 앱을 살펴보기 전에 비주얼 스튜디오 코드에 풍부한 WSL 지원을 추가하는 확장 프로그램을 살펴보자.

Visual Studio Code Remote 살펴보기

WSL 배포판의 파일 시스템에서 나온 파일들을 다루기 위한 한 가지 방법은 WSL에서 제공하는 \\wsl$라는 공유share 디렉터리를 사용해 파일을 여는 것이다(**4장 윈도우에서 리눅스를 함께 쓰기의 윈도우에서 리눅스 파일에 접근하기**에서 설명한 적이 있음). 예를 들어, \\wsl$\Ubuntu-20.04\home\stuart\

---

65   옮긴이 비주얼 스튜디오 코드에서는 확장 프로그램(extensions)을 '확장'이라는 말로 표현하고 있다. 하지만 이는 어법에 맞지 않아서 이 책에서는 화면에 표시된 내용이 아니면 '확장 프로그램'이라고 번역했다. 이런 견지에서 이 책에서는 마이크로소프트웨어에서 '배포'라고 표현한 경우도 어법에 맞춰 '배포판'으로 번역했다. 어쨌든 공식 문서나 화면에서는 확장 프로그램이 아닌 '확장'으로 표시하고 있다는 점에 주의하자.

wsl-book을 통해 우분투 20.04 배포판의 내 홈 디렉터리에서 wsl-book 폴더에 접근할 수 있다. 그러나 이 공유 디렉터리가 동작하는 동안에 윈도우-리눅스 파일들을 상호 운용하는 데 따르는 비용이 발생하고, 공유 디렉터리는 통합 환경을 제공하지 않는다.

윈도우에서 비주얼 스튜디오 코드용 파이썬 확장 프로그램을 사용해 파이썬을 설치해 두었다면 코드를 실행하고 디버깅할 수 있는 통합 환경이 제공된다. \\wsl$ 공유 디렉터리를 거쳐서 코드 파일을 열면, 비주얼 스튜디오 코드는 WSL로부터 파이썬과 그 의존 파일 및 도구 들을 설치하지 않은 채로 윈도우 환경을 체험할 수 있게 해 준다. 그러나 마이크로소프트의 **Remote-WSL**이라고 부르는 확장 프로그램을 사용하면 이 문제를 해결할 수 있다!

Remote Development라고 부르는 확장 프로그램을 통해 비주얼 스튜디오 코드는 우리의 경험 환경을 비주얼 스튜디오 코드 사용자 인터페이스와 비주얼 스튜디오 코드 서버로 분리한다. 서버 부분은 소스 코드 로드, 애플리케이션 실행, 디버거 실행, 터미널 프로세스 실행과 기타 비슷한 활동을 담당한다. 사용자 인터페이스 부분은 서버와 통신하여 윈도우 사용자 인터페이스 기능을 제공한다.

원격 확장 프로그램들의 종류는 다양하다.

- Remote-WSL: WSL에서 서버를 실행한다.
- Remote-SSH: SSH를 통해 원격 시스템에 연결하여 서버를 실행할 수 있다.
- Remote-Containers: 컨테이너를 사용해 서버를 실행할 수 있다.

이번 장의 나머지 부분에서는 Remote-WSL을 살펴보고 다음 장에서는 Remote-Containers를 다룰 것이다. Remote-Development 확장 프로그램(Remote-SSH 포함)에 대해 자세히 알고 싶다면 *https://code.visualstudio.com/docs/remote/remote-overview*를 참조하자. 그럼 Remote-WSL부터 살펴보자.

Remote-WSL 시작하기

Remote-WSL 확장 프로그램은 Remote-Development 확장 프로그램 팩(*https://marketplace.visualstudio. com/items?itemName=ms-vscode-remote.vscode-remote-extensionpack*)에 들어 있으며, 이것을 사용하면 Remote-WSL, Remote-SSH, Remote-Containers를 단 한 단계만으로 쉽게 설치할 수 있다. 그렇지만 Remote-WSL만 설치하려는 경우라면 *https://marketplace.visualstudio.com/items?itemName=ms-vscode-remote.remote-wsl*에서 수행하자.

이를 따라 가려면 여러분의 리눅스 배포판 속에 책에 나오는 코드를 복사해 두었는지 확인하자. *https://github.com/PacktPublishing/Windows-Subsystem-for-Linux-2-WSL-2-Tips-Tricks-and-Techniques*에서 책에 나오는 코드를 찾을 수 있다.[66]

예제 코드는 최신 버전의 우분투에 미리 설치되어 있는 파이썬 3을 사용한다. 리눅스 배포판에서 python3 -c 'print("hello")'를 실행하여 파이썬 3이 설치되었는지를 확인해 볼 수 있다. 명령이 잘 수행된다면 파이썬 3이 이미 설치되어 있는 것이다. 그렇지 않다면 파이썬 설명서(*https://wiki.python.org/moin/BeginnersGuide/Download*)에 나오는 지침을 따라 파이썬을 설치하자.

이제 비주얼 스튜디오 코드에서 예제 코드를 열어 보자.

Remote-WSL로 폴더 열기

Remote-WSL을 설치했다면, 비주얼 스튜디오 코드를 열고 명령 창(⎈Ctrl+⇧Shift+Ⓟ)에서 **Remote-WSL: New WSL Window**를 선택한다.

그림 9.3 명령 창의 Remote-WSL 명령

Remote-WSL 확장 프로그램으로 인해 추가해서 쓸 수 있는 새 명령들을 보여주는 이 화면에서 **Remote-WSL: New WSL Window**를 선택하면 새 비주얼 스튜디오 코드 창이 열리고 여러분이 지정해 둔 기본 WSL 배포판에서 비주얼 스튜디오 코드 서버가 연결되어 실행된다. 이렇게 하는 대신에[67] 연결할 배포판을 직접 선택하고 싶다면 이 화면에서 **Remote-WSL: New WSL Window using Distro**를 선택하자.

---

66 〔옮긴이〕 앞에서 주로 사용한 리눅스 배포판(Ubuntu-20.04)의 사용자(stuart) 홈 디렉터리에 wsl-book이라는 이름으로 폴더를 만들어 이 안에 깃허브에서 가져온 코드들을 넣어 둔 적이 있다. 아직 그렇게 하지 않았다면 지금이라도 해당 폴더를 만들고 코드를 넣어 두자. 깃허브에서 내려받아서 복사해 두든지 아니면 git clone 명령을 내려서 내려받으면 된다.

67 〔옮긴이〕 즉, 여러분이 지정해 둔 WSL 기본 배포판(여기서는 Ubuntu-20.04) 대신이다.

Remote-WSL: New WSL Window using Distro를 선택하면 설치해 둔 리눅스 배포판들(즉, WSL 배포판들)의 목록이 나타난다. 여기서 여러분이 사용할 배포판을 선택하면 된다.

새 비주얼 스튜디오 코드 창이 열리면 창의 왼쪽 맨 아래에 WSL이 표시된다. 그 바로 오른쪽에 표시된 Ubuntu-20.04(또는 열려 있는 배포판)는 이 비주얼 스튜디오 코드 인스턴스가 Remote-WSL 을 통해 연결되었음을 나타낸다.

 이럴 때 화면은 다음과 같다.

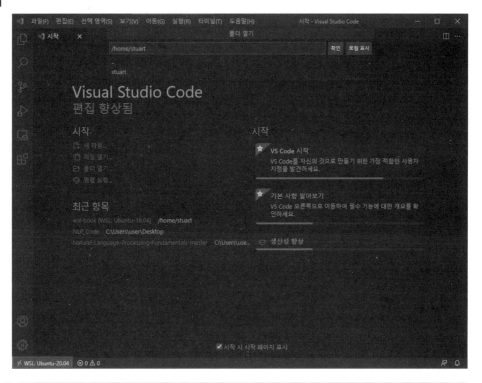

이제 명령 창에서 **파일: 폴더 열기**를 선택해 예제 코드를 열 수 있다.[68] 만약 Remote-WSL을 통해 연결하지 않은 채로 비주얼 스튜디오 코드에서 이 작업을 수행하면 표준 윈도우 파일 대화 상자가 열린다. 그러나 원격 WSL과 연결되어 있으므로 이 명령은 이제 연결된 배포판에서 폴더를 선택할 수 있게 해 준다.

그림 9.4 Remote-WSL에서 폴더 선택

이 화면은 WSL 배포 파일 시스템에서 열 폴더를 선택하는 것을 보여준다. 지은이가 자신의 home 폴더[69] 안에 wsl-book이라는 폴더를 만들어 두고 여기에 책에 나오는 코드를 복제해 두었었다는 점에 유념하자.

 지은이가 저장한 장소와 똑같은 장소에 코드를 저장하고 싶다면 다음과 같이 한다.

1. 이 책에 나오는 코드를 담은 깃허브에 접속한다. 주소는 https://github.com/Packt Publishing/Windows-Subsystem-for-Linux-2-WSL-2-Tips-Tricks-and-Techniques다.

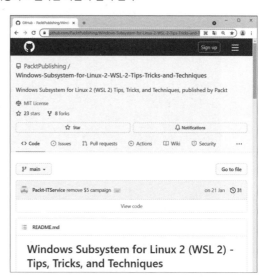

---

68 [옮긴이] '파일' 메뉴에서 '폴더 열기' 항목을 선택해도 된다.

69 [옮긴이] 즉, /home/stuart

2. 그런 다음에 'Code' 버튼을 클릭해, 클론clone(복제)할 주소를 선택하고 Ctrl + C 를 눌러 복사한다.

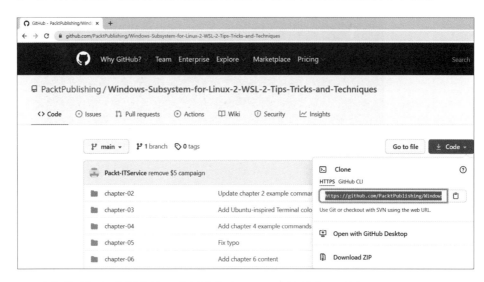

3. 그런 후에는 윈도우 터미널을 열고, 터미널에서 Ubuntu-20.04를 새 탭으로 연다.

4. 열린 새 탭에서 다음 순서대로 차례로 명령을 내린다.

```
$ cd /home/stuart
$ git clone https://github.com/PacktPublishing/Windows-Subsystem-for-Linux-2-WSL-2-Tips-Tricks-and-Techniques.git
$ mv Windows-Subsystem-for-Linux-2-WSL-2-Tips-Tricks-and-Techniques wsl-book
```

참고로 옮긴이의 컴퓨터에서 실행해 본 예는 다음과 같다.

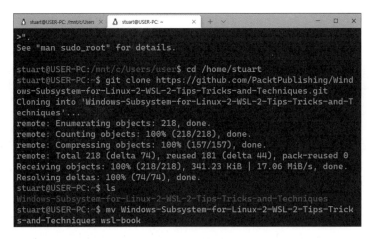

이 화면의 중간에 ls라는 명령어가 보이는데, 이는 옮긴이가 실행 중에 잠시 클론된(복제된) 코드 파일이 들어 있는 폴더 이름을 보기 위해서 명령을 내린 것이다. 이 ls 명령을 생략해도 무방하다.

코드를 어디에 저장했느냐에 따라서 코드 경로가 달라질 수 있기는 하다. 예를 들어, 코드를 /home/stuart/wsl-book에 저장(또는 클론)했다면 /home/stuart/wsl-book/chapter-09/web-app이라는 경로가 있게 된다. 파일: 폴더 열기를 선택해서 열 폴더를 선택할 때 바로 이 web-app이라는 폴더를 지정해 열게 되면 비주얼 스튜디오는 적절한 내용을 처리한 다음에 (이때까지 파이썬 확장 프로그램을 아직 설치하지 않은 경우라면) 권장 확장 프로그램을 설치하라는 메시지를 표시해 준다.

그림 9.5 확장 프로그램 추천

방금 연 폴더[70]에는 파이썬 확장 프로그램을 나열하는 .vscode/extensions.json 파일이 포함되어 있기 때문에 이 화면 프롬프트가 나타나는 것이다. 메시지가 나타나면 **설치**를 클릭하여 확장 프로그램을 설치하거나 **권장 사항 표시**를 클릭하여 설치 전에 확장 프로그램을 확인한다. Remote-WSL을 사용하기 전에 비주얼 스튜디오 코드에 파이썬 확장 프로그램을 이전에 설치한 경우에도 메시지가 표시될 수 있다.

---

70 옮긴이 즉, /home/stuart/wsl-book/chapter-09-web-app

그림 9.6 윈도우에는 파이썬이 설치되었지만 WSL에는 설치되지 않음

이 화면은 비주얼 스튜디오 코드의 **확장** 뷰를 보여주며 파이썬 확장이 이미 윈도우에 설치되어 있으며 현재 프로젝트가 로드된 배포판에 원격 WSL을 설치하도록 유도한다. 이 항목이 표시되면 **Install** 버튼을 클릭하여 WSL에 설치한다.

이 시점에서는 윈도우에서 실행되는 비주얼 스튜디오 코드 사용자 인터페이스를 지니게 되었고 우리의 WSL 배포판에서 실행되는 서버 구성 요소에 연결되어 있다. 서버는 웹 앱에 대한 코드를 로드했으며, 현재 서버에서 실행 중인 파이썬 확장 프로그램을 설치했다.

이 설정을 통해 디버거에서 코드를 실행하는 방법을 살펴보자.

앱 실행

앱을 실행하려면 먼저 파이썬 확장 프로그램이 적절한 파이썬 버전을 사용하고 있는지 확인해야 한다(파이썬 3 필요). Python 3.8.10 64-bit나 이와 비슷한 내용이 표시될 때까지 비주얼 스튜디오 코드 창의 제일 아래쪽에 나오는 상태 표시줄을 살펴보자. 여기서 'Select Interpreter'라고 써진 부분을 클릭하면 파이썬 버전 선택기가 나타난다.

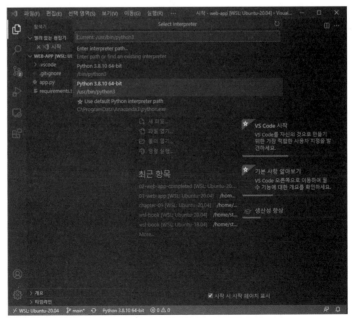

그림 9.7 파이썬 버전 선택기

버전 선택기에서는 감지한 모든 파이썬 버전을 표시하고 원하는 버전을 선택할 수 있다(여기서는 파이썬 3 버전을 선택했다). 이 목록에 표시된 경로는 모두 리눅스 경로이며, 파이썬 확장 프로그램이 WSL의 비주얼 스튜디오 코드 서버에서 실행되고 있음을 확인한다. 파이썬 가상 환경들(*https://docs.python.org/3/library/venv.html*)을 선호하고 프로젝트에 가상 작업 환경을 한 개 만든 경우라면, 가상 환경을 선택할 수 있도록 가상 환경들이 이 목록에도 표시된다.

앱을 실행하기 전에 먼저 의존 파일들을 설치해야 한다. **보기** 메뉴에서 **터미널** 항목을 선택한다. 그러면 비주얼 스튜디오 코드 창에서 터미널 뷰가 열리고, 이때 작업 디렉터리는 여러분의 프로젝트 폴더로 나타난다.

터미널에서 pip3 install -r requirements.txt를 실행해 의존 파일들을 설치한다.

 이렇게 터미널 뷰를 열어 위 명령을 내리는 장면은 다음과 같다.

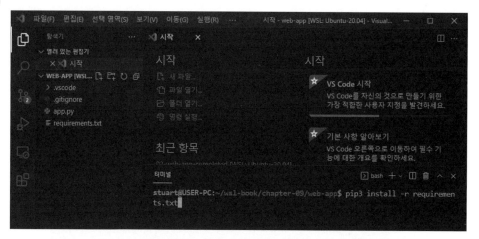

이 화면에서 터미널 뷰는 오른쪽 아래에 나타나 있고, 이 터미널 뷰의 프롬프트를 보면 WSL 배포판의 홈 디렉터리(~)에 있는 wsl-book(우리가 코드를 넣어 둔 곳)의 chapter-09/web-app 폴더가 현재 작업 디렉터리임을 알 수 있다. 이 작업 디렉터리 안에 requirements.txt라는 파일이 들어 있다.

 pip3가 설치되지 않았으면 sudo apt-update && sudo apt install python3-pip를 실행해 설치한다.[71] 또는 https://packaging.python.org/guides/installing-using-linux-tools/에 나오는 지침을 따르자.

---

71 [옮긴이] 'apt-update' 명령을 찾을 수 없다는 문구가 뜬다면 $ sudo apt install python3-pip라고 명령을 내리자.

다음으로 화면 왼쪽에 보이는 **탐색기**에서 app.py를 선택해 연다(탐색기가 표시되어 있지 않다면 Ctrl + Shift + E 를 사용해 탐색기를 연다). 이렇게 하면 플라스크 웹 프레임워크를 사용하는 간단한 파이썬 앱을 구현한 비교적 짧은 코드를 볼 수 있으며, 이 코드는 웹 앱이 실행되는 컴퓨터에 대한 기본 정보 몇 가지를 출력한다. app.py가 열린 상태에서 F5 를 눌러 디버거를 시작할 수 있다. 그러면 사용할 구성을 선택하라는 메시지가 표시된다.

그림 9.8 파이썬 구성 선택기

이 화면은 파이썬 확장 프로그램에서 선택할 수 있는 일반적인 디버그 옵션 집합을 보여준다. 잠시 후 완전한 유연성을 갖추게 구성하는 방법을 살펴보겠지만 일단은 **Flask**를 선택하자. 그러면 플라스크 프레임워크를 사용해 앱이 시작되고 디버거가 연결된다.

그림 9.9 디버거에서 실행되는 애플리케이션

앞의 화면을 보면 통합 터미널 창이 열렸다는 점과 비주얼 스튜디오 코드가 플라스크 애플리케이션을 시작했다는 점을 알 수 있다. 애플리케이션이 시작되면 애플리케이션은 수신 대기 중인 URL(이 예에서는 *http://127.0.0.1:5000*)을 출력한다. 이 링크 위에 커서를 둔 후에 Ctrl을 누른 채 클릭하면 링크를 열 수 있다. 이렇게 하면 기본 브라우저에서 URL이 열린다.

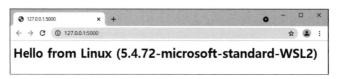

그림 9.10 브라우저에서 웹 앱

이 화면처럼 실행 중인 운영체제 이름과 커널 버전이 브라우저에 의해 출력된 것을 볼 수 있는데, 이 출력 내용은 웹 앱 서버가 제공한 것이다. 다시 말하지만, 이것은 비주얼 스튜디오 코드 사용자 인터페이스가 윈도우에서 실행되는 동안 모든 코드가 처리되어 WSL 배포판에서 실행되고 있음을 보여준다. 비주얼 스튜디오 코드의 Remote-WSL과 localhost 주소에 대해 WSL 트래픽을 전달하는 일을 조합함으로써 윈도우와 리눅스를 동시에 사용하는 경험을 풍부하게 그리고 자연스럽게 할 수 있다.

지금까지 앱을 실행하는 편리한 방법으로 디버거를 사용해 보았다. 이제부터는 디버거를 사용해 단계별로 코드를 살펴보자.

앱 디버깅

이번 절에서는 디버거에서 프로젝트의 코드를 단계별로 실행하는 방법을 살펴보자. 다시 말하지만, 이를 통해 윈도우의 비주얼 스튜디오 코드 사용자 인터페이스로 WSL 배포판에서 실행되는 애플리케이션에 연결하고 디버깅할 수 있다.

이전 절에서는 F5를 눌러 파이썬 앱을 실행하는 방법을 살펴보았는데, 해당 앱은 자체적으로 사용할 구성 내용을 우리에게 요청했다(그래서 우리는 Flask를 선택했다). 우리가 아직 프로젝트에 대한 디버거를 구성하지 않았기 때문에 매번 환경을 선택하라는 메시지를 보게 될 것이다. 디버거를 살펴보기 전에, F5를 눌렀을 때 자동으로 앱을 골라 실행하도록 구성 내용을 정해 보자. Ctrl + Shift + D를 누르거나 명령 창에서 **실행 및 디버그: 실행 보기에 포커스** 명령을 선택해 **실행 및 디버그** 뷰를 연다.

그림 9.11 비주얼 스튜디오 코드의 Run 뷰

이 화면에는 열려 있는 폴더에 **launch.json 파일 만들기**라는 링크가 있는 **실행 및 디버그** 뷰가 나와 있는데, 이 링크를 클릭해 launch.json 파일을 만들자. 그러면 그림 9.7에 나온 것과 동일한 옵션 세트가 표시되고 다시 **Flask**를 선택해야 한다. 비주얼 스튜디오 코드가 우리가 열어 둔 /home/stuart/wsl-book/chapter-09/web-app/.vscode 폴더에 launch.json 파일을 생성한다.

```json
{
    // IntelliSense를 사용하여 가능한 특성에 대해 알아보세요.
    // 기존 특성에 대한 설명을 보려면 가리킵니다.
    // 자세한 내용을 보려면 https://go.microsoft.com/fwlink/?linkid=830387을(를) 방문하세요.
    "version": "0.2.0",
    "configurations": [
        {
            "name": "Python: Flask",
            "type": "python",
            "request": "launch",
            "module": "flask",
            "env": {
                "FLASK_APP": "app.py",
                "FLASK_ENV": "development",
                "FLASK_DEBUG": "0"
            },
            "args": [
                "run",
                "--no-debugger",
                "--no-reload"
            ],
            "jinja": true
        }
    ]
}
```

이 내용에서 볼 수 있듯이 launch.json에는 애플리케이션을 실행하고 디버그하는 방법에 대한 **JSON**(자바스크립트 객체 표기법) 정의가 포함되어 있다. 이 정의는 이전에 앱을 실행한 방식을 설명하지만 이제 F5 를 누르면 자동으로 이러한 방식으로 실행되므로 앱에서 작업할 때 흐름이 개선된다. 이 정의가 있다는 것은 앱에서 작동하는 다른 모든 사용자에 대해 앱 실행과 디버깅이 구성된다는 의미이기도 하다. 또한, 환경 변수를 env 속성에 추가하여 구성을 변경하는 방법 같은 것을 제공한다.

디버그 옵션이 구성된 상태에서 app.py 파일이 담긴 탭을 클릭한 다음에 중단점을 설정해 보자. app.py에는 일부 HTML을 반환하고 get_os_info 함수의 출력을 포함하는 home 메서드가 있다. 해당 함수의 return 문으로 이동하고 F9 를 눌러 중단점을 추가하자(다른 방식으로 중단점을 찍는 방법을 *https://code.visualstudio.com/docs/editor/debugging*에서 볼 수 있다).[72] 이제 F5 를 눌러 앱을 실행할 수 있고, 앱이 요청을 처리할 때 디버거가 앱을 일시 중지하게 할 것이다. 다만 중단점이 작동하는 것을 보고 싶다면 이전에 그랬던 것처럼 브라우저를 열고[73] 비주얼 스튜디오 코드 창으로 다시 전환한다.

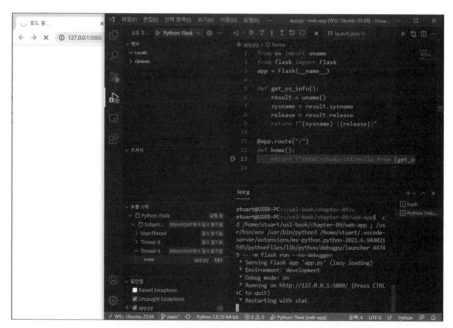

그림 9.12 WSL에서 파이썬 앱을 디버깅하는 비주얼 스튜디오 코드

이 화면은 비주얼 스튜디오 코드에서 앱을 디버깅하는 경우를 보여준다. 이 화면의 왼쪽에서 로컬 변수(예 sysname 변수의 내용)와 호출 스택을 볼 수 있다.

---

72 [옮긴이] 중단점을 찍으려는 문장의 줄번호 앞부분을 클릭해도 중단점이 찍힌다. 중단점은 빨간색 점 모양으로 나타난다.

73 [옮긴이] 즉, 터미널 뷰에서 http://127.0.0.1:5000/ 섹션을 Ctrl 을 누른 채로 클릭해서 브라우저를 열고.

비주얼 스튜디오 코드 창의 상단에 보이는 컨트롤들(또는 단축키들)을 사용해 실행을 재개하거나 코드를 단계별로 실행할 수 있다. 창의 하단에는 애플리케이션을 실행하는 데 사용된 터미널이 표시되며 그것을 **디버그 콘솔** 뷰로 전환할 수 있다.

 터미널 뷰 외에 디버그 콘솔 뷰도 보고 싶다면 터미널 뷰의 제목 표시줄에서 마우스의 오른쪽 버튼을 클릭하고, 이렇게 해서 나온 상황 메뉴에서 '디버그 콘솔'을 선택하면 된다. 이렇게 하는 장면은 다음과 같다.

디버그 콘솔에서 변수 내용을 볼 수도 있고 변수 값을 바꿀 수도 있을 뿐만 아니라, 그 외에도 다양한 표현식을 실행할 수 있다. 이를 테스트하려면 sysname = "Hello"를 실행한 다음 F5 를 눌러 앱을 다시 시작하자. 브라우저로 다시 전환하면 브라우저의 출력에 Hello가 표시되어 디버거에서 변수 값을 업데이트했음을 보여준다.

9번 줄에 중단점을 찍은 후에 프로그램을 실행해 보면 터미널 뷰에 실행 과정이 표시되다가 잠시 멈춘다. 이때 IP 주소를 Ctrl 을 누른 채로 클릭하면 브라우저가 실행된다. 하지만 9번 줄에 중단점이 찍혀 있어 브라우저에서 더 이상 작업이 진행되지 않는다. 여기까지의 장면은 다음과 같다.

이 화면의 왼쪽의 변수 부분에 나오는 sysname이라는 변수의 값이 Linux다. 이제 이 값을 'Hello'로 바꾸려면 먼저 '디버그 콘솔' 뷰를 클릭해 나타낸 다음에, 그 뷰의 제일 하단에 보이는 '>' 부분에 sysname = "Hello"라고 입력한다.

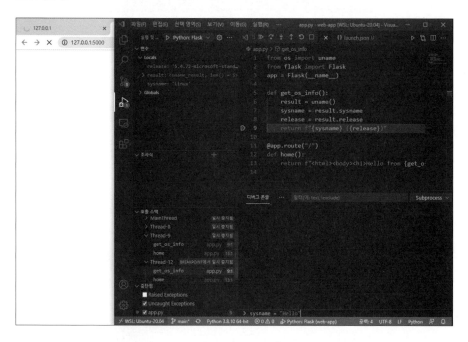

그런 뒤에 Enter 를 누르면 화면 왼쪽의 변수 부분에 있는 sysname이라는 변수 값이 'Hello'로 바뀌게 된다. 그리고 나서 코드 부분의 상단에 보이는 컨트롤들 중에서 '단위 실행(점 위에 굽은 화살표 모양)'을 클릭하거나 F10 을 눌러 중단점이 있는 코드를 실행한다.

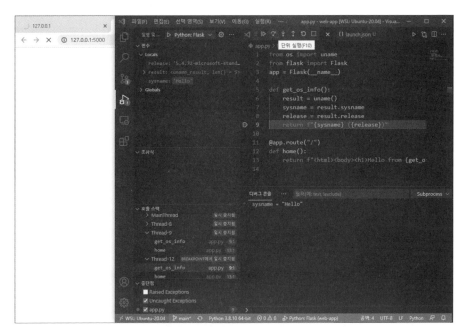

그러면 최종적으로 브라우저에 표시되는 내용이 바뀐다.

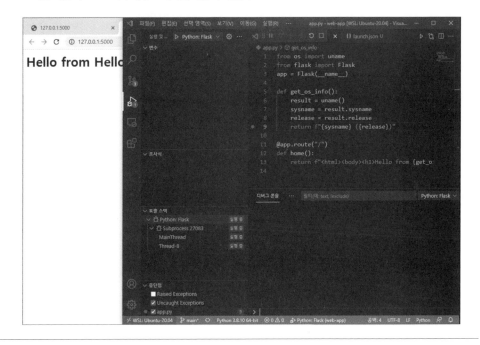

여기에서는 비주얼 스튜디오 코드가 (확장 프로그램을 설치해 언어를 지원할 수 있게 함으로써) 여러 언어를 쓸 수 있도록 풍부하게 지원한다는 점을 확인했다. **Remote-WSL** 확장 프로그램을 설치하고 사용하면 윈도우의 사용자 환경과 WSL에서 실행되는 모든 코드 서비스를 통해 비주얼 스튜디오 코드의 풍부한 기능을 얻을 수 있다. 이번 예제에서는 WSL에서 실행되는 모든 코드 서비스(파이썬 인터프리터, 리팩터링을 활성화하는 언어 서비스, 디버거과 디버깅중인 애플리케이션)를 살펴보았다. 이 모든 실행 과정이 WSL에서 이루어지므로 리눅스에서 환경 설정한 다음에 애플리케이션을 개발할 때 리눅스에 풍부한 사용자 인터페이스를 보탤 수 있는 것이다.

이제 핵심 내용을 경험해 보았으므로 Remote-WSL을 최대한 활용하기 위한 몇 가지 요령을 살펴보자.

Remote-WSL 작업을 위한 요령

이번 절에서는 비주얼 스튜디오 코드와 Remote-WSL로 작업할 때 경험을 더욱 세분화하는 데 도움이 될 수 있는 여러 요령을 설명한다.

터미널에서 비주얼 스튜디오 코드를 로드하기

윈도우 터미널에서 code <경로>라는 형식으로 명령을 내리면 특정 경로에서 비주얼 스튜디오 코드를 시작할 수 있다. 예를 들어, code .이라는 식으로 명령을 내리면 비주얼 스튜디오 코드에서 현재 폴더(.)를 열 수 있다. 이 명령을 내리면 실제로는 code.cmd 스크립트 파일이 실행되지만 윈도우에서는 확장자를 생략할 수 있어서 code라고 명령을 내려도 된다.

옮긴이
설명 터미널의 파워셸 탭에서 code .이라고 명령했을 때 비주얼 스튜디오가 실행되는 예는 다음과 같다.

그리고 WSL용 우분투 배포판에서도 code 명령을 사용할 수 있음을 확인했다. 예를 들어, 아래 화면에서는 Ubuntu-20.04 배포판의 프롬프트에서 code ~/wsl-book과 같은 형태로 <경로>를 지정하여 해당 경로를 작업 디렉터리로 지정하고 있다.

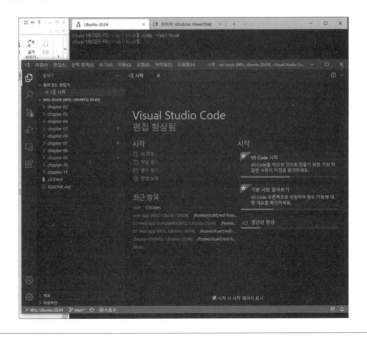

WSL로 작업할 때는 일반적으로 터미널을 열어 두어야 하는데, 이때 터미널에서 Remote-WSL을 사용하고 있다면 code 명령도 제공된다. 따라서 WSL의 터미널에서 프로젝트 폴더로 이동하여 code . 을 실행할 수 있다. 그러면 비주얼 스튜디오 코드가 시작되고 Remote-WSL 확장 프로그램을 사용해 지정된 폴더(이 경우라면 현재 폴더)가 열린다. 이런 식으로 통합되기 때문에 윈도우와 WSL 환경이 서로 잘 어우러진다.

여기에서는 터미널에서 비주얼 스튜디오 코드로 이동하는 방법을 살펴보았다. 다음으로는 윈도우 터미널에서 외부 터미널을 여는 경우를 살펴보자.

윈도우 터미널에서 외부 터미널을 열기

비주얼 스튜디오 코드가 앱을 실행하는 동안에 새 터미널에서 어떤 명령을 실행해야 할 때가 있다. 비주얼 스튜디오 코드에는 **터미널: 새 통합 터미널 만들기** 명령이 있는데, 이 명령은 비주얼 스튜디오 코드 내에서, 그림 9.9 아래쪽의 터미널 뷰와 같은 새 터미널 뷰를 연다.

대체로 통합 터미널이 잘 작동하기는 하지만 때로는 터미널에 더 많은 공간이 필요하거나 창들을 더 쉽게 관리하기 위해(특히 다중 모니터 사용) 외부 터미널 창이 필요할 때가 있다. 이러한 경우에 윈도우 터미널을 따로 열어서 여러분의 프로젝트 폴더로 이동할 수도 있지만 대안이 있다. **Windows Terminal Integration**이라는 확장 프로그램은 윈도우 터미널을 시작하기 위해 비주얼 스튜디오 코드에 새 명령을 추가한다. 이 확장 프로그램을 설치하려면 비주얼 스튜디오 코드의 확장 프로그램 뷰[74]에서 Windows Terminal Integration을 검색하거나 *https://marketplace. visualstudio.com/items?itemName=Tyriar.windows-terminal*을 연다. 일단 이것을 설치하면 새로 사용할 수 있는 명령이 많아진다.

그림 9.13 새로운 윈도우 터미널 명령

이 화면은 명령 창에서 사용할 수 있는 새 명령을 보여준다. **Open**(열기) 명령은 윈도우 터미널의 기본 프로필을 사용해 윈도우 터미널을 비주얼 스튜디오 코드 작업 영역 폴더로 연다. **Open**

---

74 [옮긴이] '보기' 메뉴의 '확장' 항목을 선택하면 이 뷰가 창의 왼쪽에 나타난다. 여기서 Windows Terminal Integration이라고 입력하면 된다. 이게 기본적으로 설치되어 있을 가능성이 있다. 설치되어 있지 않다면 이 확장 프로그램 이름의 오른쪽에 '설치' 버튼이 보인다. 그 버튼을 클릭하면 설치가 된다.

Active File's Folder(활성 파일의 폴더 열기) 명령은 기본 프로필에 현재 열려 있는 파일이 포함된 폴더를 연다. **With Profile**이 포함된 나머지 두 개 명령은 이전부터 있던 명령에 해당하며, 이것으로 경로를 여는 데 사용할 윈도우 터미널 프로필을 선택할 수 있다.

이 확장 프로그램은 명령 창에서 접근할 수 있는 명령 외에도 탐색기 뷰의 파일과 폴더에 대한 오른쪽 클릭 메뉴에 새 항목을 추가한다.

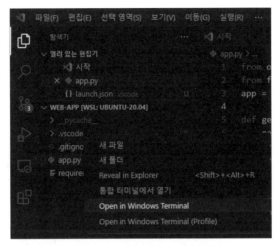

그림 9.14 **오른쪽 클릭 메뉴 명령**

이 화면을 보면 탐색기 뷰 안에 있는 어떤 한 가지 폴더를 클릭했는데, 윈도우 터미널에서 지정한 경로를 열수 있도록 확장 프로그램이 추가한 두 개의 메뉴 항목이 나타났다. 이들 중 첫 번째는 기본 프로필의 경로를 열고 두 번째는 열 경로를 묻는 메시지를 표시한다.

이 확장 프로그램을 사용하면 비주얼 스튜디오 코드 프로젝트의 상황에 맞는 메뉴에서 윈도우 터미널 인스턴스를 빠르고 쉽게 열 수 있으므로 여러분이 하는 작업의 흐름과 생산성을 유지할 수 있다.

다음으로 깃 작업을 위한 몇 가지 요령을 살펴보자.

비주얼 스튜디오 코드를 깃 에디터로 활용하기

비주얼 스튜디오 코드는 깃 리포지터리 작업을 위한 통합된 시각적 도구를 제공한다. 여러분이 선호하는 내용에 맞춰 깃 상호 작용의 일부나 전체에 git 명령줄 도구를 사용할 수 있다. 깃은 어떤 작업들을 할 때 임시 파일을 열어 입력 사항을 추가로 수집한다. 예를 들어, 병합 커밋에 대한 커밋 메시지를 가져오거나 대화형 리베이스interactive rebase에서 수행할 작업을 결정하는 식이다.

깃은 vi를 기본 에디터로 사용한다. vi가 더 편하다면 vi만 써도 충분하겠지만, 비주얼 스튜디오 코드를 더 선호한다면 이번 장의 앞부분에서 살펴본 code 명령을 이용하면 된다.

비주얼 스튜디오 코드를 사용하도록 깃을 구성하려면 git config --global core.editor "code --wait"를 실행하면 된다.[75] --global 스위치는 모든 리포지터리에 대한 구성 값을 설정하고(그 값이 재지정되지 않는 한) 깃이 사용하는 에디터를 제어하는 core.editor 값을 설정하고 있다. 이 설정에 할당하는 값은 이전 절에서 본 code 명령을 사용하는 code --wait다. --wait 스위치 없이 code 명령을 실행하면 비주얼 스튜디오 코드를 실행시키고는 바로 이 명령이 끝나버린다(비주얼 스튜디오 코드는 실행되게 놓아둔 채로). 이는 일반적으로 파일이나 폴더를 열 때 여러분이 원하는 점이다. 그러나 git은 git이 어떤 에디터를 실행시킬 때 파일이 닫히고 --wait 스위치가 해당 동작을 제공할 때까지 프로세스가 차단될 것이라고 기대한다.

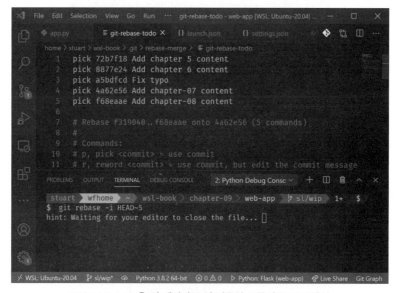

그림 9.15 WSL용 깃 에디터로 연 비주얼 스튜디오 코드 화면

이 화면에서는 하단의 터미널에서 대화형 git rebase 명령과 깃 에디터를 구성한 후에 비주얼 스튜디오 코드에 로드된 작업을 캡처하는 데 사용하는 git-rebase-todo 파일을 볼 수 있다.

다음으로, 깃을 계속 살펴보고 깃 히스토리Git history(깃 이력)를 보는 방법을 탐구해 보겠다.

---

75 [옮긴이] 이 명령을 비주얼 스튜디오 코드의 터미널 뷰에서 실행하면 된다.

깃 히스토리 보기

깃을 사용하는 프로젝트에서 작업할 때는 버전을 제어하기 위해 커밋 히스토리_{commit history}(커밋 이력)를 보고 싶을 것이다. 이에 대한 다양한 접근 방식이 있으며 자신이 선호하는 도구가 있을 수 있다. 지은이는 초기 상태 그대로인 사용자 인터페이스 스타일에도 불구하고 깃 설치 내용 중 일부로 포함되어 어디서든 쓸 수 있는 gitk를 자주 사용하는 편이다. 윈도우에서 작업할 때는 깃 리포지터리가 있는 폴더에서 gitk를 간단히 실행할 수 있다. WSL에서는 gitk.exe를 실행하여 윈도우 애플리케이션을 시작해야 한다(윈도우에 깃을 설치해 두어야 함).

그림 9.16 WSL에서 실행되는 gitk.exe

이 화면에서는 WSL 깃 리포지터리에서 실행되고 파일 시스템 매핑을 통해 콘텐츠에 접근하는 gitk 윈도우 애플리케이션을 볼 수 있다. 깃 히스토리를 보는 데 선호하는 대체 윈도우 앱이 있다면 애플리케이션이 경로에 있으면 이 방법도 먹힌다. 이러한 명령을 실행할 때 .exe를 추가하는 것을 잊은 경우, **5장 리눅스에서 윈도우를 함께 쓰기**의 **윈도우 애플리케이션의 별칭 만들기**를 참조하면 된다.

윈도우 애플리케이션은 \\wsl$ share를 사용하는 윈도우-리눅스 파일 매핑을 통해 진행되므로 이 매핑에 따른 오버헤드로 인해 대규모 깃 리포지터리에 대해 애플리케이션이 더 느리게 로드됨을 알 수 있다. 다른 방법은 **깃 그래프**(https://marketplace. visualstudio.com/items?itemName=mhutchie.git-graph)와 같은 비주얼 스튜디오 코드의 확장 프로그램을 사용하는 것이다.

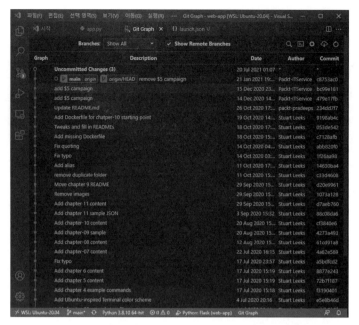

그림 9.17 비주얼 스튜디오 코드의 깃 그래프 확장 프로그램

이 화면은 깃 그래프 확장 프로그램을 사용해서 본 깃 히스토리를 보여준다. 비주얼 스튜디오 코드 확장 프로그램을 사용해 깃 히스토리를 나타내면, WSL에서 실행되는 서버 컴포넌트에서 확장 프로그램을 실행할 수 있다. 이를 통해 파일에 직접 접근해 깃 히스토리를 쿼리할 수 있고 윈도우 애플리케이션의 성능 오버헤드를 방지할 수 있다.

요약

이번 장에서는 비주얼 스튜디오 코드에 대한 개요를 살펴보았다. 이를 통해 비주얼 스튜디오 코드가 다양한 언어를 지원하고, 에디터에 기능을 보태는 풍부한 확장 생태계를 포함하며, 유연한 에디터임을 확인했다.

한 가지 특별한 확장 프로그램으로는 Remote-WSL이 있는데, 이것을 사용하면 윈도우에서 실행되는 사용자 인터페이스 부분과 WSL에서 실행되는 다른 기능(파일 접근, 언어 서비스과 디버거 포함)을 사용해 에디터를 두 개로 분할할 수 있다.

이런 기능성이 제공되기 때문에 비주얼 스튜디오 코드의 풍부한 기능(확장 프로그램 포함)을 활용해 원활하게 작업할 수 있다. 하지만 여러분의 소스 코드와 애플리케이션은 모두 WSL 내에서 실행되어야 한다. WSL 내에서만 실행된다면, WSL 배포판에 사용할 수 있는 도구와 라이브러리를 최대한 활용할 수 있다.

다음 장에서는 Visual Studio Code Remote라고 부르는 또 다른 형태의 확장 프로그램들을 살펴보겠다. 컨테이너에서 서비스를 실행함으로써 개발 환경들을 자동화하고 의존 파일들을 격리하는 방법도 살펴본다.

CHAPTER

10

비주얼 스튜디오 코드와 컨테이너

9장 비주얼 스튜디오 코드와 WSL에서 비주얼 스튜디오 코드 에디터를 사용해 코드와 상호 작용하고 실행하는 다른 기능으로부터 사용자 인터페이스를 분리하는 방법을 살펴보았다. WSL을 사용하면 프로젝트의 모든 주요 섹션을 리눅스에서 실행하면서, 친숙한 윈도우 기반 사용자 인터페이스를 유지할 수 있다. 코드 간 상호 작용이 WSL의 서버 구성 요소에서 실행되게 할 뿐만 아니라, 비주얼 스튜디오 코드를 사용하면 SSH로 코드 서버에 연결하거나 컨테이너에서 실행할 수 있다. **Remote-Containers** 확장 프로그램을 사용하면 컨테이너에서 실행하는 기능을 활용할 수 있는데, 이번 장에서는 이 기능을 사용하는 방법에 중점을 둔다. 이러한 **개발용 컨테이너**를 사용해 프로젝트 의존 파일들을 캡슐화하는 방법을 살펴보자. 이렇게 하면 우리 프로젝트에 개발자들을 더쉽게 참여하게 할 수 있고, 프로젝트 간에 잠재적으로 상충될 수 있는 도구 세트를 원활하게 격리할 수 있다.

이번 장에서는 다음과 같은 주제를 다룰 것이다.

- Remote-Containers 살펴보기
- Remote-Containers 설치하기
- 개발용 컨테이너 생성하기
- 개발용 컨테이너 안에서 컨테이너화된 앱을 사용해 일하기

- 개발용 컨테이너 안에서 쿠버네티스를 사용해 일하기
- 개발용 컨테이너를 사용해 일할 때의 요령

이번 장을 학습하려면 비주얼 스튜디오 코드가 설치되어 있어야 한다. 자세한 내용을 알고 싶다면 **9장 비주얼 스튜디오 코드와 WSL**의 **비주얼 스튜디오 코드 살펴보기**를 참조하자. 그럼 비주얼 스튜디오 코드용 Remote-Containers 확장 프로그램을 소개하고 설치하는 일부터 해 보자.

Remote-Containers 살펴보기

비주얼 스튜디오 코드용 Remote-Containers 확장 프로그램은 **Remote-WSL** 및 **Remote-SSH**와 함께, Remote-Development라고 부르는 확장 프로그램 팩의 한 부분으로 공급된다. 이러한 모든 확장 프로그램을 사용하면 코드 로드, 실행, 디버깅과 같은 코드 상호 작용으로부터 사용자 인터페이스 측면을 분리할 수 있다.

 지은이는 Remote-Development를 설치하는 과정을 따로 설명하고 있지 않다. 설치 과정은 간단하다. 비주얼 스튜디오 코드에서 확장 뷰를 열고('보기' 메뉴에서 '확장' 항목을 클릭하든지 왼쪽에 보이는 아이콘 중에서 벽돌을 쌓는 모양으로 된 아이콘을 클릭하면 된다), 이 뷰의 상단에 보이는 검색 창에 Remote Development를 입력한다. 그래서 나온 목록 중에서 Remote Delvelopment라고 써진 부분을 찾아 그 오른쪽에 있는 '설치' 버튼을 클릭하면 된다. 그러한 예를 보여주는 화면은 다음과 같다.

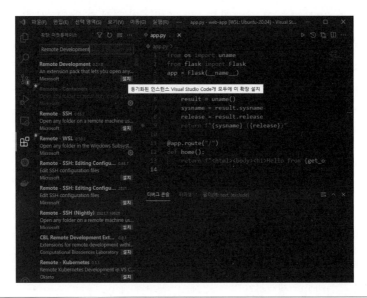

Remote-Containers를 사용하여 **Dockerfile**(7장 **WSL 안에서 컨테이너를 사용해 일하기**를 참고)에서 정의하는 컨테이너 내에서 이러한 코드 상호 작용을 실행하도록 비주얼 스튜디오 코드에 지시하자.

비주얼 스튜디오 코드가 개발용 컨테이너에 프로젝트를 로드하고 나면, 개발용 컨테이너는 다음 단계를 밟아 나간다.

1. Dockerfile에서 컨테이너 이미지를 빌드한다.
2. 빌드한 결과로 나온 이미지를 사용해 컨테이너를 실행하고 컨테이너에 소스 코드를 마운트한다.
3. 사용자 인터페이스가 연결할 컨테이너에 비주얼 스튜디오 코드 서버를 설치한다.

이 단계를 통해 Dockerfile에서 설명하는 의존 파일들이 포함된 컨테이너 이미지를 얻을 수 있다. 컨테이너 내부에 코드를 탑재해 두면 컨테이너 내부에서 사용할 수 있지만, 코드 사본은 하나뿐이다.

개발 프로젝트에서는 프로젝트 문서에 프로젝트 작업을 위한 환경을 준비하기 위해 설치해야 하는 도구나 필수 컴포넌트 목록이 있는 것이 일반적이다. 정말 운이 좋다면 목록이 최신 상태일 것이다! 개발용 컨테이너를 사용하면 문서의 도구 목록을, 단계를 수행하는 Dockerfile 내 단계들의 집합으로 바꿀 수 있다. 이러한 이미지를 다시 빌드할 수 있는 장점이 있어 이제는 Dockerfile이 도구를 설치하는 표준 방법이 되었다. 이것은 소스 제어 과정의 일부이므로 필요한 도구의 이러한 변경 사항은 Dockerfile에서 개발용 컨테이너 이미지를 다시 빌드하여 도구 집합을 업데이트할 수 있는 다른 개발자와 공유된다.

개발용 컨테이너의 또 다른 이점은 의존 파일들이 컨테이너에 설치되어 격리된다는 것이다. 이를 통해 충돌없이 동일한 도구(**예** 파이썬 또는 자바)의 서로 다른 버전으로 서로 다른 프로젝트에 대한 컨테이너를 만들 수 있다. 이 격리를 통해 프로젝트 간에 독립적으로 도구 버전을 업데이트할 수도 있다.

Remote-Containers 확장 프로그램을 설치하는 방법을 살펴보자.

Remote-Containers 설치하기

Remote-Containers 확장 프로그램을 사용하려면 이를 설치해야 하며, 도커를 설치하고 WSL에서 접근할 수도 있어야 한다. 이렇게 구성하는 방법은 **7장 WSL 안에서 컨테이너를 사용해 일하기**의 **WSL과 도커를 함께 설치해 사용하기**를 참조하자. 도커 데스크톱이 이미 설치되어 있다면 **WSL2 기반 엔진**을 사용하도록 구성되어 있는지 확인하자. WSL2 엔진은 WSL2에서 실행되는 도커 데몬을 사용하므로, 리눅스에서(즉, WSL2에서) 윈도우로 파일을 공유하지 않고도 코드 파일을 컨테이너에 직접 장착할 수 있다. 이 다이렉트 마운팅direct mounting의 성능이 더 좋을 뿐만 아니라, 파일 이벤트가 올바르게 처리되도록 하며, 동일한 파일 캐시를 사용한다(자세한 내용을 알고 싶다면 *https://www.docker.com/blog/docker-desktop-wsl-2-best-practices/*를 참고하자).

도커를 구성했으면 다음 단계는 Remote-Containers 확장 프로그램을 설치하는 것이다. 비주얼 스튜디오 코드의 **확장** 뷰[76] 또는 *https://marketplace.visualstudio.com/items?itemName=ms-vscode-remote.remote-containers*에서 내려받을 수 있다.

 이렇게 Remote-Containers를 내려받고 나면 비주얼 스튜디오 코드가 실행되면서 Remote-Containers 페이지가 보이게 된다. 여기서 반드시 '사용'이라고 써진 버튼을 클릭해야만 비로소 관련 명령들을 명령 창에서 찾아 쓸 수 있다. 다음 화면을 참고하자.

이 확장 프로그램이 설치된 상태에서 개발용 컨테이너를 만드는 방법을 살펴보자.

---

76 옮긴이 옮긴이가 시험해 본 결과로는 확장 뷰에서는 검색되지 않는다. 그러므로 본문에 나오는 링크로 가서 따로 내려받아야 한다. 물론 내려받기 전에 비주얼 스튜디오 코드가 자신의 컴퓨터에 설치되어 있어야 한다. 그러나 베타리더 중 한 사람이 시험해 본 결과로 잘 검색되는 경우도 있었다. 어쨌든 잘 검색되지 않는다면 브라우저의 검색 창에 본문에 나온 주소를 입력해 넣어서 설치하자.

개발용 컨테이너 생성하기

프로젝트에 개발용 컨테이너를 추가하려면 두 개의 파일이 있는 .devcontainer 폴더를 작성해야 한다.

- 빌드하고 실행할 컨테이너에 관해 기술한 Dockerfile
- 추가 구성을 보태기 위한 devcontainer.json

이 파일 조합은 단일 컨테이너 구성을 제공한다. 또한, Remote-Containers는 **Docker Compose** (*https://code.visualstudio.com/docs/remote/create-dev-container#_using-docker-compose* 참조)를 사용하여 다중 컨테이너 구성을 지원하지만, 여기에서는 이번 장의 단일 컨테이너 시나리오에 초점을 맞출 것이다.

이 책과 함께 제공되는 코드에는 개발용 컨테이너를 탐색하는 데 사용할 예제 프로젝트가 포함되어 있다. *https://github.com/PacktPublishing/Windows-Subsystem-for-Linux-2-WSL-2-Tips-Tricks-and-Techniques*에서 코드를 리눅스 배포판으로 복제해 와야 한다는 점에 유념하자. 코드가 복제되면 비주얼 스튜디오 코드에서 chapter-10/01-web-app 폴더를 연다(이번 절에 나오는 모든 단계에서 이 폴더를 참고하게 된다). 이 폴더에 들어 있는 예제 코드 중에는 아직 개발용 컨테이너를 정의해 둔 부분이 없으므로 이것을 추가할 방법을 살펴보자.

개발용 컨테이너 정의를 추가하고 열기

개발용 컨테이너의 첫 번째 단계는 **개발용 컨테이너 정의**definition를 만드는 것이며 이럴 때 Remote-Containers 확장 프로그램이 도움이 된다. 비주얼 스튜디오 코드에서 예제 프로젝트를 연 상태로 명령 창에서 **Remote-Containers: Add Development Container Configuration Files**…를 선택한다.

 이렇게 명령을 선택한 다음에 나오는 화면은 다음과 같다.

이 화면에서 첫 번째로 보이는 'From a predefined container configuration definition…'을 선택해야 그림 10-1과 같은 화면이 나온다.

그러면 개발용 컨테이너 한 가지 구성을 선택하라는 메시지가 표시된다.

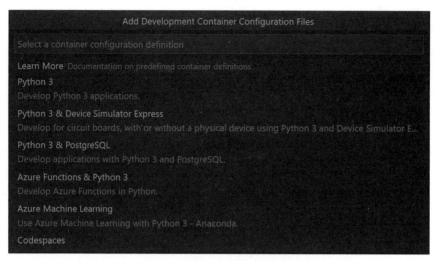

그림 10.1 개발용 컨테이너 구성 목록

이 화면을 보면, 출발점으로 삼을 수 있는 사전 정의 개발용 컨테이너 구성의 범위가 있다. 예제 프로젝트의 경우라면 **Python 3**을 선택한다. 그러면 파이썬 3에서 작동하도록 구성된 devcontainer.json과 Dockerfile이 있는 .devcontainer 폴더가 생성된다. 이러한 파일이 추가되면 다음 프롬프트가 표시된다.

그림 10.2 컨테이너에서 다시 열기 프롬프트

이 화면은 비주얼 스튜디오 코드에서 개발용 컨테이너 정의가 있는 폴더가 열려 있음을 감지할 때 나타난다. **Reopen in Container**를 클릭하여 개발용 컨테이너에서 폴더를 연다. 이 프롬프트를 놓쳤더라도 명령 창에서 **Remote-Containers: Reopen in Container**라고 명령해 동일한 작업을 완성할 수 있다. 컨테이너에서 폴더를 다시 열도록 선택한 후에는 비주얼 스튜디오 코드가 다시 시작되고 코드 서버를 실행할 컨테이너 이미지 빌드가 시작된다. 빌드가 진행되는 동안 다음과 같은 알림 창을 볼 수 있을 것이다.

그림 10.3 **Starting with** 개발용 컨테이너 알림

이 화면은 개발용 컨테이너가 시작됨을 알려준다. 이 알림을 클릭하면 **터미널** 뷰에서 **개발용 컨테이너** 창을 볼 수 있다. 이 창은 컨테이너를 빌드하고 실행하는 과정에 쓰이는 명령과 출력 내용을 보여준다. 개발용 컨테이너에 대한 정의 내용들을 맞춤식으로 작성해야 할 때, 이 창이 컨테이너 이미지 빌드 실패와 같은 상황에서 디버깅하는 데 유용하다. 이제 개발용 컨테이너에서 프로젝트를 열었으므로 탐색을 시작해 보자.

 이 과정이 진행되는 동안 비주얼 스튜디오 코드 창의 한 쪽에 있는 터미널 뷰에 표시되는 출력 내용은 다음과 같다.

개발용 컨테이너 안에서 일하기

개발용 컨테이너가 빌드되어 실행되면 **탐색기** 뷰에서 예제 코드의 내용을 볼 수 있다. 이때 보이는 모양은 이전 장에서의 비주얼 스튜디오 코드를 사용할 때와 아주 비슷해서, **플라스크**를 사용해 빌드된 간단한 파이썬 웹 애플리케이션을 볼 수 있다. 이런 상황에서 비주얼 스튜디오 코드 창의 왼쪽 하단을 보면 **Dev Container: Python 3**이 표시되어 있다. 이 문구는 이 창이 현재 개발용 컨테이너를 사용하고 있음을 나타낸다. devcontainer.json 파일의 name 속성을 편집하여 이름(**Python 3**)을 변경할 수 있다.

```
{
    "name": "chapter-10-01-web-app",
...
```

devcontainer.json에서 가져온 이 코드를 보면 개발용 컨테이너의 이름을 chapter-10-01-web-
app으로 바꿨다는 점을 알 수 있다. 하지만 이렇게 바꾸어도 실제로 적용되는 시점은 나중에 가
서 여러분이 개발용 컨테이너를 빌드하고 로드할 때다. 개발용 컨테이너를 두 개 이상 띄워서(즉,
로드해서) 쓰는 경우라면 이름을 의미 있게 지어 두는 게 특히 유용하다. 이 이름이 창의 제목 표
시줄에 표시되기 때문이다.

다음으로 예제 프로젝트의 애플리케이션 코드가 포함된 app.py 파일을 열어 보자.

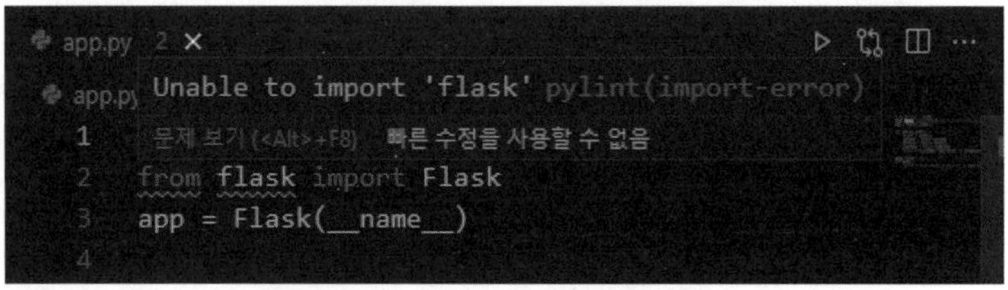

그림 10.4 app.py의 가져오기 오류

이 화면처럼 플라스크 패키지를 가져오는 줄 아래에 색깔 있는 밑줄이 표시된 것을 볼 수 있다.
이 밑줄이 표시된 flask는 파이썬이라는 확장 프로그램이 파일을 로드하고 처리한 후에 표시하
는 패키지다. 다시 말해서 이 오류는 파이썬이 flask라는 패키지를 찾을 수 없기 때문에 생긴
것이다. 바라건대 '파이썬이 설치된 컨테이너에서는 어떤 도구든지 다 실행되지만, 그렇지 않고
는 어떤 도구도 전혀 실행되지 않는다'라는 문장이 말이 되길 바란다. 이 오류를 간단히 고쳐 보
자. Ctrl+`(백틱)을 입력하거나 명령 창에서 **View: Toggle Integrated Terminal**을 선택해 통
합 터미널을 연다.[77] 그러면 개발용 컨테이너 내부에서 실행되는 터미널이 있는, 비주얼 스튜디
오 코드의 터미널 뷰가 제공된다. 터미널에서 pip3 install -r requirements.txt를 실행하여
requirements.txt에 나열된 필요 라이브러리들(플라스크 포함)을 설치한다. 필요한 라이브러리가
모두 설치되면 파이썬 언어 서버는 결국 색깔 있는 밑줄 경고를 제거할 수 있게 업데이트된다.[78]

이번 장의 뒷부분에서는 편리함을 더할 수 있도록, 컨테이너를 만들 때 필요한 라이브러리들을

---

77 [옮긴이] 명령 창에서 View: Toggle Integrated Terminal을 찾지 못하겠다면, '보기' 메뉴의 '터미널' 항목을 선택하면 된다.
78 [옮긴이] 그래도 여전히 오류로 표시되는 경우가 있는데, 이럴 때는 명령 창(Ctrl+Shift+P)을 열어 Python: Select Interpreter라고
     명령을 내리자. 그러고 나면 파이썬들의 목록이 나오는데, 여기서 적절한 것을 선택하면 된다. 옮긴이의 경우에는 /usr/local/bin에 있는
     python을 선택했다.

자동으로 설치하는 방법을 살펴본다. 이제 모든 것이 준비되었으므로 코드를 실행해 보자.

코드 실행

예제 코드에는 코드 실행 방법을 설명하는 .vscode/launch.json 파일이 포함되어 있다. 이 파일을 사용하면 프로세스에 전달되는 명령줄 인수와 설정해야 하는 환경 변수 등을 구성할 수 있다. launch.json에 대한 소개와 처음부터 새로 만드는 방법은 **9장 비주얼 스튜디오 코드와 WSL의 앱 디버깅**을 참조하자.

launch.json을 사용하면 간단히 `F5`를 눌러 디버거에서 애플리케이션을 시작할 수 있다. 작동 중인 대화형 디버거를 보려면 `F9`를 사용해 중단점을 두자(get_os_info 함수의 return 문에 중단점을 두는 게 바람직하다).

실행해 보면 **터미널** 뷰와 해당 출력 내용을 통해 디버거 명령이 실행된 것을 볼 수 있다.

```
Serving Flask app 'app.py' (lazy loading)
Environment: development
Debug mode: off
Running on http://127.0.0.1:5000/ (Press Ctrl+C to quit)
```

이 출력 내용을 통해서 앱이 시작되었다는 점과 수신 대기 중인 주소와 포트(*http://127.0.0.1:5000*)를 볼 수 있다. 마우스를 이 주소 위로 가져가면, `Ctrl`을 누른 채 클릭하여 링크를 열 수 있음을 보여주는 팝업이 표시된다. 이 주소를 `Ctrl`을 누른 채로 클릭하면 기본 윈도우 브라우저가 실행되어 해당 주소로 연결된다. 미리 중단점을 설정해 두었다면 해당 중단점에서 코드가 일시 중지되므로 변수 등을 검사할 수 있다. 디버거 탐색을 마쳤으면 `F10`을 눌러[79] 실행을 계속하면 브라우저에 응답이 그려져 표시된다.

그림 10.5 **윈도우 브라우저에서 파이썬 앱의 웹 페이지**

이 화면은 파이썬 앱에서 로드된 웹 페이지가 있는 브라우저를 보여준다. 컨테이너의 이름은 앱

---

79 [옮긴이] 또는 코드 상단에 보이는 컨트롤에서 단위실행 버튼(점 위에 굽은 화살표 모양)을 누르면 실행이 이어진다.

이 실행되고 있는 컨테이너의 인스턴스에서 호스트 이름으로 여기도록 되어 있는 짧은 컨테이너 ID다(화면에는 40ee8d3855e4로 표시되어 있지만, 컨테이너가 달라지면 이 ID도 달라진다). Remote-Containers라는 이름의 확장 프로그램이 자동으로 포트 포워딩port forwarding을 설정하기 때문에 윈도우에서 웹 페이지를 로드할 수 있는 것이다. 이렇게 포트 번호(즉, 5000번)가 전달되면 윈도우의 5000번 포트가 수신 대기 상태로 되어 신호를 기다리게 되고, 컨테이너의 5000번 포트로 트래픽이 전달되는데, 이 포트에서 파이썬 앱이 신호를 주고 받는다.

이제 WSL의 도커에서 모든 개발자 도구(파이썬과 비주얼 스튜디오 코드 서버 포함)를 실행하는 컨테이너를 지니게 되었으며, 우리가 기대한 대로 풍부하고 대화형인 방식으로 코드를 처리할 수 있게 되었다. 디버거에서 코드를 쉽게, 단계별로 실행하고 변수를 검사한 다음 윈도우에서 웹 앱과 상호 작용을 할 수 있다. 이 모든 일이 마치 호스트 컴퓨터 안에서 코드가 실행되듯이 원활하게 이뤄질 뿐만 아니라, 개발용 컨테이너들이 우리에게 제공해 주는 개발 환경의 격리와 자동화라는 이점도 온전히 누릴 수 있다.

이제부터는 컨테이너로 애플리케이션을 패키징하고 사용하는 방법을 살펴보면서, 개발용 컨테이너에서 개발용 컨테이너에 대해 정의하는 내용을 사용자에 맞게 바꾸는 방법을 살펴보자.

개발용 컨테이너에서 컨테이너화된 앱을 사용해 일하기

지금까지 개발용 컨테이너를 사용해 애플리케이션을 개발하는 방법을 살펴보았다. 하지만 자체적으로 패키지화되어 쿠버네티스에서 실행되는 애플리케이션을 개발하려면 어떻게 해야 할까? 여기서는 이런 상황에 초점을 맞춰 개발용 컨테이너 내부에서 애플리케이션의 컨테이너 이미지를 빌드하고 실행하는 방법을 살펴본다.

이번 절은 책과 함께 제공되는 코드를 다시 사용하는 것으로 시작할 것이다. 리눅스 배포판의 *https://github.com/PacktPublishing/Windows-Subsystem-for-Linux-2-WSL-2-Tips-Tricks-and-Techniques*에서 코드를 복제했는지 확인한다. 코드를 복제했다면 비주얼 스튜디오 코드에서 chapter-10/03-web-app-kind 폴더를 연다(이번 절에서 거치게 될 모든 학습 단계를 반영해서 작성한 것은 chapter-10/04-web-app-kind-completed 폴더다). 지금까지 다뤄 온 웹 앱과 아주 비슷한 웹 앱이 03-web-app-kind 폴더에도 들어 있지만, 이번 장의 뒷부분에서 애플리케이션을 쿠버네티스에 통합하는 데 도움이 되는 몇 가지 파일을 추가했다는 점이 다르다.

도커 내에서 앱을 다룰 수 있으려면 **7장 WSL 안에서 컨테이너를 사용해 일하기**의 **도커에서 웹 애플**

리케이션을 빌드하고 **실행하기**에서 거쳤던 단계와 비슷한 단계들을 거쳐야 한다.

1. 개발용 컨테이너에서 도커를 설치한다.

2. 애플리케이션 도커 이미지를 빌드한다.

3. 애플리케이션 컨테이너를 실행한다.

애플리케이션 컨테이너 이미지를 빌드할 수 있도록 개발용 컨테이너를 설정하는 방법부터 살펴보자.

개발용 컨테이너에서 도커를 설치하기

도커 이미지 빌드를 활성화하기 위해 취할 첫 번째 단계는 docker **CLI**를 설치하는 것이다. 이를 위해 도커 문서(*https://docs.docker.com/engine/install/ubuntu/#install-using-the-repository*)에 나온 설치 단계를 따라, Dockerfile에 적용할 것이다. 비주얼 스튜디오 코드에서 .devcontainer/Dockerfile을 열고 다음 내용을 추가하자.

```
RUN apt-get update \
    && export DEBIAN_FRONTEND=noninteractive \
    # 도커 설치 시작
    && apt-get install -y apt-transport-https ca-certificates curl gnupg-agent
software-properties-common lsb-release \
    && curl -fsSL https://download.docker.com/linux/$(lsb_release -is | tr
'[:upper:]' '[:lower:]')/gpg | apt-key add - 2>/dev/null \
    && add-apt-repository "deb [arch=amd64] https://download.docker.com/linux/$(lsb_
release -is | tr '[:upper:]' '[:lower:]') $(lsb_release -cs) stable" \
    && apt-get update \
    && apt-get install -y docker-ce-cli \
    # 도커 설치 끝
    # icu-devtools 설치
    && apt-get install -y icu-devtools \
    # 정리
    && apt-get autoremove -y \
    && apt-get clean -y \
    && rm -rf /var/lib/apt/lists/*
```

이 코드에서 '# 도커 설치 시작' 줄과 '# 도커 설치 끝' 줄 사이에 있는 줄들을 확인해 보자. 도커 설명서에 나온 단계를 따라 apt 리포지터리를 추가한 다음, 해당 리포지터리를 사용해 apt-get install 명령으로 docker-ce-cli 패키지를 설치하기 위해 이 줄들이 추가되었다. 이 시점에서 개발용 컨테이너를 다시 빌드하고 열면 docker CLI를 쓸 수 있는 환경은 제공되지만, docker CLI와 통신할 데몬은 없다.

우리는 호스트 컴퓨터에 도커를 설정했으며, 비주얼 스튜디오 코드는 우리가 개발할 때 사용하는 개발용 컨테이너를 빌드하고 실행하기 위해 제공되는 도커 데몬을 사용한다. 컨테이너 내부에서 도커 이미지를 빌드하고 실행하려면 개발용 컨테이너 내부에 도커를 설치하는 것이 좋다. 이렇게 하는 게 가능하기는 하지만 상당히 복잡해질 뿐만 아니라 성능상 문제가 발생할 수 있다. 그러므로 이렇게 하는 대신에 개발용 컨테이너 내 호스트에서 도커 데몬을 재사용한다. 리눅스에서는 /var/run/docker.sock이라는 소켓을 통해 도커와 기본적인 통신을 한다. docker CLI를 사용해 컨테이너를 실행할 때는 --mounts 스위치(*https://docs.docker.com/storage/bind-mounts/*)를 사용해 소켓을 마운트할 수 있다. 개발용 컨테이너의 경우에는 .devcontainer/devcontainer.json의 mounts 속성을 사용해 이를 지정할 수 있다.

```
"mounts": [
    // 호스트 도커의 소켓을 마운트한다(Kind와 도커를 빌드하기 위해서 이렇게 하는 것이다).
    "source=/var/run/docker.sock,target=/var/run/docker.sock,type=bind"
],
```

이 코드는 devcontainer.json 안에 있는 mounts 속성을 보여주는데, 비주얼 스튜디오 코드가 개발용 컨테이너를 실행할 때 사용할 마운트를 이 속성으로 지정한다. 이 속성은 마운트 문자열들로 이뤄진 배열이며, 여기서는 호스트의 /var/run/docker.sock을 개발용 컨테이너 내의 동일한 값(즉, /var/run/docker.sock)으로 마운트하는 bind 마운트(즉, 호스트의 마운트)를 원한다는 점을 알리고 있다. 이렇게 지정하면 호스트의 도커 데몬용 소켓을 개발용 컨테이너 내에서 사용할 수 있게 된다.

이때 명령 창에서 **Remote-Containers: Reopen in Container**라고 명령을 내리면[80] 터미널에서 사용할 수 있는 docker CLI가 설치된 개발용 컨테이너가 여러분에게 주어진다. 실행 중인 모든 docker 명령들은 도커 데스크톱 데몬에 의해 실행되므로, 예를 들어, docker ps를 실행해 컨테이너 목록을 나열하는 경우에 해당 출력 내용 중에 개발용 컨테이너가 들어 있게 된다.

```
$ docker ps
CONTAINER ID         IMAGE
COMMAND              CREATED          STATUS     PORTS     NAMES
6471387cf184         vsc-03-web-app-kind-44349e1930d9193efc2813 97a394662f
"/bin/sh -c 'echo Co..." 54 seconds ago  Up          53         seconds
```

80 　[옮긴이] 비주얼 스튜디오 코드를 종료했다가 다시 실행해도 컨테이너가 다시 빌드된다. 그리고 일단 컨테이너가 형성된 상태에서는 이 명령이 보이지 않고 Remote-Containers: Rebuild Container라는 명령만 쓸 수 있다.

개발용 컨테이너의 터미널에서 docker ps라는 명령을 실행해 나온 이 출력 내용에는 개발용 컨테이너 자체가 포함되어 도커 명령이 호스트 도커 데몬에 연결되고 있음을 확인할 수 있게 한다.

> 요령 ▶ Dockerfile과 devcontainer.json(또는 이 파일을 수정할 때마다)을 업데이트하기 전에 이미 개발용 컨테이너를 열었다면 Remote-Containers: Rebuild and reopen in Container 명령을 실행할 수 있다. 이 명령은 개발용 컨테이너의 빌드 프로세스를 다시 실행한 다음 다시 열고 변경 사항을 개발용 컨테이너에 적용한다.[81]

이제 도커를 설치하고 구성했으므로 애플리케이션의 컨테이너 이미지를 빌드해 보자.

애플리케이션 도커 이미지 빌드

docker build 명령을 실행하면 애플리케이션의 도커 이미지를 빌드할 수 있다. 도커 CLI는 호스트 도커 데몬과 통신하도록 구성되어 있으므로 개발용 컨테이너 내에서 빌드한 모든 이미지는 실제로 호스트에 빌드된다. 이렇게 하면 개발용 컨테이너에서 예상할 수 있는 일부 격리가 제거되지만 다른 프로젝트와 이름이 충돌하는 일을 피하기 위해 사용하는 이미지 이름이 고유한지 확인하여 이 문제를 해결할 수 있다.

예제 코드에는 이미 애플리케이션의 도커 이미지를 빌드하는 데 사용할 루트 폴더에 Dockerfile이 있다(개발용 컨테이너를 빌드하는 데 사용되는 .devcontainer/Dockerfile과 혼동하지 말자). Dockerfile은 소스 코드를 복사하고 시작 명령을 구성하기 전에 **파이썬** 베이스 이미지를 기반으로 한다. Dockerfile에 대해 자세히 알고 싶다면 **7장 WSL 안에서 컨테이너를 사용해 일하기**의 **Dockerfile 살펴보기**를 참조하자.

애플리케이션 이미지를 빌드하려면 이번 장의 앞부분에서 했던 것처럼 통합 터미널을 열고 다음 명령을 실행하여 컨테이너 이미지를 빌드한다.

```
docker build -t simple-python-app-2:v1 -f Dockerfile .
```

이 명령은 파이썬 이미지(존재하지 않는 경우에만)를 가져와서 Dockerfile의 각 단계를 실행한다.

이제 애플리케이션 이미지를 빌드했으므로 실행해 보자.

---

81 [옮긴이] 만일 위 명령을 명령 창에서 찾을 수 없다면, Remote-Containers: Rebuild Container라고 명령하자.

애플리케이션 컨테이너 실행하기

이미지를 실행하기 위해 docker run 명령을 사용한다. 비주얼 스튜디오 코드의 통합 터미널에서 다음 명령을 실행한다.

```
$ docker run -d --network=container:$HOSTNAME --name chapter-10-example simple-python-
app-2:v1
0b45dc409f25a2c4ed1fce8746a943dbb0ecf35463846b3959b23629633df33b
```

이 출력에서 이전에 빌드한 simple-python-app-2:v1 이미지를 사용해 chapter-10-example이라는 컨테이너를 실행하고 있음을 알 수 있다. --network=container:$HOSTNAME을 지정하여 새로 생성된 컨테이너를 개발용 컨테이너와 동일한 도커 네트워크에 배치한다. 컨테이너 ID가 실행 컨테이너에서 머신의 이름으로 사용되기 때문에, 개발용 컨테이너의 ID를 지정하기 위해 '$HOSTNAME'을 사용하고 있다는 점에 유의하자(**7장 WSL 안에서 컨테이너를 사용해 일하기의 도커에서 웹 애플리케이션을 빌드하고 실행하기**를 참고하자). --network 스위치에 대한 자세한 내용을 알고 싶다면 *https://docs.docker.com/engine/reference/run/#network-settings*를 참조하자. 통합 터미널에서 curl을 실행함으로써, 실행 중인 컨테이너에서 웹 앱에 접근할 수 있는지를 확인할 수 있다.

```
$ curl localhost:5000
<html><body><h1>Hello from Linux (5.4.72-microsoft-standard-WSL2) on 35b375546e4e</h1></
body></html>
```

이 출력에서 curl 명령에 대해 웹 앱이 HTML로 응답한 것을 볼 수 있다. 이것으로 개발용 컨테이너 내부에서 애플리케이션에 접근할 수 있음을 확인할 수 있다.

윈도우 브라우저에서 웹 애플리케이션에 접근하려고 하면 연결할 수 없을 것이다. 이는 웹 애플리케이션의 컨테이너 포트가 개발용 컨테이너의 도커 네트워크에 매핑되었기 때문이다. 다행히 Remote-Containers는 개발용 컨테이너 내부에서 호스트로 포트를 전달할 수 있는 **Forward a Port** 명령을 제공한다. 이 명령을 실행하고 5000번 포트를 지정하면 윈도우의 웹 브라우저가 컨테이너에서 실행 중인 웹 앱에도 접근할 수 있다.

이런 방식으로 호스트에서 정기적으로 접근하려는 개발용 컨테이너 포트의 경우라면 devcontainer.json을 업데이트하면 편리하다.

```
"forwardPorts": [
    5000
]
```

이 코드에서 forwardPorts 속성을 볼 수 있다. 이것은 매번 수작업으로 전달하는 단계를 저장함으로써 개발용 컨테이너를 실행할 때 자동으로 전달되도록 구성할 수 있는 포트 배열이다.

--network 스위치를 사용해 웹 애플리케이션 컨테이너를 실행하는 대신, 개발용 컨테이너가 호스트 네트워킹을 사용하도록 구성할 수 있다(다음 절에서처럼 --network=host를 사용한다). 이 접근 방식을 통해 개발용 컨테이너는 호스트와 동일한 네트워크 스택을 재사용하므로 다음 명령을 사용해 웹 애플리케이션 컨테이너를 실행할 수 있다.

```
docker run -d -p 5000:5000 --name chapter-10-example simple-python-app-2:v1
```

7장 WSL 안에서 컨테이너를 사용해 일하기의 **도커에서 웹 애플리케이션을 빌드하고 실행하기**에서 보았듯이 이 명령에서는 -p 5000:5000을 사용하여 웹 응용 프로그램 5000번 포트를 호스트에 노출시켰다.

이 시점에서는 호스트의 도커에 연결하고 개발용 컨테이너에 설치한 도커 CLI를 사용해 이미지를 빌드하고 실행하는 데 재사용하도록 개발용 컨테이너를 설정했다. 웹 앱용 컨테이너 이미지 빌드를 테스트하고 올바르게 실행되는지 확인했으므로 이제 개발용 컨테이너에서 작업하는 동안에 쿠버네티스에서 실행하는 방법을 살펴보자.

개발용 컨테이너에서 쿠버네티스를 사용해 일하기

이제 개발용 컨테이너 내부에서 빌드할 수 있는 웹 앱용 컨테이너 이미지를 지니게 되었으므로, 쿠버네티스에서 앱을 실행하는 데 필요한 단계를 살펴보자. 이번 절은 상당히 고급 수준에 해당하므로(특히 쿠버네티스에 익숙하지 않다면 더욱 그렇다) **개발용 컨테이너를 사용해 일할 때의 요령**으로 일단 건너 뛰었다가 나중에 다시 돌아와도 된다.

그럼 쿠버네티스 작업을 위해 개발용 컨테이너를 설정하는 방법부터 살펴보자.

개발용 컨테이너를 사용하는 쿠버네티스의 옵션 살펴보기

WSL 안에서 쿠버네티스로 작업하기 위한 선택지는 다양하다. 일반적인 선택지는 **7장 WSL 안에서 컨테이너를 사용해 일하기**의 **WSL 안에서 쿠버네티스를 설치하기**에 설명되어 있다. **7장**에서는 도커 데스크톱 내의 쿠버네티스 통합 기능을 사용해 간단히 쿠버네티스를 설치했다. 몇 단계(도커 데스크톱에서 쿠버네티스 통합을 활성화했다고 가정)를 거치면 이 접근 방식을 개발용 컨테이너에서도 사용할 수 있다.

1. 쿠버네티스 API에 연결하기 위한 구성을 공유하려면 볼륨을 마운트하여 WSL의 ~/.kube 폴더를 개발용 컨테이너의 /root/.kube로 매핑한다.

2. 쿠버네티스를 사용하기 위한 kubectl CLI를 개발용 컨테이너용 Dockerfile 안의 한 가지 단계로 지정해 설치한다.

첫 번째 단계는 이전 절에서 본 것처럼 devcontainer.json의 마운트들을 사용한다(사용자 홈 폴더를 참조하는 표준 관행은 환경 변수를 사용하는 것이다(**역주** ${env:HOME} ${env:USERPROFILE}/.kube). 잠시 후에는 kubectl을 설치하는 두 단계를 다룰 것이다. 이번 장에서는 쿠버네티스에 접근하는 방식 중에 다른 방식을 살펴볼 텐데, 책과 함께 제공되는 코드 중에는 chapter10/05-web-app-desktop-k8s 폴더에 이 두 단계가 모두 완성된 개발용 컨테이너가 들어 있다.

도커 데스크톱 내에 쿠버네티스를 통합하는 게 편리하지만 호스트를 구성하려면 몇 가지 사항을 더 추가해야 한다. 기본적으로 개발용 컨테이너(즉, dev 컨테이너)는 여러분이 Remote-Containers가 설치되어 있고 그 밖의 프로젝트 요구 사항들이 개발용 컨테이너에 담겨 있는 내용들로 충족되는, 비주얼 스튜디오 코드를 지니고 있어야 한다는 점만을 요구한다. 도커 데스크톱에 쿠버네티스를 통합하게 되면 개발용 컨테이너의 이식성이 조금 줄어든다. 도커 데스크톱에 통합할 때는 여러분의 컴퓨터에서 공유하는 **쿠버네티스 클러스터**Kubernetes cluster를 사용한다는 점도 고려해야 한다. 프로젝트가 쿠버네티스 통합체들Kubernetes integrations(즉, 연산자나 그 밖의 정책을 적용할 수 있는 컴포넌트 같은 것)을 만드는 일과 관련이 있다면 이러한 프로젝트는 격리 손실과 밀접한 연관성을 띠게 된다. kind 프로젝트(*https://kind.sigs.k8s.io/*)는 도커를 사용해 개발용 컨테이너 내에서 쿠버네티스 클러스터를 쉽게 만들고 관리할 수 있도록 하는 대체 접근 방식을 제공한다(사실 kind라는 것은 도커 내의 쿠버네티스를 지칭하는 말이다). 이 접근 방식은 **지속적 통합**Continuous Integration, CI 빌드에서 개발용 컨테이너를 재사용하려는 경우에도 잘 작동한다. 개발용 컨테이너에서 kind를 설정하는 방법을 살펴보자.

개발용 컨테이너 안에 kind를 설치하기

이번 절에서는 개발용 컨테이너 안에 kind(및 kubectl)를 설치하는 단계를 안내한다. 이렇게 하면 개발용 컨테이너 내에서 kind CLI로 쿠버네티스 클러스터를 만든 다음 kubectl을 사용해 접근할 수 있다. 이렇게 하려면 다음을 수행해야 한다.

- 개발용 컨테이너에 속한 Dockerfile에 kind와 kubectl을 설치하는 단계를 추가한다.
- kind 클러스터들에 연결할 수 있도록 devcontainer.json을 업데이트한다.

kind를 설치하려면 .devcontainer/Dockerfile을 열고 다음 RUN 명령을 (apt-get update로 시작하는 RUN 명령 뒤에) 추가한다.

```
# Kind 설치
RUN curl -Lo ./kind \
    https://github.com/kubernetes-sigs/kind/releases/download/v0.8.1/kind-linux-amd64 \
    && chmod +x ./kind \
    && mv ./kind /usr/local/bin/kind
```

이 코드에 보이는 RUN 명령은 kind 설치 설명서(*https://kind.sigs.k8s.io/docs/user/quick-start/#installation*)를 따른 것인데, 이 명령은 curl을 사용해 kind에 대한 릴리스 바이너리를 다운로드한다.

kubectl을 설치하려면 앞서 나온 명령 뒤에 다음 RUN 명령을 입력하자.

```
# kubectl 설치
RUN curl -sSL -o /usr/local/bin/kubectl https://storage.googleapis.com/kubernetes-
release/release/v1.19.0/bin/linux/amd64/kubectl \
    && chmod +x /usr/local/bin/kubectl
```

이 RUN 단계는 관련 문서(*https://kubernetes.io/docs/tasks/tools/install-kubectl/*)에서 설명한 내용에 맞춰 kubectl을 설치한다. 첫 번째 명령은 curl을 사용해 릴리스 바이너리(이 경우라면 버전 1.19.0)를 다운로드한다. 두 번째 명령은 다운로드한 바이너리를 실행 가능하게 만든다.

이제 kind와 kubectl에 대한 설치를 구성했으므로 .devcontainer/devcontainer.json을 조금 바꿔야 한다. 첫 번째는 개발용 컨테이너의 .kube 폴더에 대한 볼륨을 추가하는 것이다.[82]

```
"mounts": [
    // kube 구성에 대한 볼륨을 한 개 마운트한다.
    "source=04-web-app-kind-completed-kube,target=/root/.kube,type=volume",
    // 호스트 도커의 소켓을 마운트한다(Kind와 도커 빌드들에 필요함).
    "source=/var/run/docker.sock,target=/var/run/docker.sock,type=bind"
],
```

이 코드는 이전에 호스트의 도커 소켓을 개발용 컨테이너에서 /root/.kube 폴더를 대상으로 하는 볼륨을 작성하도록 구성된 새 마운트로 바인딩하기 위해 사용한 mounts 속성을 보여준다.

82 　[옮긴이] 여기에 나오는 "source=04-web-app-kind-completed-kube,target=/root/.kube,type=volume",이 추가되는 부분인데, 이 문자열의 중간에 띄어쓰기를 하면 컨테이너를 빌드할 수 없게 된다. 그러므로 책에 나와 있는 그대로 문자열을 입력해야 한다.

kind를 실행하여 쿠버네티스 클러스터를 만들면 이 폴더에 클러스터와 통신하기 위한 구성 내용이 저장된다. 볼륨을 추가하여 쿠버네티스 클러스터에 계속 연결할 수 있도록 해당 폴더의 내용이 개발용 컨테이너의 인스턴스(및 재빌드)에서 유지되게 한다.

앞서 언급했듯이 **kind**라는 것은 **도커 안에 들어 있는 쿠버네티스**Kubernetes In Docker를 나타내는 말이며, kind는 **노드**들을 도커 내에서 컨테이너 형태로 실행한다. kind가 생성하는 구성 내용을 보면 쿠버네티스 API의 엔드포인트가 127.0.0.1(로컬 IP 주소)로 나열되어 있다. 이 주소는 호스트를 나타내지만 개발용 컨테이너는 기본적으로 격리된 도커 네트워크에 있다. 개발용 컨테이너가 kind가 생성하는 구성을 사용하여 쿠버네티스 API에 접근할 수 있도록 하려면 .devcontainer/devcontainer.json을 업데이트하여 개발용 컨테이너를 호스트 네트워킹 모드로 전환하면 된다.

```
"runArgs": [
    // 호스트 네트워킹을 사용한다(Kind 클러스터들에 연결할 수 있게 하기 위함).
    "--network=host"
],
```

이 코드에는 runArgs 속성이 있다. 이 속성을 통해 Remote-Containers가 개발용 컨테이너를 실행할 때 docker run 명령에 전달하는 추가 인수를 구성할 수 있다. 이 코드에서는 호스트와 동일한 네트워크 공간에서 컨테이너를 실행하는 --network=host 옵션을 설정하고 있다(자세한 내용을 알고 싶다면 *https://docs.docker.com/engine/reference/run/#network-settings*를 참조하자).

이런 식으로 파일 내용을 수정함으로써 개발용 컨테이너를 다시 만들어 열 수 있다. 이제 쿠버네티스 클러스터를 만들고 그 안에서 우리의 앱을 실행할 준비가 되었다!

kind를 사용해 쿠버네티스 클러스터 안에서 앱을 실행하기

이제 개발용 컨테이너 내에서 쿠버네티스 클러스터를 만들기 위한 모든 부분이 준비되었다. 클러스터를 생성하기 위해 통합 터미널에서 kind라는 CLI를 사용해 보자.

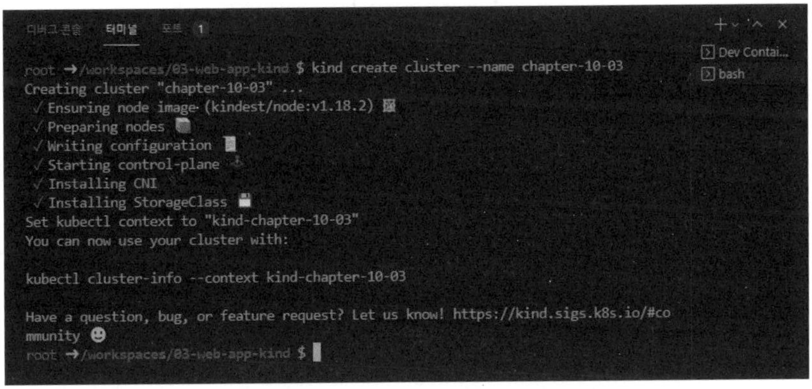

그림 10.6 kind 클러스터 생성

여기에서 kind create cluster --name chapter-10-03을 실행한 결과를 볼 수 있다. kind CLI가 아직 존재하지 않는 경우라면 노드의 컨테이너 이미지를 가져온 다음 클러스터 설정 단계를 진행하면서 출력을 업데이트한다. 기본적으로 kind는 단일 노드 클러스터를 생성하지만 다중 노드 클러스터 설정을 포함하는 다양한 구성 옵션이 있다(*https://kind. sigs.io/docs/user/configuration/*을 참고).

이제 이 클러스터를 사용해 애플리케이션을 실행할 수 있다(이전 절에서 컨테이너 이미지를 빌드했다고 가정하는 것이며, 컨테이너 이미지를 빌드해 두지 않았다면 docker build -t simple-python-app-2:v1 -f Dockerfile을 실행한다).

kind 클러스터에서 애플리케이션의 컨테이너 이미지를 사용할 수 있도록 하려면 kind load를 실행해야 한다(*https://kind.sigs.k8s.io/docs/user/quick-start/#loading-an-image-into-your-cluster*를 참고).

```
$ kind load docker-image --name chapter-10-03 simple-python-app-2:v1
Image: "simple-python-app-2:v1" with ID "sha256:7c085e8bde177aa0abd02c36da2cdc68238e6
72f49f0c9b888581b 9602e6e093" not yet present on node "chapter-10-03-control-plane",
loading...
```

여기서는 kind load 명령을 사용해 simple-python-app-2:v1 이미지를 chapter-10-03 클러스터에 로드한다. 이렇게 하면 쿠버네티스에서 배포판을 만들 때 사용할 수 있도록 클러스터의 모든 노드에 이미지가 로드된다.

예시용 앱의 manifests 폴더에는 쿠버네티스에서 앱을 구성하기 위한 정의가 포함되어 있다. 매우 비슷한 애플리케이션의 배포 파일을 사용해 연습하고 설명했던 **7장 WSL 안에서 컨테이너를 사용해 일하기**의 **쿠버네티스 안에서 웹 애플리케이션 실행하기**를 참조하자. kubectl을 사용해 쿠버네티스에 애플리케이션을 배포할 수 있다.

```
$ kubectl apply -f manifests/
deployment.apps/chapter-10-example created
service/chapter-10-example created
```

여기에서는 kubectl apply를 -f 스위치와 함께 사용해 매니페스트들을 로드할 경로를 전달한다. 이 경우라면 kubectl이 폴더의 모든 파일을 적용하도록 manifests 폴더를 지정한다.

이제 웹 앱이 kind 클러스터의 노드에서 실행되고 있으며 방금 적용한 구성은 5000번 포트를 노출하기 위해 쿠버네티스 서비스를 앞에 생성했다. 이 서비스는 kind 클러스터 내에서만 사용할 수 있으므로 kubectl port-forward를 실행하여 로컬 포트를 서비스에 전달해야 한다.

```
$ kubectl port-forward service/chapter-10-example 5000
Forwarding from 127.0.0.1:5000 -> 5000
Forwarding from [::1]:5000 -> 5000
```

service/chapter-10-03-example 서비스를 대상으로 지정하고 전달하려는 포트로 5000을 지정하는 데 사용된 kubectl port-forward 명령을 출력 내용에서 볼 수 있다. 이렇게 하면 개발 컨테이너의 5000번 로컬 포트로부터 kind 내에서 실행 중인 우리의 애플리케이션 서비스상에 있는 5000번 포트로 포트를 포워딩하도록 구성된다.

새 통합 터미널을 생성해(통합 터미널의 오른쪽 상단에 있는 더하기 기호를 클릭하여) curl 명령을 실행함으로써 서비스가 실행 중인지를 확인할 수 있다.

```
$ curl localhost:5000
<html><body><h1>Hello from Linux (4.19.104-microsoft-standard) on chapter-10-example-
99c88ff47-k7599</h1></body></html>
```

이 출력 내용은 개발용 컨테이너 내부에서 curl localhost:5000이 실행되고 kubectl 포트 포워딩을 사용해 kind 클러스터에 배포된 웹 앱에 접근하는 것을 보여준다.

이번 장의 앞부분에서 도커를 사용해 앱으로 작업할 때, devcontainer.json의 forwardPorts 속성을 5000번 포트로 전달하도록 구성했다. 이는 비주얼 스튜디오 코드가 이미 윈도우의 5000번 포트를 개발용 컨테이너의 5000번 포트로 전달하도록 설정했음을 의미한다. 개발용 컨테이너의 5000번 포트로 전송된 모든 트래픽은 방금 실행한 kubectl 포트 포워딩 명령에 의해 처리되고 쿠버네티스 서비스의 5000번 포트로 전달된다. 즉, 윈도우 브라우저에서 http://localhost:5000을 열 수 있는 것이다.

그림 10.7 **쿠버네티스에서 앱을 보여주는 윈도우 브라우저**

이 화면에서는 http://localhost:5000을 통해 쿠버네티스에서 앱에 접근하는 윈도우 브라우저를 볼 수 있다. 이는 비주얼 스튜디오 코드가 윈도우 5000번 포트를 개발용 컨테이너 내부의 5000번 포트로 전달하기 때문에 작동하며, 이는 kubectl port-forward에 의해 처리되고 앱용으로 배포한 쿠버네티스 서비스로 전달된다.

이번 절에서는 **비주얼 스튜디오 코드**, **Remote-Containers**, **도커**를 사용해 웹 앱 작업용으로 컨테이너화된 개발 환경을 만들었다. 이것을 어떻게 활용해 우리의 웹 앱에 대한 컨테이너 이미지를 만들고 실행한 다음, 쿠버네티스 클러스터를 만들고, 호스트 윈도우 머신의 브라우저에서 쿠버네티스에서 실행되는 웹 애플리케이션에 접근하는 방법을 포함하여, 클러스터에 우리의 앱을 배치하고 테스트할 수 있는지를 보았다. 호스트 컴퓨터에 추가 요구 사항을 추가하지 않고 이 모든 일을 달성하여 비주얼 스튜디오 코드와 도커를 사용하는 모든 사용자가 컴퓨터에서 빠르게 기동해 실행할 수 있는 휴대용 솔루션이 되었다.

이번 장의 마지막 절에서는 개발용 컨테이너들에서 작업하는 데 필요한 몇 가지 생산성 요령을 다룰 것이다.

개발용 컨테이너를 사용해 일할 때의 요령

이번 절에서는 개발용 컨테이너 작업 경험을 미세 조정하는 데 사용할 수 있는 몇 가지 요령을 살펴보자. 개발용 컨테이너가 빌드된 후 어떻게 단계를 자동화할 수 있는지 살펴보자.

postCreateCommand와 pip install 자동화하기

이번 장의 앞부분에 나오는 예제들에서 개발용 컨테이너를 빌드한 후 pip install을 실행해야 했다. 이는 구성 내용을 변경한 후에 개발용 컨테이너를 다시 빌드할 때마다 필요하다. 이를 피하려고 개발용 컨테이너의 Dockerfile에 RUN 단계를 추가해 pip install을 수행하게 하고 싶을 수도 있다. 하지만 지은이는 애플리케이션 패키지를 개발용 컨테이너 이미지에 넣지 않는 편이다. 애플리케이션 패키지 의존 파일들은 시간이 지남에 따라 진화하는 경향이 있으며 이를 이미지에 빌드하고 설치할 이미지를 다시 빌드하는 일은 조금 부담스럽게 느껴진다. 시간의 흐름에 맞춰 개발용 컨테이너로 작업할 때 지은이는 경험에 따라 개발용 컨테이너 이미지에 도구를 설치하고 실행 중인 개발용 컨테이너 내에 애플리케이션 패키지를 설치하는 것을 원칙으로 삼았다. 다행히 개발용 컨테이너는 devcontainer.json에서 구성할 수 있는 postCreateCommand라는 옵션을 제공한다.

```
// 컨테이너가 작성된 후 명령을 실행하려면 'postCreateCommand'를 사용한다.
"postCreateCommand": "pip3 install -r requirements.txt",
```

이 코드는 pip install 단계를 실행하도록 구성된 postCreateCommand를 보여준다. 비주얼 스튜디오 코드는 이미지를 다시 빌드한 후 개발용 컨테이너를 시작할 때 postCreateCommand를 자동으로 실행한다.

여러 명령을 실행하려면 **명령1 && 명령2** 형태로 명령들을 결합하거나 해당 명령들을 스크립트 파일에 넣은 다음에 postCreateCommand로부터 스크립트를 실행할 수 있다.

개발용 컨테이너 작업을 자동화하게 구성하는 방법을 살펴보고 있는 지금, 잠시 포트 포워딩에 대해 다시 살펴보자.

포트 포워딩 사용

이번 장의 앞부분에서 비주얼 스튜디오 코드의 포트 포워딩port forwarding을 사용해 윈도우 호스트에서 개발용 컨테이너로 선택한 트래픽을 전달했다. 예를 들어, 윈도우 브라우저가 개발용 컨테이너에서 실행되는 웹 앱에 연결할 수 있도록 허용한다. 포트 포워딩을 설정하는 한 가지 방법은 포워딩할 포트를 묻는 메시지를 표시하는 Forward a Port 명령을 사용하는 것이다. 이 포트 포워딩은 개발용 컨테이너가 시작될 때마다 재구성되어야 한다. 또 다른 방법은 devcontainer.json에 추가하는 것이다.

```
// 컨테이너 내부의 포트 목록을 로컬에서 사용할 수 있도록 'forwardPorts'를 사용한다.
"forwardPorts": [
    5000,
    5001
]
```

이 코드에서는 forwardPorts 속성에 5000번 포트와 5001번 포트를 지정했다. 비주얼 스튜디오 코드는 개발용 컨테이너를 시작할 때 이러한 포트를 자동으로 포워딩하기 시작함으로써 작업이 원활하게 이뤄질 수 있게 해 준다.

어떤 포트가 포워딩되는지를 보려면 **원격 탐색기**_{REMOTE EXPLORER} 뷰로 전환한다(예 Remote Explorer: Focus on Forwarded Ports View 명령을 실행하면 이 뷰를 볼 수 있다).

그림 10.8 포워딩된 포트들

 만일 위 명령을 찾을 수 없다면, 명령 창에서 **보기: 포트 토글**이라고 명령하거나, **보기** 메뉴의 **뷰 열기** 항목을 선택한 다음에 나온 목록에서 **포트**를 선택하면 전달된 포트들을 볼 수 있는 포트 창이 열린다.

이 창에서 포트 포워딩에 관해서 더 자세히 볼 수 있다.

그림 10.8에서 현재 구성된 포워딩 포트 목록을 볼 수 있다. 포트 위로 마우스를 가져가면 지구본 모양 아이콘과 십자형 아이콘이 나타난다. 지구본 모양 아이콘을 클릭하면 기본 윈도우 브라우저에서 해당 포트가 열리고, 십자형 아이콘을 클릭하면 해당 포트 공유가 중지된다.

포트 포워딩은 개발용 컨테이너를 웹 애플리케이션과 API의 일반적인 흐름에 통합하는 데 매우 유용한 도구이며 forwardPorts 항목을 구성해 이를 자동화하면 생산성이 높아진다.

다음으로 볼륨 마운팅이라는 주제를 다시 살펴보고 나서 몇 가지 예를 더 살펴볼 것이다.

볼륨 마운팅과 bash 히스토리 살펴보기

이번 장에서 우리는 마운트들을 구성하는 몇 가지 예를 보았는데, 이러한 예들은 여러 범주로 나뉜다.

- 호스트에서 컨테이너 안으로 폴더나 파일을 마운트하기
- 컨테이너 인스턴스들 간에 데이터를 유지하기 위해 컨테이너 안으로 볼륨을 마운트하기

이러한 범주 중 첫 번째 범주인 호스트 볼륨을 컨테이너 안으로 마운트하는 일은 호스트 도커 소켓(/var/run/docker.sock)을 개발용 컨테이너에 마운트하는 데 사용한 것이다. 또한 호스트로부터

~/.azure와 같은 폴더를 마운트하여 애저 CLI 인증 데이터를 개발용 컨테이너로 가져와서 개발용 컨테이너 내부에서 다시 로그인할 필요가 없도록 하는 데 사용할 수도 있다.

두 번째 범주는 개발용 컨테이너가 실행될 때마다 마운트되는 도커 볼륨을 생성한다. 이것은 컨테이너 재구축을 통해 내용이 보존되는 개발용 컨테이너 내부의 폴더를 제공한다. 예를 들어, 반복적으로 다운로드하고 싶지 않은 대용량 파일이 있다면 패키지 캐시 폴더에 유용할 수 있다. 이것의 또 다른 유용한 예는 개발용 컨테이너에서 bash 히스토리_{history}(bash 사용 이력)를 보존하는 것이다. 이를 위해 Dockerfile에서 .bash_history 파일의 위치를 지정해 구성할 수 있다.

```
# bash 히스토리 구성
RUN echo "export PROMPT_COMMAND='history -a' && export \
HISTFILE=/commandhistory/.bash_history" >> /root/.bashrc
```

이 코드는 .bashrc 파일(bash가 시작될 때 실행되는 파일)에 구성 내용을 추가하여 .bash_history 파일의 위치가 /commandhistory 폴더에 있도록 구성한다. 이 자체로는 큰 효과를 보기 어렵지만 /commandhistory 폴더를 마운트된 볼륨으로 만드는 것과 결합하면 결과적으로 개발용 컨테이너의 인스턴스에서 bash 히스토리를 보존할 수 있다. 실제로 이렇게 구성하면 얻을 수 있는 이점이 또 있다. 개발용 컨테이너가 없으면 모든 프로젝트가 호스트에서 동일한 bash 히스토리를 공유하므로, 며칠 동안 프로젝트를 진행하지 않으면 해당 프로젝트와 관련한 명령이 히스토리로부터 밀려나게 될 수도 있다. 반면에 이런 식으로 개발용 컨테이너들을 구성하면, bash 히스토리는 해당 컨테이너에서만 사용하는 게 되므로, 개발용 컨테이너를 로딩하면 그동안 호스트에서 실행한 명령에 관계 없이 bash 히스토리를 다시 가져올 수 있다(볼륨에 대한 프로젝트별 이름을 반드시 입력하는 점에 유념하자).

다음은 논의된 예를 설명하는 구성이다.

```
"mounts": [
    // 호스트 도커 소켓을 마운트한다.
    "source=/var/run/docker.sock,target=/var/run/docker.sock,type=bind",

    //.azure 폴더를 마운트한다.
    "source=${env:HOME}${env:USERPROFILE}/.azure,target=//root/.azure,type=bind",

    // bash 히스토리용 볼륨 한 개를 마운트한다.
    "source=myproject-bashhistory,target=/commandhistory,type=volume"
],
```

이 코드는 이번 절에서 논의한 다양한 마운트를 보여준다.

- /var/run/docker.sock이라는 호스트를 마운트하여 개발용 컨테이너에서 호스트 도커 소 켓을 노출한다.
- 호스트로부터 .azure 폴더를 마운트하여 캐시된 애저 CLI 인증을 개발용 컨테이너로 가 져온다. 소스에서 사용자 폴더를 찾는 데 사용되는 환경 변수 대체에 유의하자.
- 개발용 컨테이너 인스턴스에서 bash 히스토리를 유지하기 위해 볼륨을 마운트한다.

볼륨 마운팅volume mounting은 개발용 컨테이너로 작업할 때 유용하게 쓸 수 있는 도구이며, 호스트 폴더를 가져와서 애저 CLI 인증을 재사용함으로써 생산성을 크게 높일 수 있다. 예를 들어, bash 히스토리를 보존하거나 패키지 캐시를 활성화하기 위해 개발용 컨테이너 인스턴스 전체에 내구성 있는 파일 리포지터리를 제공할 수도 있다.

마지막으로 살펴볼 요령은 개발용 컨테이너 이미지 빌드의 반복성을 보장하는 것이다.

도구를 고정된 버전으로 사용하기

개발용 컨테이너를 구성할 때 도구를 최신 버전으로 설치하라는 명령을 내리기가 쉽다(그리 고 아마도 여러분도 그러고 싶을 것이다). **Remote-Containers: Add Development Container Configuration Files** 명령을 실행할 때 사용되는 초기 개발용 컨테이너 정의에서는 종종 최신 버 전의 도구를 설치하는 명령을 사용하는 경우가 많으며, 도구 설치 방법을 다룬 문서 중에 상당히 많은 문서에서 최신 버전을 설치하는 명령을 내리라고 안내하기도 한다.

여러분의 개발용 컨테이너에 들어 있는 Dockerfile에 수록된 명령들이 최신 버전의 도구를 설치하 게 하는 명령이라면, 팀 내 타인이 개발용 컨테이너를 언제 만들었는지, 그들이 개발할 당시에 사 용한 도구의 최신 버전이 어떤 것이었는지에 따라, 그들의 개발용 컨테이너에 담긴 도구의 버전이 서로 다를 수 있다. 게다가 여러분도 새 도구를 추가한 다음에 개발용 컨테이너를 다시 빌드한 후 에 다른 도구의 최신 버전을 선택했을지도 모른다. 일반적으로 도구의 버전이 달라도 어느 정도 까지는 서로 호환되지만, 때때로 버전이 달라지면 동작이 달라지기도 한다. 이게 어떤 개발자에게 는 이득이 되지만 한편으로는 그 밖의 개발자를 불편하게 하거나, (예를 들어, 새로운 도구를 추가하 기 위해) 개발자 컨테이너를 다시 만들기 전까지는 도구가 잘 작동했지만 무심코 다른 도구의 새로 운 버전을 집어들 게 되는 상황과 같은, 이상한 상황을 만들어 낼 수 있다. 이로 인해 작업이 원 활하게 진행되지 않을 수 있으므로, 지은이는 보통 도구를 특정 버전(**CII** 이번 장에 나오는 kind나 kubectl의 특정 버전)에 고정한 후에 편리한 때 필요에 따라 해당 버전을 명시적으로 업데이트하는 편을 더 선호한다.

항상 설치되어 있는 확장 프로그램과 닷파일을 확인하기

개발용 컨테이너 설정에서, 개발용 컨테이너가 생성될 때 설치할 확장 프로그램을 지정할 수 있다. 예를 들어, devcontainer.json에 다음과 같이 확장 프로그램을 지정할 수 있다.

```
"extensions": [
    "redhat.vscode-yaml",
    "ms-vsliveshare.vsliveshare"
],
```

이 코드에서 확장 프로그램의 ID들로 이뤄진 배열을 지정하는 JSON의 extensions 속성을 볼 수 있다. 확장 프로그램의 ID를 알고 싶다면 비주얼 스튜디오 코드에서 **확장** 뷰를 찾아 열면 된다. 그러면 다음과 같은 세부 정보가 표시된다.[83]

그림 10.9 비주얼 스튜디오 코드의 확장 정보

이 화면에서 강조 표시된 확장 프로그램 ID(ms-vsliveshare.vsliveshare)와 확장 프로그램에 대한 그 밖의 정보를 볼 수 있다. 이 개발용 컨테이너에서 확장 프로그램을 설치해 두면, 향후에 이 개발용 컨테이너를 사용하는 모든 사람은 관련 확장 프로그램을 설치해 둔 셈이 된다.

Remote-Containers라는 확장 프로그램에는 **Always Installed Extensions**(항상 설치된 확장 프로그램) [또는 **Default Extensions**(기본 확장 프로그램)]이라는 기능이 있다. 이 기능을 사용하면 언제든지 개발용 컨테이너에 설치하려는 확장 프로그램 목록을 구성할 수 있다. 이를 활성화하려면 명령 창에서 **Preferences: Open User settings (JSON)**을 선택해 JSON 구성 파일을 열고 다음 내용을 추가한다.[84]

---

83 (옮긴이) 바로 이 정보가 표시되는 것은 아니다. 확장 뷰의 검색 창에 'Live Share'라고 입력한 다음에 나온 목록 중에서 'Live Share'를 클릭하면 이 정보가 화면에 표시된다.

84 (옮긴이) 이 작업을 더 편리하게 하려면 F1 키를 누르거나 Ctrl + Shift + P 키를 누른 후에 나온 검색 창에서 '>' 키를 입력한 후(이미 있다면 입력할 필요 없음)에 이어서 Preferences: Open User Settings (JSON)을 입력한다(자동 완성 기능이 있으므로 일부만 입력해도 목록에 나타난다). 그리고 나서 목록에 나온 이름을 선택해서 JSON 구성 파일을 열면 된다.

```
"remote.containers.defaultExtensions": [
    "mhutchie.git-graph",
    "trentrand.git-rebase-shortcuts"
],
```

옮긴이 설명

옮긴이의 경우에는 위 명령을 찾을 수 없었고, 다음과 같은 순서로 JSON 구성 파일(즉, settings.json)을 찾을 수 있었다.

1. 제일 먼저 명령 창에서 '기본 설정: 사용자 설정 열기'라고 명령하거나, '파일' 메뉴에서 '기본' 설정 항목의 '설정'을 클릭하거나, Ctrl+,(쉼표)를 입력해서 설정 탭을 띄운다.

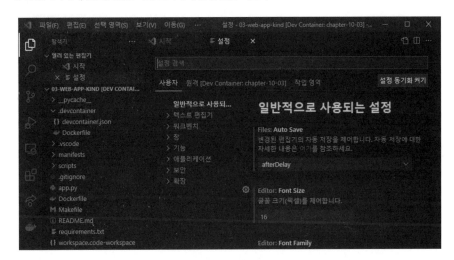

2. 그런 다음에 JSON이라고 입력한다. 그러면 관련 항목이 표시되는데, 이렇게 표시된 화면에서 'settings.json에서 편집'이라고 표시된 문구를 클릭한다.

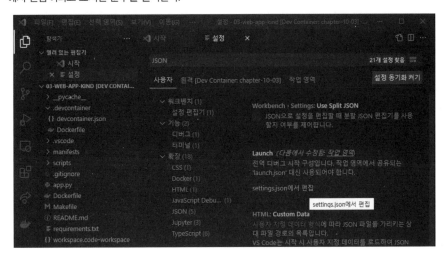

3. 그리고 나서 나온 settings.json 탭 안에 지은이가 제시한 내용을 입력하고 저장한다.

설정 파일의 한 부분을 보여주는 이 내용 속에서 remote.containers.defaultExtensions라는 속성을 볼 수 있다. 이 속성도 devcontainer.json 파일 속에 있는 extensions 속성처럼 확장 프로그램 ID들로 이뤄진 배열 형식으로 기재되어 있지만, 여기에 나열된 확장 프로그램들은 여러분이 컴퓨터에서 빌드하는 개발용 컨테이너들에 항상 설치된다.

Remote-Containers 확장 프로그램이 지원하는 관련 기능은 **닷파일**dotfile이다. 여러분이 닷파일에 익숙하지 않을지는 모르겠지만 어쨌든 닷파일은 시스템을 구성하는 방법을 제공한다(닷파일들의 이름이 .bash_rc와 .gitconfig처럼 지정되는데, 이는 리눅스에서 사용하는 환경 구성용 파일 이름들에서 따온 것이다). 닷파일이 무엇인지를 자세히 알고 싶다면 *https://dotfiles.github.io/*부터 살펴보자.

Remote-Containers에서 닷파일을 지원하기 때문에 닷파일이 포함된 깃 리포지터리의 URL, 개발용 컨테이너에서 복제해야 하는 위치, 리포지터리를 복제한 후에 실행할 명령을 지정할 수 있다. 이 모든 내용을 '환경구성용 JSON 파일settings JSON'에서 구성할 수 있다.

```
"remote.containers.dotfiles.repository": "stuartleeks/dotfiles",
"remote.containers.dotfiles.targetPath": "~/dotfiles",
"remote.containers.dotfiles.installCommand": "~/dotfiles/install.sh",
```

이 코드에서 방금 설명한 구성 내용에 해당하는 세 가지 JSON 속성을 볼 수 있다. remote.containers.dotfiles.repository 값으로는 *https://github.com/userleeks/dotfiles.git*과 같은 전체 URL이거나 단순히 stuartleeks/dotfiles가 쓰일 수 있다.

이 닷파일 특징을 사용해 설정하고 싶은 한 가지는 bash의 별칭들이다. 지은이가 컴퓨터를 처음으로 사용해 보던 무렵에 상당한 시간을 MS-DOS와 함께 보냈는데, 그래서 그런지 여전히 지은이는 clear라는 명령어보다 cls라고 입력하는 편을 더 선호하고, mkdir보다 md를 더 선호한다. 이 구성에 닷파일을 사용하면 개발용 컨테이너에서 생산성을 높이는 데 도움이 되지만, 이 구성은 개발용 컨테이너의 다른 사용자가 필요하거나 원하는 것이 아니다.

닷파일과 **Always Installed Extensions** 기능들을 사용할 때는 결정해야 할 일이 있다. 구성 내용과 확장 프로그램을 개발용 컨테이너 정의를 담은 파일에서 지정해 두어야 하는가, 아니면 닷파일과 **Always Installed Extensions**를 사용해야 하는가? 이에 답하기 위해 확장 프로그램이나 구성파일settings 내용이 개발용 컨테이너의 기능이나 개인 선호도의 핵심인지 여부를 자문해 볼 수 있다. 대답이 개인 취향에 따라야 한다는 것이라면 지은이는 이것들을 닷파일이나 **Always Installed Extensions**에 넣는다. 개발용 컨테이너의 목적과 직접 관련된 기능을 위해 개발용 컨테이너 정의 내용에 포함시킨다.

예를 들어, 파이썬 개발용 컨테이너로 쓰려고 한다면 개발용 컨테이너를 정의하는 내용에 Python 확장 프로그램을 포함시킨다. 마찬가지로 쿠버네티스를 사용하는 프로젝트의 경우라면 개발용 컨테이너의 Dockerfile에 kubectl을 넣고 이에 맞춰 bash를 완성한다. 또한 쿠버네티스 레드햇 YAML 확장 프로그램도 포함하는 식으로 YAML 파일을 완성한다(*https://marketplace. visualstudio.com/ items?itemName=redhat.vscode-yaml* 참조).

닷파일과 **Always Installed Extensions**는 모두 환경과 개발용 컨테이너 환경이 친숙하고 생산적인지를 확인하는 좋은 방법이 될 수 있다.

이번 절에서는 개발용 컨테이너를 다시 빌드한 후 명령을 자동으로 실행하여 반복되는 작업을 제거하고 개발용 컨테이너가 시작될 때 포트를 자동으로 전달하는 등 개발용 컨테이너의 생산성을 높이는 데 도움이 되는 요령을 살펴보았다.

개발용 컨테이너 구성 옵션에 대해 자세히 알고 싶다면 *https://code.visualstudio.com/docs/remote/ containers*를 참조하자.

요약

이번 장에서는 비주얼 스튜디오 코드의 Remote-Containers 확장 프로그램을 통해, 표준 Dockerfile을 사용해 비주얼 스튜디오 코드의 풍부한 대화형 환경을 유지하면서 개발 작업을 수행할 컨테이너를 정의하는 방법을 살펴보았다. 이러한 개발용 컨테이너들을 사용하면 격리된 개발 환경을 구축해 어떤 한 프로젝트에 특화된 도구들과 의존 파일들을 패키징할 수 있으므로, 팀에서 자주 볼 수 있는 여러 프로젝트에서 도구를 동시에 업데이트하도록 조정할 필요가 없다. 또한, 소스 제어에 개발용 컨테이너 정의를 포함하면 팀 구성원이 개발 환경을 쉽게 만들고 업데이트할 수 있다. 웹 애플리케이션으로 작업할 때 컨테이너에서 대화형으로 디버깅하는 동안 윈도우 브라우저에서 웹 앱을 탐색할 수 있도록 컨테이너에서 실행 중인 애플리케이션에 포트를 전달하는 방법을 살펴보았다.

또한, 호스트 도커 데몬을 공유하여 개발용 컨테이너 내에서 컨테이너화된 애플리케이션을 빌드하고 사용하는 방법도 살펴보았다. 이번 장에서는 개발용 컨테이너에서 쿠버네티스로 작업하기 위한 다양한 옵션을 고려했으며 호스트 컴퓨터에서 최소 요구 사항으로 쿠버네티스 환경을 제공하기 위해 개발용 컨테이너에서 kind를 구성하는 방법을 살펴보았다.

마지막으로, 개발용 컨테이너 작업을 위한 몇 가지 요령을 제시하며 이번 장을 마무리했다. 개발용 컨테이너를 생성한 후 단계들을 자동화하는 방법과 개발용 컨테이너가 시작될 때 포트를 자동으로 전달하는 방법을 살펴보았다. 또한, 호스트에서 폴더나 파일을 마운트하는 방법과 개발용 컨테이너 인스턴스 간에 파일을 유지하는 볼륨을 만드는 방법(및 bash 히스토리 또는 기타 생성된 데이터를 유지하기 위해)도 확인했다. 이러한 모든 접근 방식은 개발용 컨테이너로 개발 흐름을 간소화하는 방법을 제공하여 작성하려는 코드에 계속 집중할 수 있도록 도와준다.

Remote-Containers를 가지고 작업하려면 프로젝트의 개발 환경을 설정하는 데 고려할 사항이 더 필요할 수 있지만, 개인과 팀 모두를 위한 격리와 반복 가능한 개발 환경과 관련해 몇 가지 강력한 이점을 제공한다.

다음 장에서는 WSL로 돌아가 WSL에서 명령줄 도구를 사용하는 데 필요한 다양한 요령을 살펴보겠다.

11

명령줄 도구로
생산성을 높이는 요령

이번 장에서는 일반적이면서도 서로 다른 명령줄 도구를 사용해 작업하는 데 필요한 요령들을 몇 가지 다룬다. 먼저 WSL에서 깃 작업 환경을 개선해 생산성을 높이는 방법을 살펴보자. 깃은 널리 사용되며 이를 통해 생산성을 향상시키면 소스 제어에 사용하는 모든 프로젝트를 개선할 수 있다. 그런 후에 애저를 의미하는 az와 쿠버네티스를 의미하는 kubectl이라는 **명령줄 인터페이스** Command-Line Interface, CLI를 살펴볼 것이다. 이러한 각 CLI로 간단한 예제 리소스를 배포한 다음 이를 사용해 데이터를 쿼리하는 몇 가지 기술을 보여준다. 많은 CLI에서 널리 사용되는 것처럼 az와 kubectl 모두 **JSON**JavaScript Object Notation 형식으로 데이터를 가져오는 옵션을 제공하므로, 이러한 CLI를 살펴보기 전에 WSL에서 JSON 데이터 작업을 위한 몇 가지 옵션을 살펴보자. 이번 절에서 다루는 기술은 az나 kubectl을 사용하지 않더라도 여러분이 사용 중인 그 밖의 CLI와 관련이 있을 수 있다. JSON을 효과적으로 다루는 방법을 배워 두면 광범위한 API와 CLI를 사용해 스크립팅과 자동화를 할 수 있다.

이번 장에서는 다음과 같은 주제를 다룰 것이다.

- 깃 작업
- JSON 작업

- 애저 CLI 작업

- 쿠버네티스 CLI 작업

깃 작업에 대한 몇 가지 요령을 살펴보면서 출발해 보자.

깃 작업[85]

의심할 여지없이 깃은 널리 사용되는 소스 코드 관리 체계다. 원래 리눅스 커널 소스 코드에 사용하기 위해 리누스 토발즈가 작성했지만 이제는 마이크로소프트를 포함한 다양한 곳에서 널리 활용하고 있으며 윈도우 개발을 포함하여 광범위하게 사용되고 있다(자세한 내용을 알고 싶다면 *https://docs.microsoft.com/ko-kr/devops/develop/git/what-is-git*을 참조하자).

이번 절에서는 WSL에서 깃을 사용하기 위한 몇 가지 요령을 살펴보자. 일부 요령은 이전 장에서 다루었으므로 추가 정보를 알 수 있게 링크 주소만 나타냈지만, 그 밖의 요령은 여기에서 함께 연결하여 편리하게 참조할 수 있게 했다.

대부분의 명령줄 도구를 담고 있는 bash 자동 완성 기능을 잘 활용한 사례부터 살펴보자.

bash 자동 완성 기능 사용

많은 명령줄 도구로 작업할 때 bash 자동 완성 기능bash completion을 사용하면 입력할 일을 많이 줄일 수 있다. git도 예외가 아니다.

예를 들어, git com <탭 키>라고 입력하면 git commit이라는 명령이 생성되고 git chec <탭 키>를 입력하면 git checkout이라는 명령이 생성된다. 부분적으로 입력한 명령이 어떤 한 가지 명령만 지정하기에 충분하지 않은 경우에는 bash 자동 완성 기능을 써도 별다른 변화가 없는 것처럼 보일 수 있지만, 이럴 때는 <탭 키>를 두 번 누르면 선택지가 표시된다. 다음 예를 살펴보자.

```
$ git co<탭 키><탭 키>
commit    config
$ git co
```

85 　[옮긴이] 이번 절에 쓰이는 폴더는 지은이가 제공하는 깃허브 코드 중에 chapter-11/01-working-with-git이다. 하지만 git과 관련한 작업을 할 때는 지은이의 깃허브 코드를 복제(즉, 클론)해 둔 폴더를 지정해야 할 것이다.

여기에서 git co는 git commit이나 git config로 완성될 수 있음을 알 수 있다.

bash 자동 완성 기능은 명령 이름만 완성하는 것이 아니다. git checkout my <탭 키>를 입력해 git checkout my-branch라는 브랜치 이름을 완성할 수 있다.

bash 자동 완성 기능에 익숙해지면 생산성이 크게 향상될 수 있다!

다음으로 원격 깃 리포지터리로 인증하기 위한 옵션을 살펴보자.

깃을 사용해 인증하기

깃을 통한 강력한 인증 방법 중 하나는 **SSH** 키를 사용하는 것이다. 이 인증 방법은 일반적으로 깃을 통해 인증하기 위해 원격 컴퓨터에 SSH 연결을 만드는 데 사용되는 SSH 키를 재사용하며 주요 깃 소스 제어 공급자에서 지원된다. **5장 리눅스에서 윈도우를 함께 쓰기**의 **SSH 에이전트 전달**에서 윈도우에 저장된 SSH 키를 재사용하도록 WSL을 구성하는 방법을 보았다. 이를 설정한 경우라면 WSL에서 깃과 함께 SSH 키를 사용할 수도 있다.

대안으로, 윈도우와 WSL을 섞어서 개발을 수행하는 상황에서 이들 간에 깃 인증을 공유하고 싶을 때, 윈도우용 깃 자격 관리자Git Credential Manager for Windows를 WSL에서 사용하도록 구성할 수 있다. 이런 방식으로 깃허브나 비트버킷Bitbucket과 같은 공급자가 제공하는 두 가지 인증도 모두 사용할 수 있다(자세한 내용을 알고 싶다면 *https://github.com/microsoft/Git-Credential-Manager-for-Windows*를 참조하자). 이를 사용하려면 윈도우에 깃을 미리 설치해 두었어야 한다. 구성하려면 **배포판**에서 다음 명령을 실행한다.

```
$ git config --global credential.helper "/mnt/c/Program\ Files/Git/mingw64/libexec/git-
core/git-credential-manager.exe"
```

이 명령은 윈도우용 깃 자격 관리자를 실행하여 원격 리포지터리로 인증을 처리하도록 깃을 구성한다. 윈도우를 통해 원격으로 깃에 접근하여 저장된 모든 자격 증명은 WSL에서 재사용된다(반대의 경우도 마찬가지다). 자세한 내용을 알고 싶다면 *https://docs.microsoft.com/en-us/windows/wsl/tutorials/wsl-git#git-credential-manager-setup*을 참조하자.

인증이 처리된 상태에서 깃에서 히스토리를 보기 위한 몇 가지 옵션을 살펴보자.

깃 히스토리 보기

WSL에서 깃으로 작업할 때 깃 리포지터리Git repo에서 커밋 히스토리를 보는 방법에는 여러 가지가 있다. 여기에서는 다음과 같은 다양한 옵션을 살펴보자.

- git이라는 CLI를 사용
- 윈도우에서 그래픽 형태로 제공되는 깃 도구들을 사용
- 비주얼 스튜디오 코드에서 제공하는 Remote-WSL을 사용

이 선택지 중에 첫 번째는 git log 명령을 CLI에서 사용하는 것이다.

```
$ git log --graph --oneline --decorate --all86
* 35413d8 (do-something) Add goodbye
| * 44da775 (HEAD -> main) Fix typo
| * c6d17a3 Add to hello
|/
* 85672d8 Initial commit
```

 옮긴이가 이 책을 검증하면서 지은이가 작성한 코드를 wsl-book이라는 폴더에 복제(즉, 클론)해 두었다. 이 wsl-book이라는 폴더는 이 책에서도 지은이가 코드를 복제해 두는 폴더명으로 사용하고 있다. 따라서 이 폴더에서 git log 명령을 내려야 제대로 된 로그 기록이 출력될 것이다. 예를 들어, 옮긴이가 명령을 내려 출력된 섹션의 극히 일부만 따낸 화면은 다음과 같다.

```
stuart@USER-PC:~/wsl-book$ git log --graph --oneline --decorate --all
* c8753ac (HEAD -> main, origin/main, origin/HEAD) remove $5 campaign
* bc99e18 add $5 campaign
* 479e17f add $5 campaign
* 234dd7f Update README.md
* 9198ab4 Add Dockerfile for chatper-10 starting point
* 053de54 Tweaks and fill in READMEs
(...중략...)
```

git log의 출력에서 여러 추가 스위치와 함께 git log 명령을 실행하여 텍스트 아트를 사용해 분기를 표시하는 간결한 출력을 생성한 결과를 볼 수 있다. 이 접근 방식은 WSL의 명령줄에서 직접 사용할 수 있고 WSL의 깃 외에는 아무것도 설치하지 않아도 되므로 편리할 수 있다. 그러나 명령을 입력하는 데 약간 지루할 수 있으므로 다음과 같이 깃 별칭을 만들 수 있다.

---

86 [옮긴이] 이 명령을 내렸을 때 'fatal: not a git repository (or any of the parent directories): .git'라는 오류 문구를 보게 된다면 git init이라는 명령을 내려야 한다. 이 명령을 내리면 git이 초기화되고 .git이라는 디렉터리가 생성된다.

```
$ git config --global --replace-all alias.logtree 'log --graph --oneline --decorate --all'
```

여기서는 git config 명령을 사용해 이전 깃 명령에 대해 logtree라는 별칭을 만든다. 이것을 만든 후에는 이제 git logtree라고 명령해도 이전과 같은 출력 내용을 생성할 수 있다.

여러분이 깃과 함께 사용할 윈도우용 그래픽 도구를 지니고 있다면, 해당 도구가 여러분의 WSL 내 깃 리포지터리를 가리키게 할 수 있다. **9장 비주얼 스튜디오 코드와 WSL**의 **깃 히스토리 보기**에서 깃에 포함되어 설치되는 gitk라는 유틸리티를 사용하는 방법을 살펴본 적이 있다. 예를 들어, 깃 리포지터리 폴더 내의 WSL 셸에서 gitk.exe --all이라고 명령을 내리면 윈도우에 있는 gitk.exe라는 실행 파일이 실행된다.

 WSL용 배포판에서 gitk를 쓰고 싶다면 다음과 같이 git을 업그레이드한 후에 gitk를 설치해야 한다.

```
$ sudo apt upgrade git
$ sudo apt install gitk
```

물론, 이때까지 git을 설치한 적이 없다면 위 명령들을 내리기 전에 다음 명령을 내려 git부터 설치해야 한다.

```
$ sudo apt install git
```

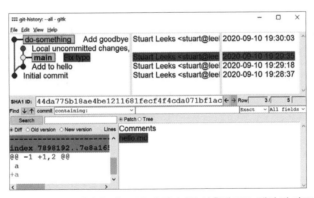

그림 11.1 윈도우에 설치되어 있는 gitk 유틸리티를 사용해 WSL 내의 깃 리포지터리

이 화면에서 gitk라는 유틸리티가 윈도우에서 실행된다는 점을 알 수 있고, 이전에 git log 명령을 내려 본 것과 동일한 내용을 보여주는 깃 리포지터리를 볼 수 있다. WSL의 셸에서 시작했기 때문에 이 유틸리티는 윈도우에서 WSL에 있는 셸의 현재 폴더에 접근하는 데 사용되는 \\wsl$share를 선택했다(\\wsl$share에 대해 자세히 알고 싶다면 **4장 윈도우에서 리눅스를 함께 쓰기**의 **윈도우에서 리눅스 파일에 접근하기**를 참고하자). 이 접근 방식의 한 가지 잠재적인 문제는 \\wsl$ 공유 디

렉터리를 통한 파일 접근에 성능 오버헤드가 발생한다는 것이며, 이는 대규모 깃 리포지터리의 경우라면 윈도우용 깃 유틸리티의 로딩 속도를 느리게 할 수 있다는 의미다.

9장 비주얼 스튜디오 코드와 WSL의 깃 히스토리 보기에서 본, 또 다른 옵션은 비주얼 스튜디오 코드를 사용하는 것이다. Remote-WSL이라는 확장 프로그램을 사용함으로써 그 밖의 비주얼 스튜디오 코드용 확장 프로그램들을 설치할 수 있고, 그럼으로써 설치한 프로그램들이 실제로는 WSL 내에서 실행되도록 할 수 있다. **깃 그래프**Git Graph라는 **확장 프로그램**은 깃 히스토리를 그래픽으로 볼 수 있게 하며, 비주얼 스튜디오 코드에서 편리하게 쓸 수 있는 추가 기능으로서, Remote-WSL과 잘 어우러진다. 여기에서 예를 볼 수 있다.

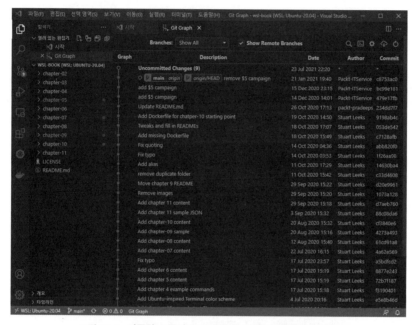

그림 11.2 비주얼 스튜디오 코드의 깃 그래프 확장 프로그램

 옮긴이 설명 이렇게 보기까지의 과정을 지은이가 간략하게 설명하고 있어 보충 설명하면 이렇다.

1. 먼저 비주얼 스튜디오 코드를 실행한다.

2. 비주얼 스튜디오 코드의 명령 창을 열어(Ctrl+Shift+P) 명령 창에서 Remote-WSL: New WSL Window를 선택한다.

3. 그러면 새로 비주얼 스튜디오 코드 창이 열린다. 이 새 창은 원격으로 WSL을 이용할 수 있는 창이다. 따라서 여기서 폴더를 열면 해당 폴더를 원격으로 관리하는 셈이 된다.

4. 이 상태에서 폴더를 연다(파일 메뉴의 폴더 열기 항목 선택). 현재 이 절이 깃에 관해서 설명하고 있으므로 지은이가 제공하는 코드를 복제(즉, 클론)해 둔 wsl-book을 여는 게 바람직하다.

5. 확장 창을 열어(비주얼 스튜디오 코드의 왼쪽에 블록 쌓는 모양으로 된 아이콘 클릭) 'Git Graph'를 입력한다.

6. 그러면 'Git Graph'라는 확장 프로그램이 목록에 나올 텐데 그 이름의 오른쪽에 있는 '설치' 버튼을 클릭한다(이미 설치되어 있다면 설치 버튼이 나타나지 않고 톱니바퀴 모양 아이콘만 나온다).

7. 일단 설치된 후에 다시 명령 창을 열어 Git Graph: View까지 입력하면 Git Graph: View Git Graph (git log)라는 명령이 유일하게 선택된다. 이 명령을 클릭해 실행한다.

8. 그러면 비로소 그림 11.2와 같은 깃 그래프 화면이 나온다.

그림 11.2는 동일한 깃 리포지터리를 다시 보여주지만 이번에는 비주얼 스튜디오 코드 쪽에서 깃 그래프라는 확장 프로그램을 사용해서 본 것이다. Remote-WSL에 의해 이 확장 프로그램이 WSL로 로드되기 때문에 깃 리포지터리에 대한 모든 접근은 WSL에서 직접 수행되며, 깃을 쿼리할 때도 \\wsl$ 공유 디렉터리를 경유하는 식의 성능 오버헤드가 발생하지 않는다.

여기에서 몇 가지 접근 방식을 살펴보았는데, 각 접근 방식은 모두 나름대로 의미가 있다. 깃 CLI 접근 방식은 이미 터미널에 있고 WSL에서 실행되므로 성능이 좋다. 복잡한 분기와 히스토리를 검사하기 위해 여기에서 그래픽 도구가 자주 사용된다. 그러나 언급했듯이 윈도우의 그래픽 깃 도구를 사용하면 \\wsl$ 공유 디렉터리의 성능 오버헤드가 발생한다. 일반적으로 이것은 눈에 띄지 않지만, 파일이나 히스토리가 많은 깃 리포지터리의 경우라면 더 중요해지기 시작할 수 있다. 이러한 경우나 이미 에디터에서 작업 중일 때는 깃 그래프와 같은 비주얼 스튜디오 코드 확장 프로그램이 성능 오버헤드 없는 그래픽 시각화에 정말 유용하다는 것을 알게 되었다.

다음으로 깃으로 작업할 때 bash 프롬프트를 개선하는 방법을 살펴보자.

bash 프롬프트의 깃 정보

깃 리포지터리 내의 폴더에서 bash를 사용해 작업할 때, 기본 프롬프트로는 깃 리포지터리의 상태를 알 방법이 없다. 깃 리포지터리에서 bash로 콘텍스트context를 추가하는 다양한 선택지가 있으며 여기서 몇 가지를 살펴보자. 첫 번째 선택지는 **bash-git-prompt**(*https://github.com/magicmonty/bash-git-prompt*)로, 깃 리포지터리에서 bash 프롬프트를 사용자 정의하는 것이다. 여기에서 이에 대한 예를 볼 수 있다.

그림 11.3 bash-git-prompt

bash-git-prompt는 여러분이 현재 어떤 브랜치(이 예에서는 main)에 있는지 보여준다. 또한 로컬 브랜치에 푸시_push_할 커밋이 있는지, 위쪽과 아래쪽 화살표를 통해 원격 브랜치에서 가져올 커밋이 있는지 여부도 나타낸다. 위쪽 화살표는 푸시할 커밋을 나타내고 아래쪽 화살표는 풀_pull_할 커밋을 나타낸다. 마지막으로 커밋되지 않은 로컬 변경 사항이 있는지도 보여준다(이 예에서는 +1).

bash-git-prompt를 설치하려면 먼저 다음 명령을 사용해 리포지터리를 복제하자.

```
$ git clone https://github.com/magicmonty/bash-git-prompt.git ~/.bash-git-prompt
--depth=1
```

이 git clone 명령은 리포지터리를 사용자 폴더[87]의 .bash-git-prompt 폴더에 복제하고 --depth = 1을 사용해 최신 커밋만 가져온다.

다음으로 여러분의 사용자 폴더에 있는 .bashrc에 다음을 추가하자.

```
if [ -f "$HOME/.bash-git-prompt/gitprompt.sh" ];
then
    GIT_PROMPT_ONLY_IN_REPO=1
    source $HOME/.bash-git-prompt/gitprompt.sh
fi
```

이 코드는 깃 리포지터리가 있는 폴더에서 사용자 지정 프롬프트만 사용하도록 GIT_PROMPT_ONLY_IN_REPO 변수를 설정한 다음 깃 프롬프트를 로드한다. 이제 터미널을 다시 열고 폴더를 깃 리포지터리로 변경하여 bash-git-prompt가 작동하는지 확인하자. 다른 구성 옵션에 대해서는 _https://github.com/magicmonty/bash-git-prompt_에 실린 설명서를 참조하자.

bash 프롬프트를 강화하는 또 다른 옵션은 **Powerline**이다. 이것은 bash-git-prompt에 비해 설치해야 할 몇 단계가 더 있으며 일반적인 프롬프트 환경을 대신하여 깃과 쿠버네티스 같은 항목에 대한 프롬프트에 콘텍스트를 추가한다. 다음 화면에서 Powerline 프롬프트의 예를 참조하자.

그림 11.4 **Powerline 프롬프트**

---

87 [옮긴이] 즉, 사용자의 홈 폴더(즉, ~)를 말한다.

Powerline은 일부 특수 글꼴에서만 제공하는 문자를 사용한다. 모든 글꼴에 이러한 문자가 설정되어 있는 것은 아니므로 첫 번째 단계는 적절한 글꼴이 있는지 확인하는 것이다. 윈도우 터미널을 설치할 때 **Cascadia**라는 글꼴도 제공되는데, *https://github.com/microsoft/cascadia-code/releases*에서 이 글꼴을 Powerline용으로 변형한 것을 내려받을 수 있다. 최신 릴리스를 다운로드한 다음, **파일 탐색기**를 마우스 오른쪽 버튼으로 클릭하고 **설치**를 선택하여 ttf 폴더에서 CascadiaCodePL.ttf와 CascadiaMonoPL.ttf의 압축을 풀고 설치한다.

 이 글꼴 설치 과정을 단계별로 더 자세히 설명하면 이렇다.

1. 앞에서 적은 깃허브 사이트 주소를 복사한 뒤에 웹 브라우저의 주소창에 복사해 넣고 Enter 를 쳐서 해당 사이트로 간다.

2. 해당 사이트에서 최신 릴리스에 대한 소개 글을 볼 수 있는데, 해당 버전에 관한 글의 제일 아랫쪽을 보면 해당 릴리스를 담은 zip 파일 이름이 CascadiaCode-2106.17.zip 꼴로 나오는 게 있다. 이것을 클릭하면 해당 파일을 내려받을 수 있다.

3. 내려받은 파일은 여러분 컴퓨터의 '다운로드' 폴더에 있으므로 이 폴더로 간다.

4. 압축되어 있는 이 파일을 푼다.

5. 그러면 폴더들이 보일 텐데 그중에서 ttf 폴더를 연다.

6. 여러 글꼴 파일 중에서 CascadiaCodePL(확장자는 따로 보이지 않지만 .ttf다) 위에서 마우스의 오른쪽 버튼을 클릭한다. 그래서 나온 '상황에 맞는 메뉴'에서 '설치'나 '모든 사용자용으로 설치'를 클릭한다.

7. 위의 작업을 CascadiaMonoPL.ttf에 대해서도 한다.

Powerline 글꼴이 설치된 상태에서 이 글꼴을 사용하려면 터미널을 구성해야 한다. 윈도우 터미널을 사용하고 있다면, 터미널을 실행한 다음에 Ctrl + , (쉼표)를 눌러 설정 탭을 띄워서 다음을 추가한다.[88]

```
"profiles": {
    "defaults": {
        "fontFace": "Cascadia Mono PL"
    },
```

88 [옮긴이] '설정' 탭을 띄운 다음에는 이 탭의 왼쪽 하단에 보이는 톱니바퀴 모양 아이콘을 클릭해야 한다. 그러면 settings.json 파일을 여러분이 지정해 둔 기본 편집기에서 편집할 수 있다. 이 파일을 보면 profiles 섹션이 있고, 그 안에 defaults 섹션이 있다. 이 섹션에 이미 "fontFace": "Cascadia Mono"가 기본값으로 설정되어 있을 텐데, 이 값을 "fontFace": "Cascadia Mono PL"로 바꾸면 된다.

여기서는 기본 fontFace 값을 방금 설치한 Cascadia Mono PL(Powerline) 글꼴로 설정한다. 특정 프로필의 글꼴만 변경하고 싶다면 **3장 윈도우 터미널을 출발점으로 삼기**의 **글꼴 변경하기**를 참조하자.

이제 터미널에 Powerline 글꼴을 설정했으므로 Powerline을 설치할 수 있다. 몇 가지 변형이 있지만 여기서는 **powerline-go**를 사용하겠다. *https://github.com/justjanne/powerline-go/releases*에서 최신 powerline-go-linux-amd64 버전을 내려받은 다음에, 여러분이 사용하는 WSL 배포판의 프로그램 실행 경로(PATH) 중 어딘가에(예를 들면, /usr/local/bin에) powerline-go라는 이름으로 저장한다.

이 과정을 조금 더 자세히 설명하면 다음과 같다.

1. 본문에 나온 깃허브 페이지로 간다.

2. 해당 페이지에 보면 powerline-go-linux-amd64라는 문구가 보일 텐데 이 문구를 클릭하면 파일을 내려받을 수 있다.

3. 내려받은 파일은 여러분 컴퓨터의 '다운로드' 폴더로 들어갈 텐데, 이게 여러분의 배포판에서는 ~/Downloads로 지정할 수 있는 폴더다. 실제로 여기서 ls 명령을 내려 보면 내려 받은 파일이 보인다.

```
$ stuart@USER-PC:~/Downloads$ ls
desktop.ini  powerline-go-linux-amd64
```

4. 그리고 이 파일을 /usr/local/bin에 powerline-go라는 이름으로 옮긴다. 이때는 다음과 같이 명령한다.

```
$ sudo mv ./powerline-go-linux-amd64 /usr/local/bin/powerline-go
```

이런 설치 방법의 대안으로 **Go**를 통해 설치하는 방법도 있지만, 배포판 리포지터리들이 이전 버전의 Go에 고착되어 호환성이 없어질 수 있다. 이 옵션을 시도하려면 윈도우 터미널 공식 문서 (*https://docs.microsoft.com/en-us/windows/terminal/tutorials/powerline-setup*)를 참조하자.

powerline-go가 설치되었다면, 다음 코드를 .bashrc에 추가하여 사용할 수 있게 **bash**를 구성할 수 있다.

```
function _update_ps1() {
    PS1="$(powerline-go -error $?)"
}
if [ "$TERM" != "linux" ] && [ "$(command -v powerline-go > /dev/null 2>&1; echo $?)" ==
"0" ];
then
```

```
    PROMPT_COMMAND="_update_ps1; $PROMPT_COMMAND"
fi
```

여기에서는 powerline-go를 호출하는 `_update_ps1` 함수를 만들었다. 이 함수는 `powerline-go`의 동작을 제어하기 위해 추가 스위치를 추가하는 곳이다. 자세한 내용을 알고 싶다면 *https://github.com/justjanne/powerline-go#customization*에 실린 설명서를 참고하자.

깃으로 작업할 때 자동으로 표시되는 깃 리포지터리에 대한 콘텍스트를 가져오도록 프롬프트를 조정하면 어떤 옵션을 선택하든 작업을 더 쉽게 할 수 있다. 이를 윈도우와 WSL에서 공유할 깃의 인증 설정과 결합하고 다양한 상황에서 깃 히스토리를 보는 가장 좋은 방법을 알고 있으면 WSL에서 깃을 사용해 생산성을 높일 수 있다.

 위에 나오는 bash 셸 스크립트를 `.bashrc` 파일에 추가한 뒤에는 프롬프트 모양이 바뀌고, 명령을 실행했을 때 출력되는 모양도 바뀐다. 그런데 다시 홈 디렉터리로 가면 깃에 연동된 모양으로 바뀌어 버린다. 그러고 나서 명령을 내려서 출력되는 모양도 바뀐다.

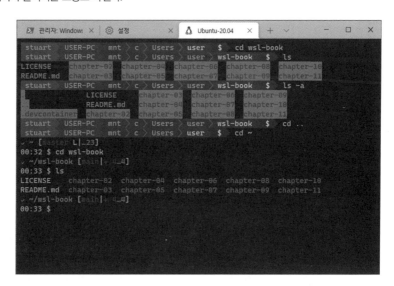

이렇게 되는 이유는 이보다 앞서서 `.bashrc`에 추가했던 내용과 충돌이 일어나기 때문이다.

그러므로 `.bashrc` 파일을 열어 그렇게 추가했던 내용을 다음처럼 주석 처리하자.

```
# if [ -f "$HOME/.bash-git-prompt/gitprompt.sh" ]; then
#     GIT_PROMPT_ONLY_IN_REPO=1
#     source $HOME/.bash-git-prompt/gitprompt.sh
# fi
```

그러고 나서 파일을 저장한 다음에 다시 배포판을 열어 이것 저것 명령을 내려 보면 다음처럼 바뀌어서 나온다.

이 화면을 보면 명령을 잘못 입력한 경우에 어떻게 표시되는지도 알 수 있다.

다음 절에서는 JSON 데이터로 작업하는 몇 가지 방법을 살펴보자.

JSON 작업

복잡한 작업을 자동화하면 수동으로 작업할 때 낭비되는 시간을 아낄 수 있다. 이번 절에서는 많은 명령줄 도구와 API에서 흔히 사용하는 형식인 JSON 형식으로 된 데이터를 다루기 위한 몇 가지 기술을 살펴본다. 이번 장의 뒷부분에서 이러한 기술을 사용해 클라우드 웹 사이트나 쿠버네티스 클러스터에서 콘텐츠를 쉽게 만들어 게시하는 방법 중 몇 가지를 예로 들어 보겠다.

이번 절의 경우에는 책과 함께 제공되는 코드에 예시용 JSON 파일이 있다. *https://github.com/ PacktPublishing/Windows-Subsystem-for-Linux-2-WSL-2-Tips-Tricks-and-Techniques*에서 깃으로 이 코드를 복제할 수 있다. 예시용으로 쓰는 JSON은 wsl-book.json이라고 하며 chapter-11/02-working- with-json 폴더에 있으며, 이 파일은 이 책에 나오는 일부 장의 제목과 하위 절의 제목을 JSON 형식으로 기술해 둔 것이다. 이 JSON의 코드는 다음과 같다.

```
{
    "title": "WSL: Tips, Tricks and Techniques",
    "parts": [
    {
        "name": "Part 1: Introduction, Installation and Configuration",
```

```
    "chapters": [
        {
            "title": "Introduction to the Windows Subsystem for Linux",
            "headings": [
                "What is the Windows Subsystem for Linux?",
                "Exploring the Differences between WSL 1 and 2"
            ]
        },
        ...
    "name": "Part 2: Windows and Linux - A Winning Combination",
    "chapters": [
        {
            ...
```

이 코드는 예시용 JSON 파일의 구조를 보여준다. 이번 절에 나오는 예제의 기초가 되는 코드이므로 잠깐 시간을 내어 살펴보아야 한다. 이번 절에 나오는 예제에서는 예시용 JSON 파일이 들어있는 폴더에서 셸을 열었다고 가정한다.

인기 있는 유틸리티인 jq를 시작해 보자.

jq 사용

jq는 JSON 문자열 작업을 위한 아주 편리한 유틸리티로서, 주요 플랫폼에서 지원된다. 전체 설치 옵션은 *https://stedolan.github.io/jq/download/*에 나열되어 있지만 데비안/우분투에서는 sudo apt-get install jq라고 간단히 명령하면 된다.

기본적으로 jq를 사용하면 입력 형식을 지정할 수 있다. 예를 들어, JSON 문자열을 jq로 파이핑할 수 있다.

```
$ echo '[1,2,"testing"]' | jq
[
    1,
    2,
    "testing"
]
```

이 명령을 실행해 나온 출력 내용에서 jq가 JSON 형식으로 된 간단한 입력 내용을 멋진 모양으로 바꿔 출력했음을 알 수 있다. JSON 형식으로 된 간단한 문자열을 반환하는 API와 상호 작용하며, 작업할 때는 이 기능만으로도 유용할 수 있다. 그러나 jq의 진정한 힘은 쿼리 기능에 있다. 이번 절에서 이를 다루면서 살펴볼 것이다. 다음 예시로 jq를 사용하면 어떤 일을 할 수 있는지 잠시 살펴보자.

```
$ cat ./wsl-book.json | jq ".parts[].name"
"Part 1: Introduction, Installation and Configuration"
"Part 2: Windows and Linux - A Winning Combination"
"Part 3: Developing with Windows Subsystem for Linux"
```

이 출력 내용을 보면 jq가 예시용 JSON 파일에서 부(즉, Part)의 이름 값을 추출하고 있다. 이러한 종류의 기능은 JSON 데이터를 반환하는 API와 명령줄 도구로 스크립트를 작성해야 할 때 아주 유용하다. 여기에서는 몇 가지 간단한 쿼리부터 작성해 보고 나중에 더 복잡한 쿼리를 작성해 볼 것이다. jq CLI를 사용하든지 *https://jqplay.org*에서 제공하는 **jq 플레이그라운드**를 사용해 예제를 따라할 수 있다.

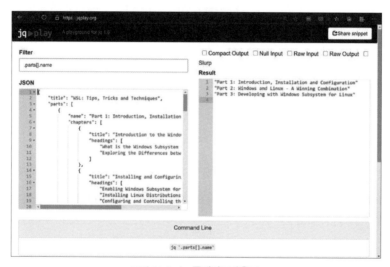

그림 11.5 jq 플레이그라운드

이 화면은 jq 플레이그라운드에 이전에 다룬 예시용 JSON 파일을 복사해 넣어 본 상황을 보여준다. 왼쪽 상단에 필터(.parts[].name)를 입력했으며, 그 아래에 JSON 내용을 복사해 넣었고, 이를 바탕으로 jq가 출력한 내용이 오른쪽에 나온다. 이 플레이그라운드는 복잡한 쿼리를 작업할 때 유용한 환경이 될 수 있으며 맨 아래에 보이는 **Command Line** 부분에서는 여러분이 복사해 쓸 수 있게 한 명령줄이 제공된다.

이제 jq가 무엇을 할 수 있는지 이해했으므로 간단한 쿼리부터 다뤄 보자. 우리가 작업 중인 JSON 파일에는 title과 parts라는 두 가지 최상위 속성이 있다. 다음 쿼리로 title 속성의 값을 추출할 수 있다.

```
$ cat ./wsl-book.json | jq ".title"
"WSL: Tips, Tricks and Techniques"
```

여기에서는 .title 필터를 사용해 title 속성의 값을 추출하고 있다. jq는 기본적으로 JSON 값을 출력하므로 해당 값이 인용 부호로 묶여 출력되어 있다. 이 값을 어떤 스크립트 내의 한 가지 변수에 할당하려면 다음 명령처럼 하면 된다. 이 명령에서는 일반적으로 우리가 따옴표 없는 값을 원하기 때문에 jq에 -r 옵션을 지정해서 원래 있던 값 그대로 출력하게 했다.

```
$ BOOK_TITLE=$(cat ./wsl-book.json | jq ".title" -r)
$ echo $BOOK_TITLE
WSL: Tips, Tricks and Techniques
```

이 출력 내용을 통해서 -r 옵션을 사용해 원래 출력 내용(따옴표가 없는 원래 값)을 가져와 변수에 할당하는 것을 보여준다.

이 예에서는 간단한 문자열 값인 title 속성을 사용했다. 다른 최상위 속성은 parts인데, 이 속성은 JSON 객체들로 구성된 배열을 담고 있다.

```
$ cat ./wsl-book.json | jq ".parts"
[
  {
    "name": "Part 1: Introduction, Installation and Configuration",
    "chapters": [
      {
        "title": "Introduction to the Windows Subsystem for Linux",
        "headings": [
          "What is the Windows Subsystem for Linux?",
          "Exploring the Differences between WSL 1 and 2"
        ]
      },
  ...
```

이 명령의 출력 내용을 보면 jq가 parts 속성을 검색해 해당 속성의 전체 값을 반환하는 것을 볼 수 있다. 다음과 같이 필터를 .parts [0]으로 변경해서 parts 배열의 첫 번째 항목을 가져온 다음, 필터를 덧붙여 첫 번째 이름을 얻을 수 있다.

```
$ cat ./wsl-book.json | jq ".parts[0].name"
"Part 1: Introduction, Installation and Configuration"
```

여기에서는 JSON 데이터의 레이어 구조 아래에서 작업하고 속성을 선택하고 특정 값을 선택하기 위해 배열로 인덱싱하는 쿼리를 작성하는 방법을 볼 수 있다. 예를 들어, 모든 parts의 이름을 볼 수 있도록 데이터 목록을 전부 가져올 수 있으면 유용하다. 다음 명령으로 이를 수행할 수 있다.

```
$ cat ./wsl-book.json | jq ".parts[].name"
"Part 1: Introduction, Installation and Configuration"
"Part 2: Windows and Linux - A Winning Combination"
"Part 3: Developing with Windows Subsystem for Linux"
```

이 예에서 볼 수 있듯이, 우리는 필터에서 배열 인덱스를 생략했고, jq는 parts 배열을 이루고 있는 각 항목에 대해 남은 필터인 .name을 적용했다. 단일 값을 출력할 때와 마찬가지로 스크립트에서 출력 작업을 쉽게 하기 위해 -r 옵션을 추가하면 인용 부호 없이 문자열을 가져올 수 있다. 대안으로, 우리가 API들을 사용해 일하고 있다면 JSON 출력 내용을 쌓기를 바랄 수도 있다. 예를 들어, 앞서 나온 값들을 하나의 배열에 담아 출력하고 싶다면 필터를 대괄호([.parts[].name])로 둘러싸면 된다.

지금까지는 필터를 한 가지만 사용하는 표현식을 작성해 보았지만, jq를 사용하면 여러 필터를 함께 연결해 어떤 출력을 다음 필터의 입력으로 삼는 식으로 파이핑할 수 있다. 예를 들어, .parts[].name은 .parts[] | .name과 동일한 출력을 생성한다. 여기에서 두 번째 필터를 {name}으로 변경하면 단순한 이름 값만 담은 객체가 아닌, name 속성까지 들어 있는 객체를 생성할 수 있다.

```
$ cat ./wsl-book.json | jq '.parts[] | {name}'
{
    "name": "Part 1: Introduction, Installation and Configuration"
}
{
    "name": "Part 2: Windows and Linux - A Winning Combination"
}
{
    "name": "Part 3: Developing with Windows Subsystem for Linux"
}
```

여기에서는 .parts 배열에서 가져온 각 값이 이전에 나왔던 단순한 문자열이 나온 게 아니고, 출력 내용에서 나온 각 값들을 가지고 객체를 생성하고 있음을 알 수 있다. {name} 구문이 실제로는 {name:.name}의 축약형이다. 전체 구문(예 {part_name:.name})을 사용하면 속성 이름을 제어하는 방법을 출력 내용에서 더 쉽게 확인할 수 있다. 전체 구문을 사용하면 속성 값이 또 다른 필터임을 알 수 있다. 이 예에서는 간단한 .name 필터를 사용했지만, 더 다양한 필터를 사용해 쌓아 올릴 수도 있다.

```
$ cat ./wsl-book.json | jq '.parts[] | {name: .name, chapter_count: .chapters | length}'
{
    "name": "Part 1: Introduction, Installation and Configuration",
    "chapter_count": 3
}
{
    "name": "Part 2: Windows and Linux - A Winning Combination",
    "chapter_count": 5
}
{
    "name": "Part 3: Developing with Windows Subsystem for Linux",
    "chapter_count": 3
}
```

이 예제에서는 .chapters | length를 필터로 사용해 chapter_count 속성 값을 지정한다. .chapters라는 표현식은 현재 처리 중인 parts 배열의 값에 적용된 다음에 chapters 배열을 선택하며, 이것의 구문을 분석한 결과가 length 함수 쪽으로 전달되고, length 함수는 배열 길이를 반환한다. jq에서 사용할 수 있는 함수에 대해 자세히 알고 싶다면 *https://stedolan.github.io/jq/manual/#Builtinoperatorsandfunctions*에서 설명서를 읽어 보자.

jq의 마지막 예로, 장별 제목 목록과 더불어 각 부(즉, parts)의 이름을 보여주는 부분 요약 내용도 함께 가져와 보자.

```
$ cat ./wsl-book.json | jq '[.parts[] | {name: .name, chapters: [.chapters[] | .title]}]'
[
    {
        "name": "Part 1: Introduction, Installation and Configuration",
        "chapters": [
            "Introduction to the Windows Subsystem for Linux",
            "Installing and Configuring the Windows Subsystem for Linux",
            "Getting Started with Windows Terminal"
        ]
    },
    {
        "name": "Part 2: Windows and Linux - A Winning Combination",
        "chapters": [
...
]
```

이 예제에서는 name 속성과 chapters 속성을 사용하여 각 배열 항목에 대한 객체를 생성하는 필터에 parts 배열을 파이프로 연결한다. chapters 속성은 chapters 배열을 title 속성에 대한 선택기로 파이핑한 다음에 배열로 둘러싸는 모양으로 구성된다(즉, [.chapters[] | title] 모양). 전체 결과가 배열로 둘러싸여(바깥쪽에서 대괄호를 다시 사용하는 식으로) 출력 시에 이러한 요약 객체들로 이뤄진 JSON 배열을 생성한다.

> 요령   jq와 같은 명령줄 도구를 사용해 옵션을 찾는 방법에는 여러 가지가 있다. 간단한 도움말 페이지를 보려면 jq --help라고 명령하면 되고, 사용 설명서를 전부 보고 싶다면 man jq라고 명령하자. 이보다 더 간편한 대안은 tldr이다(자세한 내용과 설치 지침을 알고 싶다면 https://tldr.sh를 참고하자). tldr 유틸리티는 커뮤니티 기반의 간소화된 설명문을 표시해 주는데, 여러분이 tldr jq라고 명령하면 man jq를 명령했을 때보다 출력 내용이 더 짧게 나오지만, 유용한 예제들이 포함되어 나온다.

이번에 설명한 내용에서는 대화식으로 작업할 때 가독성을 위해 JSON 출력 형식을 지정하거나 스크립트에서 사용할 단일 값을 JSON에서 빠르게 선택하거나 JSON 입력을 새 JSON 문서로 변환하는 등 jq가 제공하는 몇 가지 기능을 훑어보았다. JSON으로 작업할 때 jq는 매우 유용한 도구이며 이번 장의 뒷부분에서 이에 대한 몇 가지 예를 더 볼 것이다.

다음 절에서는 파워셸을 사용해 JSON 데이터를 처리하는 옵션을 살펴본다.

파워셸과 JSON을 엮어서 일하기

이번 절에서는 **파워셸**이 JSON 데이터 작업을 위해 제공하는 몇 가지 기능을 살펴본다. 파워셸은 윈도우용으로 쓰도록 작성되었지만 이제 윈도우, 리눅스, macOS에서 사용할 수 있는 셸이자 스크립팅 언어가 되었다. WSL에 설치하려면 *https://docs.microsoft.com/en-us/powershell/scripting/install/installing-powershell-core-on-linux?view=powershell-7*에서 배포판에 대한 설치 지침을 따르자. 예를 들어, 우분투 20.04의 경우라면 다음 명령을 사용해 파워셸을 설치할 수 있다.

```
# 마이크로소프트 리포지터리 GPG 키들을 내려받는다.
$ wget -q https://packages.microsoft.com/config/ubuntu/18.04/packages-microsoft-prod.deb
# 마이크로소프트 리포지터리 GPG 키를 등록한다.
$ sudo dpkg -i packages-microsoft-prod.deb
# 제품 목록을 업데이트한다.
$ sudo apt-get update
# "유니버스" 리포지터리를 활성화한다.
$ sudo add-apt-repository universe
# 파워셸을 설치한다.
$ sudo apt-get install -y powershell
```

이 단계들을 거쳐 마이크로소프트 패키지 리포지터리를 등록한 다음에 거기에서 파워셸을 설치한다. 설치가 완료되면 pwsh를 실행하여 파워셸을 시작할 수 있다. 그러면 이번 절의 나머지 예제에 사용할 대화형 셸이 제공된다.

 WSL 배포판(이 책에서는 Ubuntu-20.04)에서 앞서 나온 내용대로 명령하여 배포판용 파워셸을 설치했다면, pwsh 라고 명령하면 배포판의 프롬프트가 $에서 PS> 꼴로 바뀐다. 예를 들면 다음과 같다.

```
stuart@USER-PC:~$ pwsh
PowerShell 7.1.3
Copyright (c) Microsoft Corporation.

https://aka.ms/powershell
Type 'help' to get help.

PS /home/stuart>
```

그리고 나서 이번 예제를 다루는 폴더로 다시 돌아가는 상황을 예로 들면 다음과 같다.

```
PS /home/stuart> cd ~/wsl-book/chapter-11/02-working-with-json
PS /home/stuart/wsl-book/chapter-11/02-working-with-json>
```

다음과 같이 예제 JSON 파일을 로드해 파싱~parsing~(구문 분석)할 수 있다.

```
PS > Get-Content ./wsl-book.json | ConvertFrom-Json
title                           parts
-----                           -----
WSL: Tips, Tricks and Techniques {@{name=Part 1: Introduction, Installation and
Configuration; chapters=System.Object[…
```

여기에서는 예시 파일에 담긴 내용을 로드하는 데 사용하는 Get-Content 커맨드릿(파워셸의 명령을 **커맨드릿**이라고 함)과, JSON 개체 그래프를 파워셸 개체로 구문을 분석하는 데 사용하는 ConvertFrom-Json을 볼 수 있다. 이 시점에서 데이터 작업에 필요한 모든 파워셸 기능을 사용할 수 있다. 예를 들어, Select-Object 커맨드릿을 사용해 제목을 가져올 수 있다.

```
PS > Get-Content ./wsl-book.json | ConvertFrom-Json | Select-Object -ExpandProperty title
WSL: Tips, Tricks and Techniques
```

Select-Object 커맨드릿을 사용하면 집합의 시작 부분이나 끝 부분에서 지정된 수의 항목을 가져오거나 고유한 항목으로만 필터링하는 등으로 개체 집합에 대한 다양한 조작을 수행할 수 있다. 이 예제에서는 출력할 입력 개체의 속성을 선택하는 데 사용했다. 제목을 가져오는 다른 방법은 다음 명령에 표시된 것처럼 변환된 JSON 객체로 직접 작업하는 것이다.

```
PS > $data = Get-Content ./wsl-book.json | ConvertFrom-Json
PS > $data.title
WSL: Tips, Tricks and Techniques
```

이 예에서는 JSON의 데이터를 $data 변수로 변환한 결과를 저장한 다음에 title 속성에 직접 접근했다. 이제 우리에게는 $data 변수가 있으므로 parts 속성을 탐색할 수 있다.

```
PS > $data.parts | Select-Object -ExpandProperty name
Part 1: Introduction, Installation and Configuration
Part 2: Windows and Linux - A Winning Combination
Part 3: Developing with Windows Subsystem for Linux
```

이 예에서는 객체 배열인 parts 속성에 직접 접근한다. 그런 다음에 이 객체 배열을 Select-Object에 전달하여 각 부의 이름 속성을 확장한다. 이전 절에서 다룬 jq 명령으로 한 것처럼 JSON 출력을 생성하려면 ConvertTo-Json 커맨드릿을 사용하면 된다.

```
PS > $data.parts | select -ExpandProperty name | ConvertTo-Json
[
    "Part 1: Introduction, Installation and Configuration",
    "Part 2: Windows and Linux - A Winning Combination",
    "Part 3: Developing with Windows Subsystem for Linux"
]
```

여기서는 이전 예제와 동일한 명령을 사용한 다음(간결성을 위해 Select-Object에 대한 선택 별칭을 사용했지만), 출력 내용을 ConvertTo-Json 커맨드릿에 전달했다. 이 커맨드릿은 ConvertFrom-Json과 반대되는 성능을 발휘한다. 다시 말해, 이 커맨드릿은 파워셸 객체들의 집합을 JSON으로 반환한다.

다음 명령을 사용하면 각 파트_part(즉, 이 책의 1~3부)의 이름이 포함된 JSON 객체를 출력할 수 있다.

```
PS > $data.parts | ForEach-Object { @{ "Name" = $_.name } } | ConvertTo-Json
[
    {
        "Name": "Part 1: Introduction, Installation and Configuration"
```

```
    },
    {
        "Name": "Part 2: Windows and Linux - A Winning Combination"
    },
    {
        "Name": "Part 3: Developing with Windows Subsystem for Linux"
    }
]
```

여기서는 Select-Object 대신 ForEach-Object를 사용하고 있다. ForEach-Object 커맨드릿을 사용하면 입력 데이터에 포함된 각 객체에 대해 실행되는 파워셸 코드를 제공할 수 있으며, $_ 변수에는 각 실행에 대한 집합 내 항목이 포함된다. ForEach-Object 내부의 snippet에서 @{} 구문을 사용하여 현재 입력 객체(이번 경우에는 부 이름이 이에 해당)의 name 속성으로 설정된 Name이라고 부르는 속성을 지닌 새 파워셸 객체를 만들었다. 마지막으로 객체들을 처리한 결과를 담은 집합을 ConvertTo-Json에 전달하여 JSON 형식 출력 내용으로 변환한다.

이 접근 방식을 사용해 출력 내용을 더 풍부하게 할 수 있는데, 예를 들면 각 챕터chapter(즉, 이 파일에서 다루고 있는 문헌의 각 장)의 이름과 더불어 해당 장의 장 번호가 포함되게 할 수 있다.

```
PS > $data.parts | ForEach-Object { @{ "Name" = $_.name; "ChapterCount"=$_.chapters.Count
} } | ConvertTo-Json
[
    {
        "ChapterCount": 3,
        "Name": "Part 1: Introduction, Installation and Configuration"
    },
    {
        "ChapterCount": 5,
        "Name": "Part 2: Windows and Linux - A Winning Combination"
    },
    {
        "ChapterCount": 3,
        "Name": "Part 3: Developing with Windows Subsystem for Linux"
    }
]
```

이 예제에서는 ForEach-Object 안에 있던 코드를 @{ "Name" = $_.name; "ChapterCount"=$_.chapters.Count }로 확장하고 있다. 이 코드는 Name과 ChapterCount라는 두 가지 속성을 사용해 객체 하나를 생성한다. chapters 속성은 파워셸 형식으로 된 배열이므로 출력 시에 ChapterCount 속성에 대한 값으로 배열의 Count 속성을 사용할 수 있다.

지금까지 살펴본 접근 방식을 결합하면 각 부별로 장 이름이 포함된 요약 내용을 출력할 수 있다.

```
PS > $data.parts | ForEach-Object { @{ "Name" = $_.name; "Chapters"=$_.chapters | Select-
Object -ExpandProperty title } } | ConvertTo-Json
[
    {
        "Chapters": [
            "Introduction to the Windows Subsystem for Linux",
            "Installing and Configuring the Windows Subsystem for Linux",
            "Getting Started with Windows Terminal"
        ],
        "Name": "Part 1: Introduction, Installation and Configuration"
    },
    {
        "Chapters": [
            ...
        ],
        "Name": "Part 2: Windows and Linux - A Winning Combination"
    },
    ...
]
```

여기서는 ForEach-Object 커맨드릿을 다시 사용해 파워셸 객체를 만들었는데, 이번에는 Name 속성과 Chapters 속성을 사용하고 있다. Chapters 속성을 만들려면 각 장의 이름만 필요하고, 이번 절의 앞부분에서 컴포넌트 이름을 선택하기 위해 한 것처럼 Select-Object 커맨드릿을 사용할 수 있지만, 이번에는 그것을 ForEach-Object라는 이름을 지닌 코드 내에서 사용하고 있다. 이런 식으로 명령을 작성하면 더 큰 유연성을 발휘할 수 있다.

이전 예제에서는 Get-Content를 사용해 로컬 파일에서 로드한 데이터로 작업했다. URL에서 데이터를 다운로드하기 위해 파워셸은 Invoke-WebRequest와 Invoke-RestMethod라고 부르는 몇 가지 편리한 커맨드릿을 제공한다.

Invoke-WebRequest를 사용하면 깃허브에서 샘플 데이터를 다운로드할 수 있다.

```
PS > $SAMPLE_URL="https://raw.githubusercontent.com/PacktPublishing/Windows-Subsystem-
for-Linux-2-WSL-2-Tips-Tricks-and-Techniques/main/chapter-11/02-working-with-json/wsl-
book.json"
PS > Invoke-WebRequest $SAMPLE_URL

StatusCode      : 200
StatusDescription : OK
Content         : {
                    "title": "WSL: Tips, Tricks and Techniques",
                    "parts": [
                        {
                            "name": "Part 1: Introduction, Installation and
Configuration",
```

```
                                "chapters": [
                                    {
                                        ...
RawContent              : HTTP/1.1 200 OK
                          Connection   : keep-alive
                          Cache-Control: max-age=300
                          Content-Security-Policy: default-src 'none'; style-src 'unsafe-
inline'; sandbox
                          ETag : "075af59ea4d9e05e6efa0b4375b3da2f8010924311d487d…
Headers                 : {[Connection, System.String[]],
                          [Cache-Control, System.String[]], [Content-Security-Policy, System.
String[]], [ETag,
                          System.String[]]
                                        ...
                                    }
Images                  : {}
InputFields             : {}
Links                   : {}
RawContentLength        : 4825
RelationLink            : {}
```

여기에서는 Invoke-WebRequest가 상태 코드와 내용을 포함하여 응답의 다양한 속성에 접근할
수 있음을 알 수 있다. 데이터를 JSON으로 로드하기 위해 Content 속성을 ConvertFrom-JSON에
전달하면 된다.

```
PS > (iwr $SAMPLE_URL).Content | ConvertFrom-Json
title                                          parts
-----                                          -----
WSL: Tips, Tricks and Techniques               {@{name=Part 1: Introduction, Installation
and Configuration; chapters=System.Object[]},
                                                @{name=Part 2: Windows and…
```

이 예에서는 대화식으로 작업할 때 편리함을 얻을 수 있게 Invoke-WebRequest의 약자로 만든 별
명인 iwr을 사용했다. Invoke-WebRequest의 출력을 Select-Object로 전달하여 이전에 본 것처
럼 Content 속성을 확장할 수 있다. 그렇게 하는 대신에 표현식을 괄호로 묶어 속성에 직접 접근
하여 대체 구문을 표시했다. 그런 다음에 이 내용이 ConvertFrom-Json으로 전달되어, 이전에 본
것처럼 데이터를 파워셸 개체로 변환한다. 이렇게 구성할 수 있어 편리하지만 JSON 콘텐츠에만
관심이 있고 응답의 다른 속성에는 관심이 없다면, Invoke-RestMethod 커맨드릿을 사용해 이를
수행할 수 있다.

```
PS > Invoke-RestMethod $SAMPLE_URL
title                                          parts
```

```
-----                                          -----
WSL: Tips, Tricks and Techniques               {@{name=Part 1: Introduction, Installation
and Configuration;                                chapters=System.Object[]},
                                                @{name=Part 2: Windows and...
```

여기에서는 Invoke-RestMethod 커맨드릿이 응답 내용에 JSON 데이터가 포함되어 있음을 확인하고 자동 변환을 수행했으므로 이전과 동일한 출력을 볼 수 있다.

JSON 작업 요약

지난 두 절에서 jq와 파워셸이 JSON 입력 작업을 위한 풍부한 기능을 제공하는 방법을 살펴보았다. 각 경우에 간단한 값을 추출하고 더 복잡한 조작을 수행하여 새 JSON 출력을 생성하는 방법을 살펴보았다. API와 CLI에서 JSON이 공통적으로 사용되는 경우, 나머지 장에서 볼 수 있듯이 JSON으로 효과적으로 작업할 수 있게 되면 생산성이 크게 높아진다. 이번 장의 나머지 부분에서는 JSON을 처리하는 데 도움이 되는 추가 도구가 필요한 예제에서 jq를 사용하지만 이를 위해 파워셸을 사용할 수도 있다.

다음 절에서는 JSON 작업 기술을 다른 명령줄 도구와 결합하는 방법을 살펴본다. 이번에는 애저 CLI 작업에 대한 몇 가지 요령을 제공한다.

애저 CLI 작업

클라우드 컴퓨팅을 향해 나아가다 보면 여러 이점을 얻을 수 있는데, 그중에서도 컴퓨팅 리소스 규모를 자신의 필요에 맞춰 조절할 수 있다는 이점이 있다. 리소스 생성 기능을 자동화할 수 있으므로, 이러한 리소스를 구성하고 삭제할 수 있다는 점은 핵심 이점 중 하나다. 이러한 일을 종종 관련 클라우드 공급 업체에서 제공하는 CLI를 사용해 수행하게 된다.

이번 절에서는 명령줄에서 간단한 웹 사이트를 만들어 게시하고 이를 사용해 애저 CLI(az)로 작업하는 일에 필요한 요령을 몇 가지 살펴본다. 이번 장의 앞부분에서 살펴본 jq를 사용하는 몇 가지 방법과 az의 기본 제공 쿼리 기능을 살펴보자. 따라 하고 싶지만 아직 애저를 구독하지 않은 경우라면 *https://azure.microsoft.com/free/*에서 무료 평가판을 등록할 수 있다. CLI를 설치하여 시작해 보자.

애저 CLI 설치 및 구성

애저 CLI를 설치하기 위한 다양한 옵션이 있다. 가장 간단한 방법은 CLI를 설치하려는 WSL 배포판에서 터미널을 열고 다음을 실행하는 것이다.

 옮긴이 설명 이전까지는 배포판 내의 파워셸 CLI(PS >)에서 작업해 왔으므로 이제부터는 작업하려면 다음과 같이 명령해 파워셸에서 빠져나온 후에 이번 절을 위해 준비된 작업 디렉터리로 들어가야 한다.

```
PS /home/stuart/wsl-book/chapter-11/03-working-with-az> exit
stuart@USER-PC:~$ cd wsl-book/chapter-11/03-working-with-az
```

```
$ curl -sL https://aka.ms/InstallAzureCLIDeb | sudo bash
```

이 명령은 설치 스크립트를 다운로드하고 bash에서 실행한다. 스크립트를 인터넷에 연결한 상태에서 바로 실행하지 않으려면 먼저 스크립트를 다운로드하여 검사하거나 *https://docs.microsoft.com/en-us/cli/azure/install-azure-cli-apt?view=azure-cli-latest*에서 개별 설치 단계를 확인해 단계별로 설치하면 된다.

일단 설치한 후에는 터미널에서 az를 실행할 수 있다. 애저 구독 기능에 연결해 애저 구독 권한을 관리하고 싶다면 az login을 실행한다.

```
$ az login
To sign in, use a web browser to open the page https://microsoft.com/devicelogin and
enter the code D3SUM9QVS to authenticate.
```

az login 명령을 내렸을 때 나오는 출력 내용을 보면 *https://microsoft.com/devicelogin*을 방문하여 로그인하는 데 사용할 수 있는 코드를 az가 생성했음을 알 수 있다. 브라우저에서 이 URL을 열고 애저를 구독하는 계정으로 로그인한다. 이렇게 하면 az login 명령이 구독 정보를 출력하고 실행을 완료한다.

여러 계정으로 구독하고 있다면 az account list로 계정을 나열하고 az account set --subscription 여러분의_구독_계정_이름이나_아이디와 같은 꼴로 명령해, 작업을 진행할 기본 구독 계정을 선택할 수 있다.

이제 로그인했으므로 명령을 실행해 볼 수 있다. 애저에서 리소스는 리소스 그룹(논리적 컨테이너) 내에 있으므로 그룹을 나열해 보자.

```
$ az group list
[]
```

명령의 출력 내용을 보면 현재 구독에 리소스 그룹이 없음을 알 수 있다. []이라는 출력은 JSON 배열이 비어 있음을 나타낸다. 기본적으로 az는 처리 결과를 JSON으로 출력하므로 앞서 나온 명령을 일부 기존 리소스 그룹이 있는 구독 계정을 대상으로 실행하면 다음 출력이 제공된다.

```
$ az group list
[
    {
        "id": "/subscriptions/36ce814f-1b29-4695-9bde-1e2ad14bda0f/resourceGroups/
wsltipssite",
        "location": "northeurope",
        "managedBy": null,
        "name": "wsltipssite",
        "properties": {
            "provisioningState": "Succeeded"
        },
        "tags": null,
        "type": "Microsoft.Resources/resourceGroups"
    },
    ...
]
```

앞의 출력 내용이 너무 많아서 일부만 나타냈다. 다행히 az를 사용하면 여러 출력 형식(테이블 포함) 중에 한 가지를 선택해 출력할 수 있다.

```
$ az group list -o table
Name           Location       Status
-----------    -----------    ---------
wsltipssite    northeurope    Succeeded
wsltipstest    northeurope    Succeeded
```

이 출력에서는 -o table 스위치를 사용해 테이블 출력을 구성했다. 이 출력 형식은 CLI를 이용해 대화식으로 사용하기에 더 간결할 뿐만 아니라 일반적으로 아주 편리하지만, 이런 식으로 명령을 내릴 때마다 스위치를 계속 추가하는 일이 번거로울 수 있다. 다행히 az configure 명령을 실행하여 테이블 출력을 기본값으로 만들 수 있다. 이렇게 하면 기본적으로 사용할 출력 형식을 포함하여 간단한 대화형 선택 항목이 표시된다. 기본 출력 형식을 재정의할 수 있으므로 사용자가 다른 기본값을 구성한 경우라면 스크립트에서 원하는 대로 JSON 출력을 지정하는 것이 중요하다.

애저에서 다양한 리소스를 만드는 방법을 포함하여 az 사용에 대한 추가 예제를 보고 싶다면 *https://docs.microsoft.com/ko-kr/cli/azure/*에 나오는 샘플 절을 참조하자. 이번 절의 나머지 부분에서는 CLI를 사용해 리소스에 대한 정보를 조회하기 위한 사례를 몇 가지 구체적으로 들어 보겠다.

애저 웹 앱 만들기

az를 사용한 쿼리를 보여주기 위해 간단한 애저 웹 앱을 만들어 볼 것이다. 애저 웹 앱을 사용하면 다양한 언어(.NET, Node.js, PHP, 자바, 파이썬 포함)로 작성된 웹 애플리케이션을 호스팅할 수 있으며 기본 설정에 따라 선택할 수 있는 배포 옵션이 많다. 여기에서는 CLI 사용에 집중할 수 있도록 이 작업을 간단하게 유지하여 한 쪽짜리 정적 웹 사이트를 만들어 FTP를 통해 배포할 것이다. 애저 웹 앱을 자세히 알아보려면 *https://docs.microsoft.com/ko-kr/azure/app-service/overview*에 나오는 설명서를 참조하자.

웹 앱을 만들기 전에 리소스 그룹을 만들어야 한다.

```
$ az group create \
    --name wsltips-chapter-11-03 \
    --location westeurope
```

여기서는 az group create 명령을 사용해 만들려는 리소스를 포함할 리소스 그룹을 만든다. 여기서 우리가 원래 한 줄에 써야 할 명령을 보기 좋게 여러 줄로 나누면서 줄 연속 문자(즉, \ 문자)를 사용했다는 점에 유념하자. 웹 앱을 실행하려면 호스팅할 애저 앱 서비스 계획이 필요하므로 먼저 만든다.

```
$ az appservice plan create \
    --resource-group wsltips-chapter-11-03 \
    --name wsltips-chapter-11-03 \
    --sku FREE
```

이 코드에서는 az appservice plan create 명령을 사용해 방금 만든 리소스 그룹에 무료 호스팅 계획을 만들었다. 이제 해당 호스팅 계획을 사용해 웹 앱을 만들 수 있다.

```
$ WEB_APP_NAME=wsltips$RANDOM
$ az webapp create \
    --resource-group wsltips-chapter-11-03 \
    --plan wsltips-chapter-11-03 \
    --name $WEB_APP_NAME
```

여기에서는 사이트에 대한 임의의 이름을 생성하고(고유해야 하므로) `WEB_APP_NAME` 변수에 저장하고 있다. 그런 후에 `az webapp create` 명령과 함께 사용한다. 이 명령이 완료되면 새 웹 사이트가 생성되며 az CLI로 쿼리query(질의)를 시작할 준비가 된다.

단일 값 쿼리

웹 앱에 대해 가장 먼저 쿼리하려는 것은 URL이다. `az webapp show` 명령을 사용해 웹 앱의 다양한 속성을 나열할 수 있다.

```
$ az webapp show \
    --name $WEB_APP_NAME \
    --resource-group wsltips-chapter-11-03 \
    --output json
{
    "appServicePlanId": "/subscriptions/67ce421f-bd68-463d-85ff-e89394ca5ce6/
resourceGroups/wsltips-chapter-11-02/providers/Microsoft.Web/serverfarms/wsltips-
chapter-11-03",
    "defaultHostName": "wsltips28126.azurewebsites.net",
    "enabled": true,
    "enabledHostNames": [
        "wsltips28126.azurewebsites.net",
        "wsltips28126.scm.azurewebsites.net"
    ],
    "id": "/subscriptions/67ce421f-bd68-463d-85ff-e89394ca5ce6/resourceGroups/wsltips-
chapter-11-02/providers/Microsoft.Web/sites/wsltips28126",
    ...
    }
}
```

여기에서는 구성된 기본 형식에 관계없이 JSON 출력을 얻을 수 있도록 `--output json` 스위치를 전달했다. 아래쪽을 생략한 이 출력 내용 중에서 사이트의 URL을 구축하는 데 사용할 수 있는 `defaultHostName` 속성이 있음을 알 수 있다.

`defaultHostName` 속성을 추출하는 한 가지 방법은 jq 사용 절에서 본 것처럼 jq를 사용하는 것이다.

```
$ WEB_APP_URL=$(az webapp show \
              --name $WEB_APP_NAME \
              --resource-group wsltips-chapter-11-03 \
              --output json  \
              | jq ".defaultHostName" -r)
```

이 코드에서는 jq를 사용해 defaultHostName 속성을 선택하고 -r 스위치를 전달하여 원시 출력을 가져와서 인용되지 않도록 한 다음에 이를 WEB_APP_URL 속성에 할당하여 다른 스크립트에서 사용할 수 있게 한다.

az CLI에는 **JMESPath** 쿼리 언어를 사용하는 기본 제공 쿼리 기능도 포함되어 있다. 이것을 사용해 az가 JMESPath 쿼리를 실행하고 결과를 출력하게 할 수 있다.

```
$ WEB_APP_URL=$(az webapp show \
            --name $WEB_APP_NAME \
            --resource-group wsltips-chapter-11-03 \
            --query "defaultHostName" \
            --output tsv)
```

여기서는 --query 옵션을 사용해 defaultHostName 속성을 선택하는 "defaultHostName" JMESPath 쿼리를 전달한다. 또한 --output tsv를 추가하여 탭으로 구분된 출력을 사용해 값이 따옴표로 묶이지 않게 한다. 이것은 jq를 사용한 이전 예제와 동일한 값을 검색하지만 모두 az로 수행한다. 필요한 의존 파일들을 제거하므로 다른 사용자와 스크립트를 공유할 때 유용할 수 있다.

> **요령** https://jmespath.org에서 JMESPath와 대화형 쿼리 도구에 대해 자세히 확인할 수 있다. https://github.com/jmespath/jp에서 설치할 수 있는 JMESPath 쿼리를 실행하기 위한 jp CLI가 있다. 또한, https://github.com/jmespath/jmespath.terminal에서 설치할 수 있는 터미널에 대화형 JMESPath를 제공하는 jpterm CLI가 있다.
>
> 이러한 도구는 쿼리를 작성할 때 JMESPath를 탐색하는 좋은 방법을 제공할 수 있다. jpterm과 함께 다음 예시 명령을 사용해 보자.
>
> ```
> $ az webapp show --name $WEB_APP_NAME --resource-group wsltips-chapter-11-03
> --output json | jpterm
> ```
>
> 여기에서 JSON 출력을 jpterm으로 파이핑하여 터미널에서 쿼리를 대화식으로 실험할 수 있다.

az를 통해 호스트 이름을 검색하고 이를 WEB_APP_URL 변수에 저장하는 몇 가지 방법을 살펴보았다. 이번에는 echo $WEB_APP_URL을 실행하여 값을 출력하고 브라우저에 복사하거나 wslview https://$WEB_APP_URL을 실행하여 WSL에서 브라우저를 시작한다(wslview에 대해 자세히 알고 싶다면 **5장 리눅스에서 윈도우를 함께 쓰기**의 **wslview를 사용해 기본 윈도우 애플리케이션 시작하기**를 참조하자).

그림 11.6 애저 웹 앱 플레이스홀더 사이트

이 화면에서 az CLI를 통해 쿼리한 URL을 통해 로드된 플레이스홀더 사이트를 볼 수 있다. 다음으로 웹 앱에 콘텐츠를 추가할 때 더 복잡한 쿼리 요구 사항을 보자.

여러 값을 쿼리하고 필터링하기

이제 웹 앱이 생성되었으므로 간단한 HTML 페이지를 업로드해 보자. 애저 웹 앱(이를 사용해 콘텐츠를 관리하기 위한 많은 옵션은 *https://docs.microsoft.com/ko-kr/azure/app-service/*를 참조하자) 작업을 단순하게 하기 위해 이번 절에서는 curl을 사용해 단일 HTML 페이지를 FTP로 업로드한다. 이렇게 하려면 사용자 이름과 암호와 함께 FTP URL을 가져와야 한다. 이러한 값은 az webapp deployment list-publishing-profiles 명령을 사용해 검색할 수 있다.

```
$ az webapp deployment list-publishing-profiles \
    --name $WEB_APP_NAME \
    --resource-group wsltips-chapter-11-03 \
    -o json
[
    {
        ...
        "publishMethod": "MSDeploy",
        "publishUrl": "wsltips28126.scm.azurewebsites.net:443",
        "userName": "$wsltips28126",
        "userPWD": "evps3kT1Ca7a2Rtlqf1h57RHeHMo9TGQaAjE3hJDv426HKhnlrzoDvGfeirT",
        "webSystem": "WebSites"
    },
    {
        ...
```

```
        "publishMethod": "FTP",
        "publishUrl": "ftp://waws-prod-am2-319.ftp.azurewebsites.windows.net/site/wwwroot",
        "userName": "wsltips28126\\$wsltips28126",
        "userPWD": "evps3kT1Ca7a2Rtlqf1h57RHeHMo9TGQaAjE3hJDv426HKhnlrzoDvGfeirT",
        "webSystem": "WebSites"
    }
]
```

이 출력 내용(일부 내용은 생략함)을 보면 JSON 배열이 표시되어 있다. 필요한 값은 두 번째 배열 항목(publishMethod 속성이 FTP로 설정된 항목)에 있다. 이전 절에서 본 --query 접근 방식을 사용해 이를 달성하는 방법을 살펴보자.

```
$ PUBLISH_URL=$(az webapp deployment list-publishing-profiles \
    --name $WEB_APP_NAME \
    --resource-group wsltips-chapter-11-03 \
    --query "[?publishMethod == 'FTP']|[0].publishUrl" \
    --output tsv)
$ PUBLISH_USER=...
```

여기에서는 [?publishMethod == 'FTP']|[0].publishUrl의 JMESPath 쿼리를 사용했다. 이 쿼리는 몇 섹션으로 나눌 수 있다.

- [? publishMethod == 'FTP'] 섹션은 배열을 필터링filtering(선별)하기 위한 구문이며 여기서는 FTP 값을 가진 publishMethod 속성을 포함하는 항목만 반환하도록 필터링한다.
- 이전 쿼리의 출력은 여전히 항목의 배열이므로 | [0]을 사용해 배열을 배열 선택기로 파이핑하여 첫 번째 배열 항목을 가져온다.
- 마지막으로 .publishUrl을 사용해 publishUrl 속성을 선택한다.

다시 말하지만, 결과가 따옴표로 묶이지 않도록 --output tsv 스위치를 사용했다. 이 쿼리는 게시된publish URL을 검색하고 쿼리를 반복하여 사용자 이름과 암호를 검색하도록 속성 선택기를 변경할 수 있다.

이 접근 방식의 단점은 az에서 세 개의 쿼리를 실행한다는 점이다. 각 쿼리는 필요한 정보를 반환하지만 하나의 값만 제외하고 모두 버린다. 여러 상황에서 이런 면을 수용할 수 있기는 하지만, 때로는 리소스를 생성하기 위한 호출에서 필요한 정보가 반환되며 이 경우에는 반복해서 호출할 수밖에 없다. 이 상황에서는 이전에 보았던 jq 접근 방식을 조금 변형해 사용할 수 있다.

```
$ CREDS_TEMP=$(az webapp deployment list-publishing-profiles \
            --name $WEB_APP_NAME \
            --resource-group wsltips-chapter-11-03 \
            --output json)
$ PUBLISH_URL=$(echo $CREDS_TEMP | jq 'map(select(.publishMethod=="FTP"))[0].publishUrl' -r)
$ PUBLISH_USER=$(echo $CREDS_TEMP | jq 'map(select(.publishMethod=="FTP"))[0].userName' -r)
$ PUBLISH_PASSWORD=$(echo $CREDS_TEMP | jq 'map(select(. publishMethod =="FTP"))[0].
userPWD' -r)
```

여기서는 jq로 직접 연결하는 대신 az의 JSON 응답을 저장한다. 그런 후에 JSON을 jq로 여러 번 파이핑하여 검색하려는 다른 속성을 선택할 수 있다. 이러한 방식으로 az를 한 번만 호출하고 여러 값을 포착할 수 있다. jq 쿼리인 map(select(.publishMethod == "FTP"))[0].publishUrl은 방금 본 JMESPath 쿼리와 비슷한 방식으로 분류할 수 있다. 첫 번째 섹션인 (map(select(.publishMethod == "FTP")))는 publishMethod 속성의 값이 FTP인 배열의 항목을 선택하는 jq 메소드다. 쿼리의 나머지 섹션은 첫 번째 배열 항목을 선택한 다음 출력할 publishUrl 속성을 캡처한다.

여기서 살펴볼 옵션이 하나 더 있는데, --query 접근 방식의 변형이며 jq 없이 단일 쿼리를 실행할 수 있다.

```
$ CREDS_TEMP=($(az webapp deployment list-publishing-profiles \
            --name $WEB_APP_NAME \
            --resource-group wsltips-chapter-11-03 \
            --query "[?publishMethod == 'FTP']|[0].[publishUrl,userName,userPWD]" \
            --output tsv))
$ PUBLISH_URL=${CREDS_TEMP[0]}
$ PUBLISH_USER=${CREDS_TEMP[1]}
$ PUBLISH_PASSWORD=${CREDS_TEMP[2]}
```

이 코드는 이전의 --query 접근 방식을 기반으로 하지만 호출해야 할 몇 가지 차이점이 있다.

첫째, JMESPath 쿼리의 최종 선택기로 단순히 ublishUrl을 사용하는 대신에 [publishUrl, userName, userPWD]를 사용한다. 그 결과로 publishUrl, userName, userPWDproperties의 값이 포함된 배열이 생성된다.

둘째, 이 속성의 배열은 탭으로 구분된 값으로 출력되며, 결과는 괄호로 az 명령을 실행한 결과를 묶어 bash 배열로 처리된다. 예를 들면 CREDS_TEMP=($(az...)) 꼴이다.

이 두 단계를 통해 --query를 사용해 az에 대한 단일 호출에서 여러 값을 반환하고 결과를 배열에 저장할 수 있다. 출력의 마지막 줄은 사용하기 쉽도록 명명된 변수에 배열 항목을 할당하는 것을 보여준다.

게시 환경 변수를 설정하는 데 사용되는 옵션이 무엇이든 이제 예시 콘텐츠의 chapter-11/03-working-with-az 폴더에 있는 터미널에서 index.html 파일을 업로드할 수 있다.

```
$ curl -T index.html -u $PUBLISH_USER:$PUBLISH_PASSWORD $PUBLISH_ URL/
```

여기서는 curl을 사용해 쿼리한 URL, 사용자 이름과 암호를 사용해 index.html 파일을 FTP에 업로드한다. 이제 브라우저로 돌아가서 페이지를 다시 로드할 수 있다. 다음과 같은 결과를 얻을 수 있다.

그림 11.7 업로드된 콘텐츠가 있는 웹 앱

이 화면은 방금 업로드한 간단한 HTML 페이지를 반환하는 이전에 만든 웹 앱을 보여준다.

이제 만든 웹 앱(및 App Service 계획)이 완료되었으므로 삭제할 수 있다.

```
$ az group delete --name wsltips-chapter-11-03
```

이 명령은 우리가 사용한 wsltips-chapter-11-03 리소스 그룹과 그 안에 생성한 모든 리소스를 삭제한다.

이번 절에 나온 예제는 우리가 만든 애저 웹 앱에서 curl을 사용하여 단일 페이지를 FTP에 표시했는데, 이 앱은 az로 쿼리하는 데 편리한 예를 제공했지만, 애저 웹 앱은 콘텐츠를 배포하기 위한 광범위한 옵션을 제공한다. 자세한 내용을 알고 싶다면 *https://docs.microsoft.com/archive/msdn-magazine/2018/october/azure-deploying-to-azure-app-service-and-azure-functions*에 실린 기사를 참조하자. 정적 웹 사이트를 호스팅하는 경우라면 애저 스토리지_{Azure Storage} 정적 사이트 호스팅이 훌륭한 옵션이 될 수 있다는 점도 주목할 만하다. 모든 내용을 알고 싶다면 *https://docs.microsoft.com/ko-kr/azure/storage/blobs/storage-blob-static-website-how-to?tabs=azure-cli*를 참고하자.

이번 절에서는 az CLI를 사용해 쿼리하는 여러 접근 방식을 살펴보았다. 읽을 수 있는 대화형 쿼리를 위해 기본 출력을 테이블 형식으로 설정하는 방법을 살펴보았다. 스크립팅할 때 JSON 출력을 사용하고 jq로 처리하는 방법을 살펴보았다. --query 스위치와 함께 JMESPath 쿼리를 사용해 az 명령으로 직접 응답에서 값을 필터링하고 선택하는 방법을 배웠다. 이번 절에서 우리는 az CLI(웹 앱용) 코드의 단편만 살펴보았다. 애저를 더 폭넓게 탐구하는 데 관심이 있다면 *https://docs. microsoft.com/ko-kr/cli/azure/*를 참조하자.

다음 절에서는 또 다른 CLI인 쿠버네티스 CLI를 살펴보자.

쿠버네티스 CLI 작업

컨테이너화된 애플리케이션을 빌드할 때 쿠버네티스는 컨테이너 오케스트레이터의 일반적인 선택이다. 쿠버네티스에 대한 소개는 **7장 WSL 안에서 컨테이너를 사용해 일하기**의 **WSL 안에서 쿠버네티스를 설정하기**를 참조하자. 쿠버네티스에는 명령줄에서 쿠버네티스로 작업하기 위한 kubectl이라는 CLI가 포함되어 있다. 이번 절에서는 기본 웹 사이트를 쿠버네티스에 배포한 다음에 kubectl을 사용해 정보를 쿼리하는 다양한 방법을 살펴본다.

7장 WSL 안에서 컨테이너를 사용해 일하기에서 도커 데스크톱을 사용해 로컬 컴퓨터에 쿠버네티스를 설정하는 방법을 살펴본 적이 있다. 여기에서는 클라우드 공급자를 사용해 쿠버네티스 클러스터를 설정하는 방법을 살펴본다. 다음 지침은 애저에 대한 것이지만 쿠버네티스 서비스가 있는 다른 클라우드에 대해 잘 알고 있다면 해당 서비스를 사용해 보자. 따라 하고 싶지만 아직 애저에 대한 구독권이 없는 경우라면 *https://azure.microsoft.com/ko-kr/free/*에 등록하면 무료 체험 계정을 얻을 수 있다.

kubectl을 설치하는 일부터 해 보자.

kubectl 설치 및 구성

kubectl을 설치하는 방법은 다양하지만(*https://kubernetes.io/docs/tasks/tools/install-kubectl/#install-kubectl-binary-with-curl-on-linux*) WSL 배포판에서 다음 명령을 실행하는 방법이 가장 간단하다.

```
$ curl -LO https://storage.googleapis.com/kubernetes-release/release/$(curl -s https://
storage.googleapis.com/kubernetes-release/release/stable.txt)/bin/linux/amd64/kubectl
$ chmod +x ./kubectl
$ sudo mv ./kubectl /usr/local/bin/kubectl
```

이 명령은 최신 kubectl 바이너리를 다운로드하고 실행 파일로 표시한 다음 bin 폴더로 이동한다. 이 작업이 완료되면 kubectl version --client를 실행하여 kubectl이 올바르게 설치되었는지 확인할 수 있다.

```
$ kubectl version --client
Client Version: version.Info{Major:"1",
Minor:"19", GitVersion:"v1.19.2",
GitCommit:"f5743093fd1c663cb0cbc89748f730662345d44d",
GitTreeState:"clean", BuildDate:"2020-09-16T13:41:02Z",
GoVersion:"go1.15", Compiler:"gc", Platform:"linux/amd64"}
```

여기서는 v1.19.2 버전을 설치했음을 보여주는 kubectl의 출력을 볼 수 있다.

kubectl 유틸리티에는 다양한 명령이 있으며 bash 자동 완성 기능을 사용하면 생산성을 높일 수 있다. 이렇게 하려면 다음 코드를 실행하자.

```
$ echo 'source <(kubectl completion bash)' >>~/.bashrc
```

그러면 .bashrc 파일에 명령이 추가되어 bash가 시작될 때 kubectl의 bash 자동 완성 기능을 자동으로 로드한다. 이것을 사용해 보려면 bash를 다시 시작하거나 source ~/.bashrc를 실행하자. kubectl ver<탭 키> --cli<탭 키> 형식으로 명령줄에서 입력하면 이전에 입력해 둔 kubectl version --client 명령을 간단히 불러올 수 있다.

> **요령** kubectl을 일일이 입력하기가 귀찮다면 다음과 같이 명령해 별칭을 만들어 두자.
>
> ```
> $ echo 'alias k=kubectl' >>~/.bashrc
> $ echo 'complete -F  start_kubectl k' >>~/.bashrc
> ```
>
> 이렇게 하면 각 명령들이 .bashrc에 추가되고, 따라서 kubectl의 별칭으로 k를 사용할 수 있게 구성되며, k로 시작되는 단어를 자동으로 완성해 주는 bash의 기능을 쓸 수 있다.
>
> 이를 통해 k version --client와 같이 명령할 수 있게 되며, 그러면서도 여전히 bash 자동 완성 기능을 활용할 수 있다.

이제 kubectl을 설치하고 구성했으므로 함께 사용할 쿠버네티스 클러스터를 만들어 보자.

쿠버네티스 클러스터 만들기

다음은 애저 CLI(즉, az)와 **AKS**Azure Kubernetes Service(애저 쿠버네티스 서비스)를 사용해 쿠버네티스 클러스터를 만드는 과정을 안내한다. az를 설치하지 않은 경우에는 이번 장 앞부분의 **애저 CLI 설치 및 구성하기**를 참조하자.

첫 번째 단계는 클러스터를 포함할 리소스 그룹을 만드는 것이다.

```
$ az group create \
    --name wsltips-chapter-11-04 \
    --location westeurope
```

여기서는 westeurope(서유럽 지역)에 wsltips-chapter-11-04라는 리소스 그룹을 만든다.

다음 단계로는 AKS 클러스터를 만든다.

```
$ az aks create \
    --resource-group wsltips-chapter-11-04 \
    --name wsltips \
    --node-count 2 \
    --generate-ssh-keys
```

이 명령은 방금 만든 리소스 그룹에 wsltips라는 클러스터를 만든다. 이 명령을 실행하는 데 몇 분이 걸리며, 실행이 완료되면 컨테이너 워크로드를 실행할 수 있는 두 개의 워커 노드로 쿠버네티스 클러스터가 실행된다.

마지막 단계는 클러스터에 연결할 수 있도록 kubectl을 설정하는 것이다.

```
$ az aks get-credentials \
    --resource-group wsltips-chapter-11-04 \
    --name wsltips
```

여기에서는 az aks get-credentials를 사용해 만든 클러스터의 자격 증명을 가져와 kubectl의 구성 파일에 저장하고 있다.

이제 kubectl get services와 같은 명령을 실행하여 정의된 서비스를 나열할 수 있다.

```
$ kubectl get services
NAME         TYPE        CLUSTER-IP   EXTERNAL-IP   PORT(S)   AGE
kubernetes   ClusterIP   10.0.0.1     <none>        443/TCP   7m
```

이 출력 내용을 통해 우리가 생성한 클러스터의 쿠버네티스 서비스 목록을 볼 수 있으며, 클러스터에 성공적으로 연결되었다는 점을 알 수 있다.

이제 쿠버네티스 클러스터가 있고 kubectl이 해당 클러스터에 연결되도록 구성하였으므로 이 클러스터에 시험용 웹 사이트를 배포해 보자.

기본 웹 사이트 배포

kubectl 탐색을 돕기 위해 기본 웹 사이트를 배포한다. 그런 후에 이를 사용해 kubectl로 정보를 쿼리하는 다양한 방법을 살펴볼 수 있다.

책과 함께 제공되는 코드 패키지에는 쿠버네티스 YAML 파일이 들어 있는 폴더가 이번 절에 해당하는 이름으로 되어 있다. 이 코드는 *https://github.com/PacktPublishing/Windows-Subsystem-for-Linux-2-WSL-2-Tips-Tricks-and-Techniques*에서 받을수 있다. 이번 절의 내용은 chapter-11/04-working-with-kubectl 폴더에 있다. 매니페스트 폴더에는 배포할 쿠버네티스 리소스를 정의하는 여러 YAML 파일이 포함되어 있다.

- 간단한 HTML 페이지를 포함하는 **ConfigMap**
- nginx 이미지를 배포하고 ConfigMap에서 HTML 페이지를 로드하도록 구성하는 **배포판**
- nginx 배포판 앞에 있는 **서비스**

웹 사이트를 배포하려면 WSL 배포판을 시작하고 chapter-11/04-working-with-kubectl 폴더로 이동한다. 그런 후에 다음 명령을 실행하자.

```
$ kubectl apply -f manifests
configmap/nginx-html created
deployment.apps/chapter-11-04 created
service/chapter-11-04 created
```

kubectl apply -f manifest를 사용해 manifests 폴더의 YAML 파일에서 설명하는 리소스를 생성했다. 명령의 출력은 생성된 세 개의 리소스를 보여준다.

이제 kubectl get services chapter-11-04를 실행하여 생성된 서비스의 상태를 확인할 수 있다.

```
$ kubectl get services chapter-11-04
NAME            TYPE          CLUSTER-IP     EXTERNAL-IP   PORT(S)       AGE
chapter-11-04   LoadBalancer  10.0.21.171    <pending>     80:32181/TCP  3s
```

여기에서는 chapter-11-04 서비스가 LoadBalancer 유형임을 알 수 있다. AKS를 사용하면 LoadBalancer 서비스가 애저 로드 밸런서를 사용해 자동으로 노출되며, 프로비저닝provisioning(준비)하는 데 몇 분 정도 걸릴 수 있다. 출력 내용 중에서 EXTERNAL_IP의 <pending> 값이 로드 밸런서가 준비되는 중임을 표시한다는 점에 주목하자. 다음 절에서는 이 IP 주소를 쿼리하는 방법을 살펴보자.

JSONPath를 사용해 쿼리하기

방금 살펴본 것처럼 애저 부하 분산 장치를 준비하고 구성해야 하므로 서비스를 만든 직후 서비스의 외부 IP 주소를 사용할 수 없다. 서비스 출력을 JSON 형식으로 가져와 기본 데이터 구조에서 이것이 어떻게 보이는지 확인할 수 있다.

```
$ kubectl get services chapter-11-04 -o json
{
    "apiVersion": "v1",
    "kind": "Service",
    "metadata": {
        "name": "chapter-11-04",
        "namespace": "default",
        ...
    },
    "spec": {
        ...
        "type": "LoadBalancer"
    },
    "status": {
        "loadBalancer": {}
    }
}
```

여기에서는 -o json 옵션을 적용하여 잘린 JSON 출력을 볼 수 있다. status에서 loadBalancer 속성의 빈 값을 확인한다. 잠시 기다렸다가 명령을 다시 실행하면 다음 출력이 표시된다.

```
    "status": {
        "loadBalancer": {
            "ingress": [
                {
                    "ip": "20.50.162.63"
```

```
            }
        ]
    }
}
```

이제 loadBalancer 속성에 IP 주소 배열이 있는 ingress 속성이 포함되어 있음을 알 수 있다.

kubectl에서 기본적으로 제공하는 jsonpath 기능을 사용해 IP 주소를 직접 쿼리할 수 있다.

```
$ kubectl get service chapter-11-04 \
    -o jsonpath="{.status.loadBalancer.ingress[0].ip}"
20.50.162.63
```

여기서 우리는 -o jsonpath를 사용해 JSONPath 쿼리인 {.status. loadBalancer.ingress[0]. ip}를 제공했다. 이 쿼리는 우리가 쿼리하고 싶어 하는 JSON 결과들의 경로에 직접 매핑된다. JSONPath(온라인 대화형 평가자 포함)에 대해 자세히 알고 싶다면 *https://jsonpath.com/*을 참조하자. 이 기술은 스크립트에서 사용하기 편리하며, 이 책에서 제공하는 코드 중에는, 로드 밸런서가 준비될 때까지 기다린 다음 IP 주소를 출력하는 scripts/wait-for-load-balancer.sh 스크립트가 있다.

kubectl에서 JSONPath를 직접 사용하면 편리하지만, JSONPath는 jq에 비해 다소 제한적일 수 있어서 그와 같은 스위치를 만들어야 할 때가 있다. 다음에 이러한 시나리오 중 하나를 살펴보자.

웹 사이트 확장

방금 생성한 배포판은 nginx 파드의 단일 인스턴스만 실행한다. 다음 명령을 실행하여 이를 확인할 수 있다.

```
$ kubectl get pods -l app=chapter-11-04
NAME                              READY    STATUS     RESTARTS    AGE
chapter-11-04-f4965d6c4-z425l     1/1      Running    0           10m
```

여기에서는 app=chapter-11-04이라는 레이블 선택기와 일치하는 파드들을 나열하고 있는데, 이는 우리가 적용한 deployment.yaml이라는 정의 파일에 지정되어 있다.

쿠버네티스 배포 리소스가 제공하는 기능 중 하나는 배포판을 위한 파드 개수를 쉽게 확장할 수 있는 기능이다.

```
$ kubectl scale deployment chapter-11-04 --replicas=3
deployment.apps/chapter-11-04 scaled
```

여기에서 확장할 배포(즉, 배포체)와 확장할 인스턴스(복제본) 수를 지정한다. 파드를 다시 쿼리하면 이제 세 개의 인스턴스가 표시된다.

```
$ kubectl get pods -l app=chapter-11-04
NAME                               READY   STATUS    RESTARTS   AGE
chapter-11-04-f4965d6c4-dptkt      0/1     Pending   0          12s
chapter-11-04-f4965d6c4-vxmks      1/1     Running   0          12s
chapter-11-04-f4965d6c4-z425l      1/1     Running   0          11
```

이 출력 내용을 보면 배포용 파드가 세 개 나열되지만 그중 하나는 Pending 상태에 있다. 그 이유는 Deployment에서 정의한 내용에 따라 각 파드에 대해 전체 CPU를 요청했지만 클러스터에는 작업자 노드가 두 개뿐이기 때문이다. 각 노드를 실행하는 컴퓨터에는 두 개의 CPU가 있지만 그중 일부는 작업자 노드 프로세스 자체용으로 예약되어 있다. kubectl을 사용한 쿼리를 설명하기 위해 이런 상황을 의도적으로 구성했지만 이와 비슷한 문제가 흔하게 생긴다.

일단 실행되지 않고 있는 파드를 찾았다면 이것을 더 깊이 살펴볼 수 있다.

```
$ kubectl get pod chapter-11-04-f4965d6c4-dptkt -o json
{
    "metadata": {
        ...
        "name": "chapter-11-04-f4965d6c4-dptkt",
        "namespace": "default",
    },
    ...
    "status": {
        "conditions": [
            {
                "lastTransitionTime": "2020-09-27T19:01:07Z",
                "message": "0/2 nodes are available: 2 Insufficient cpu.",
                "reason": "Unschedulable",
                "status": "False",
                "type": "PodScheduled"
            }
        ],
    }
}
```

여기에서는 실행되지 않는 파드에 대한 JSON을 요청했으며, 일부분을 생략한 출력 내용을 보면 conditions 속성이 표시되어 있음을 알 수 있다. 여기에는 파드를 스케줄링scheduling(사용 예약)할 수 없음을 나타내는 항목이 있다(즉, 쿠버네티스가 클러스터를 실행할 클러스터를 찾을 수 없음). 다음 절에서는 파드 목록에서 스케줄링할 수 없는 파드를 찾는 쿼리를 작성한다.

jq로 쿼리하기

쿼리를 작성하여 status 집합이 False로 설정된 PodScheduled 유형이 있는 상태를 가진 파드들을 찾는 방법을 살펴보자. 먼저 다음 명령을 사용해 파드들의 이름을 가져올 수 있다.

```
$ kubectl get pods -o json | \
    jq '.items[] | {name: .metadata.name}'
{
    "name": "chapter-11-04-f4965d6c4-dptkt"
}
{
    "name": "chapter-11-04-f4965d6c4-vxmks"
}
...
```

여기에서는 kubectl의 JSON 출력을 jq로 파이핑하고 선택기를 사용해 입력 항목 배열(즉, items[])의 각 항목에 대한 metadata.name을 출력의 name 속성으로 추출했다. 이것은 장 앞부분에서 보았던 것과 동일한 기술을 사용한다. 자세한 내용을 알고 싶다면 **jq 사용하기**를 참조하자.

다음으로, status 속성의 조건을 포함하자.

```
$ kubectl get pods -o json | \
    jq '.items[] | {name: .metadata.name, conditions: .status.conditions} '
{
    "name": "chapter-11-04-f4965d6c4-dptkt",
    "conditions": [
        {
            "lastProbeTime": null,
            "lastTransitionTime": "2020-09-27T19:01:07Z",
            "message": "0/2 nodes are available: 2 Insufficient cpu.",
            "reason": "Unschedulable",
            "status": "False",
            "type": "PodScheduled"
        }
    ]
}
{
    ...
}
```

여기에서는 모든 조건을 포함했지만 스케줄링되지 않은 조건들만 찾아왔으므로, 특정 조건들만 포함하려고 한다. 이를 위해 값 배열을 처리하고 지정된 조건과 일치하는 항목을 전달하는 jq select 필터를 사용할 수 있다. 여기서는 이를 사용해 type이 PodScheduled로 설정되고, status가 False로 설정된 조건들만 포함하도록 상태 조건들을 필터링한다.

```
$ kubectl get pods -o json | \
    jq '.items[] | {name: .metadata.name, conditions: .status.conditions[] | select(.type
== "PodScheduled" and .status == "False")}'
{
    "name": "chapter-11-04-f4965d6c4-dptkt",
    "conditions": {
        "lastProbeTime": null,
        "lastTransitionTime": "2020-09-27T19:01:07Z",
        "message": "0/2 nodes are available: 2 Insufficient cpu.",
        "reason": "Unschedulable",
        "status": "False",
        "type": "PodScheduled"
    }
}
```

여기에서는 conditions 속성에 할당되는 조건 집합에 select(.type == "PodScheduled" and .status == "False")를 적용했다. 쿼리 결과는 실패 상태 조건이 있는 단일 항목이다.

쿼리에 대한 몇 가지 최종 조정할 수 있다.

```
$ kubectl get pods -o json | \
jq '[.items[] | {name: .metadata.name, conditions: .status.conditions[] | select(.type
== "PodScheduled" and .status == "False")} | {name, reason: .conditions.reason, message:
.conditions.message}]'
[
    {
        "name": "chapter-11-04-f4965d6c4-dptkt",
        "reason": "Unschedulable",
        "message": "0/2 nodes are available: 2 Insufficient cpu."
    }
]
```

여기에서는 선택기에 대한 몇 가지 마지막 업데이트를 수행했다. 첫 번째는 이전 선택기의 결과를 {name, reason: .conditions.reason, message: onditions.message}로 연결하여, 출력 내용에서 관심 있게 보려는 필드만 꺼내어 출력 내용을 쉽게 읽는 것이다. 두 번째는 출력이 JSON 배열이 되도록 전체 선택기를 대괄호로 묶는 것이다. 이렇게 해서 스케줄링되지 않은 파드가 여러 개 있게 될 때, 우리가 원한다면 더 처리해 볼 수 있는 유효한 출력을 얻을 수 있다.

이 명령을 정기적으로 사용하는 경우라면 이를 bash 스크립트로 저장하거나 .bashrc 파일에 별칭으로 추가할 수도 있다.

```
alias k-unschedulable="kubectl get pods - json | jq '[.items[] | {name: .metadata.
name, conditions: .status.conditions[] | select(.type == \"PodScheduled\" and .status ==
\"False\")} | {name, reason: .conditions.reason, message: .conditions. message}]'"
```

여기에서는 스케줄링할 수 없는 파드를 나열하기 위해 명령에 대한 별칭으로 k-unschedulable이라는 것을 만들었다. 따옴표(")는 역슬래시(\")로 이스케이프되었다.

이 기술을 쿠버네티스의 다양한 리소스에 적용할 수 있다. 예를 들어, 쿠버네티스의 노드에는 노드에 메모리 공간이 부족하거나 디스크 공간이 부족한지 여부를 나타내는 상태 조건들이 있으며 이 쿼리를 수정하여 이러한 노드를 쉽게 식별할 수 있다.

하지만 전반적으로, 우리가 따라온 일반적인 패턴이 있는데, 이것은 여러분이 관심 있어 하는 리소스에 대한 JSON 출력을 얻는 것으로 시작한다. 여기서 여러분이 검색하고자 하는 값이 단순한 값이라면 JSONPath 접근법은 고려하기 좋은 방법이다. 더 복잡한 필터링이나 출력 형식화의 경우라면 jq는 여러분이 지닌 툴킷 중에서도 편리한 도구에 해당한다. 쿠버네티스는 리소스에 대한 풍부한 정보를 제공하며, kubectl과 이것의 JSON 출력 내용을 활용하면 편리하게 작업할 수 있으므로 강력한 쿼리 능력을 지니게 된다.

이제 클러스터 작업이 완료되었으므로 내용들을 담고 있는 리소스 그룹을 삭제할 수 있다.

```
$ az group delete --name wsltips-chapter-11-04
```

이 명령은 앞서 사용한 wsltips-chapter-11-04 리소스 그룹과 그 안에 생성한 모든 리소스를 삭제한다.

이번 절에서는 kubectl에 대한 bash 자동 완성 기능을 설정함으로써 kubectl 명령을 입력할 때의 생산성을 높이는 일부터 시작해, kubectl을 사용해 쿠버네티스 클러스터의 리소스에 대한 정보를 쿼리하는 방법에 이르기까지 다양한 주제를 다뤘다. 특정 리소스에 대한 단일 값을 쿼리하든 리소스 집합에 대한 데이터를 필터링하든 상관 없이 여기에 나오는 기술을 사용하면 작업 흐름 중 한 부분을 차지하는 스크립팅 단계에서 큰 기회를 얻을 수 있다.

요약

이번 장에서는 WSL에서 깃을 사용해 일하는 방식을 개선하기 위한 방법을 살펴보았다. WSL에서 윈도우에 저장된 깃 자격 증명을 재사용하고, 새 깃 자격 증명이 필요할 때 윈도우에서 메시지를 표시하도록 윈도우용 깃 자격 증명 관리자를 구성하는 방법을 확인했다. 그렇게 한 후에 깃 히스토리를 볼 수 있는 다양한 선택지와 장단점을 논의함으로써 올바른 접근 방식을 선택할 수 있다.

이번 장의 나머지 부분에서는 먼저 파워셸의 jq와 JSON 기능을 살펴보고 이를 바탕으로 삼아 WSL에서 JSON 데이터를 다루는 방법을 살펴보았다. 이런 지식을 배경으로 az와 kubectl을 사용한 배포판을 통해 JSON으로 작업하는 몇 가지 예를 살펴보았다. 이러한 각 CLI에서 직면할 수 있는 시나리오를 다룰 때도 예제를 사용했지만, JSON 데이터를 제공하는 다른 CLI(또는 API)에 적용할 수 있는 기술도 예제를 통해서 살펴보았다. JSON 형식으로 된 데이터를 사용해 작업을 효과적으로 할 수 있게 되면서 스크립트에서 사용할 수 있는 강력한 기능을 갖추게 된 셈인데, 이것으로 여러분은 시간을 절약할 수 있다.

이번 장으로 이 책을 마무리할 텐데, WSL2 그 자체와 WSL2로 인해 펼쳐질 여러 가능성에 열광했던 내 마음이 여러분에게도 전달되었기를 바란다. 윈도우에서 리눅스를 즐겨보자!

기호

$input	71
.azure	203
.bash-git-prompt	216
.bash_history	202
.bash_rc	206
.bashrc	126, 202, 216, 243
-CaseSensitive	57
.devcontainer	183
.devcontainer/Dockerfile	189, 195
/etc/wsl.conf	140, 145
-ExecutionPolicy Unrestricted	70
.gitconfig	206
.kube	195
/mnt	64
/mnt/c	5
.NET	138
.NET 5.0	138
.NET Core	137
--network	193
; new-tab	95
%OneDrive%	38
/root/.kube	195
/var/run/docker.sock	190
.vscode/extensions.json	160
.vscode/launch.json	187
--wait	174
\\wsl$	50, 154
\\wsl$\	5, 52
.wslconfig	22, 132

A

ADD	116
AKS	244
alias	72
Always Installed Extensions	204, 207

ANSI/VT 제어 시퀀스

ANSI/VT 제어 시퀀스	28
Apache Mesos	122
app.py	163
apt 리포지터리	189
apt-get	146
apt-get install	189
ARG	145
ARM64 시스템	12
az	232
az login	233
az webapp show	236

B

background	42, 104
bash	57, 64, 71, 79
bash 자동 완성 기능	126, 210
bash 프롬프트	215
bash 히스토리	202
bash-git-prompt	215, 216
bridging	84
build context	117

C

C: 드라이브	5, 64
cat /etc/wsl.conf	132
clip.exe	73
CMD	117
cmd.exe	28
cmdlet	51
code	171
colorScheme	103
commandline	103, 104
Command-Line Interface(CLI)	209
commit history	175
ConfigMap	245
Continuous Integration(CI)	194

ConvertFrom-Json	228
ConvertTo-Json	228
core.editor	174
curl	60, 241
cursorColor	42
Cygwin	4

D

Default Extensions	204
defaultHostName	236
default.json	32
defaultProfile	33
deployment	124
Deployment	248
deployment object	125
devcontainer.json	183, 190, 192, 194, 200
Devian Buster	116
direct mounting	182
distribution	18
distro	11, 18
docker build	117, 146
docker CLI	110, 124, 189
Docker Compose	183
docker export	141
Dockerfile	116, 181, 183, 189, 191
docker image ls	118
docker info	111
docker ps	112, 190
docker ps -a	141
docker rm	147
docker run	112, 118, 147, 192
Docker Swarm	122
dotfile	206

E

echo	145
echo $PATH	66
env	166
exit	141
EXPOSE	116
extensions	204

F

fatal: not a git repository (or any of the parent directories): .git	212
Flask	165
fontFace	41

fontSize	41
ForEach-Object	54, 229
foreground	42
Forward a Port	192
forwardPorts	193
FROM	116, 145
FTP	239

G

Get-Childitem	53
Get-Content	51, 92, 227
Get-ExecutionPolicy	70
Get-ItemProperty	68
git	173
git clone	216
git config	213
Git Graph	214
Git Graph: View Git Graph (git log)	215
git init	212
gitk	175
gitk.exe --all	213
git log	212
git logtree	213
git rebase	174
git-rebase-todo	174
GIT_SSH	81
global settings	33
Go	218
GPU	9
Group-Object	55, 57
Guest Integration Service	5
GUI 애플리케이션	27
Gunicorn HTTP 서버	115

H

hidden	39
HTTP 상태 코드	53
http://localhost	58
Hyper-V	4

I

index.html	60, 241
ini 파일	24
Invoke-RestMethod	231
Invoke-WebRequest	230
IP 주소	58
isolation	49

J

JMESPath   237
JMESPath 쿼리   239
jq   221, 232
jq 쿼리   240
jq 플레이그라운드   222
jq select   250
JSON   32, 165, 204, 209, 220
JSON 구성 파일   204
JSONPath   251

K

key bindings   33
kind   194, 196
Kind   122
kind 설치 설명서   195
kind load   197
kubectl   124, 194, 242
kubectl 바이너리   243
kubectl을 설치하는 방법   242
kubectl apply   198
kubectl cluster-info   124
kubectl expose   126
kubectl get pods   125
kubectl get services   127
kubectl port-forward   198
Kubernetes   122
Kubernetes cluster   194

L

launch.json   165, 187
layer caching   120
ligatures   41
lightweight utility virtual machine   8
Linux syscalls   6
Linux용 Windows 하위 시스템   14
Live Share   204
LoadBalancer   246
localhost   61

M

man   226
manifests   197, 245
Marathon   122
metadata.name   249
Microsoft Store   16, 30
mounts   190

MySQL   84

N

name   103
new-tab   101
nginx   111, 247
Node.js   7
No such file or directory   132
npiperelay   82

O

OpenSSH   80
OpenSSH 인증 에이전트   80
orchestrator   122
OS 빌드   12
overhead   7

P

passwd   140, 145
password   17
PASSWORD   145
PATH   66
Pending   248
per-profile settings   33
pip3 install -r requirements.txt   162
piping   5, 53
pip install   118
pod   124
PodScheduled   249
port forwarding   188
postCreateCommand   200
Powerline   216
powerline-go   218
PowerShell   29
powershell.exe   67
Preferences: Open User settings (JSON)   204
Preview   30
provisioning   246
python3   60
Python: Select Interpreter   186

R

Remote-Containers   180, 192, 194
Remote-Containers: Add Development Container Configuration Files   203
remote.containers.defaultExtensions   206
Remote-Containers: Reopen in Container   184

Remote Development   155

REMOTE EXPLORER   201

Remote-WSL   155, 164, 170, 214

Remote-WSL: New WSL Window   156, 214

Remote-WSL: New WSL Window using Distro   156

Reopen in Container   184

requirements.txt   120

RUN   116, 145, 147, 195, 199

run.sh   60

S

scheduling   249

schemes   33, 42

Select-Object   227, 228

service   126

set-prompt   93

settings.json   32, 103, 205

share   154

simple-python-app   124

socat   82

sort   55

split-pane   101

SSH 연결   211

SSH 키   80, 211

ssh-add   81

SSH_AUTH_SOCK   83

ssh-keygen   81

ssh -T git@github.com   81

Substring   55

sudo   21, 133, 146

symbolic link   73

symlink   73

system call   7

SystemRoot   54

T

TAR   135

tldr   226

tmux   97

ToUpper   55

translation layer   6

U

UNC 경로   51

uniq   55

URL   164

USB   9

useradd   140, 145

usermod   146

username   17

USERNAME   145

USERPROFILE   79

V

verbose   19

vi   174

View: Toggle Integrated Terminal   186

Virtual Machine Platform   13

VM(Virtual Machine)   3, 49, 108

VM 내부 프로세스와 외부 프로세스   5

VM에서 사용하는 메모리 용량을 제한   24

VM에서 사용할 프로세서 수를 제한   24

VM을 기동하는 데 걸리는 시간   5

VM 플랫폼   13

volume mounting   203

W

whoami   21, 133, 142

Windows 기능 켜기/끄기   13

Windows 업데이트   12

Windows Terminal   28

Windows Terminal Integration   172

winver   12

WORKDIR   116

WSL2   3

WSL 경량 VM   58

WSL 구성 및 제어하기   13

WSL 백엔드를 활성화   109

WSL 버전 2   3

WSL에 리눅스 배포판을 설치하기   13

WSL용 배포판의 파일 시스템   52

WSL을 사용해 리눅스 배포판을 호출   58

WSL을 중단   22

WSL의 차기 릴리스   27

WSL 트래픽   164

wsl cat /etc/issue   21

wsl.conf   22, 132, 133

wsl.conf에 대한 전체 설명서   23

wslconfig.exe   17

wsl --export   134

wsl --import   147

wsl --list   21

wsl --list --running   18

wslpath   77, 78

wsl --set-default-version	20
wsl --set-default-version 2	20
wsl --set-version	19
wsl --terminate	22
wsl --unregister	143
wsl_update_x64.msi	15
wslutilities	74
wslview	74, 237
wslvieww	79
WSL(Windows Subsystem for Linux)	3
wt.exe	93, 101

X

x64 머신용 최신 WSL2 Linux 커널 업데이트 패키지	15

Y

YAML	127, 207, 245

ㄱ

가상머신	108
개발용 컨테이너 정의	183
개발자용 스택	4
개별 프로필	43
게스트 통합 서비스	5
격리	49
경량 유틸리티 VM	8
공유	154
관리자 권한	13
구독 계정	233
구독 정보	233
구성표	33
권장 사항	160
글꼴 크기	40
기본 글꼴	41
기본 배포판	20
기본 배포판을 바꿀 때	20
기본 이미지	120
기본 프롬프트	215
깃	210
깃 그래프	175, 214
깃 리포지터리	214
깃 히스토리	174
깃 히스토리를 쿼리	176

ㄴ

네트워크 어댑터	9
노드	196

논리적 컨테이너	233

ㄷ

다이렉트 마운팅	182
다중 노드 클러스터	122, 197
다중 컨테이너	183
단일 노드로 된 쿠버네티스 클러스터를 생성	122
단일 노드 클러스터	197
단일 컨테이너	183
단축키	31, 33, 97
닷파일	206
대소문자를 구분	65
데몬	108
데비안 버스터	116
도커	188
도커 데몬	114, 190
도커 데스크톱	108
도커 데스크톱에 통합할 배포판들을 제어	110
도커 데스크톱 쿠버네티스 통합	124
도커 레지스트리	111
도커 서비스	108
도커 스웜	122
도커 허브	111, 118, 137
도커 CLI	110
디렉터리 이름	7
디버거	187
디버그 콘솔	167
디스크 공간	251
디스크 공간을 확보	114

ㄹ

레이어	120
레이어 캐싱	120
로딩 속도	214
루트	50, 76
리눅스 네임 스페이스	108
리눅스 바이너리	6
리눅스 배포판	15
리눅스 배포판들의 목록	18
리눅스 소켓	84
리눅스 시스템 호출	6
리눅스용 윈도우 하위 시스템	3
리눅스 유틸리티에서 출력하는 내용	56
리디렉트	64
리소스 그룹	234
리포지터리를 복제	216

ㅁ

마라톤	122
매핑	113
메모리 공간	251
메소스피어 DC/OS	122
명령줄 인터페이스	209
명령 프롬프트	13, 15

ㅂ

바인딩	195
배열 인덱스	224
배포판	11, 124, 245
배포판 객체	125
배포판을 설치하는 표준 방식	15
배포판의 전체 목록	18
백그라운드에서 실행	113
백분율 기호	38
백틱	101
변환 계층	6
별칭	63
별칭 부여 기능	72
병합 커밋	173
복사본	136
볼륨 마운팅	203
브리징	84
비주얼 스튜디오 코드	152
비주얼 스튜디오 코드 사용자 인터페이스	155
비주얼 스튜디오 코드 서버	155
빌드 콘텍스트	117

ㅅ

사용자 인터페이스	13
상대 경로	76
상호 운용	63
색 구성표	42, 103
서버 컴포넌트에서 확장 프로그램을 실행	176
서비스	126, 245
선언적 배포판	127
성능 오버헤드	214, 215
성능 오버헤드를 방지	176
소스 코드 관리 체계	210
소켓을 마운트	190
수신 대기	188
스왑 파일	133
스케줄링	249
스크립트가 실행될 수 있도록 허용	70
스크립팅 언어	226

ㅅ

시그윈	4
시스템 메모리	24
시스템 호출	7
시스템 호출 호환성	8
실행 및 디버그	165
심링크	73, 79
심볼릭 링크	73

ㅇ

아이콘	38
아파치 메소스	122
암호	82
애저 로드 밸런서	246
애저 웹 앱	235
애저 쿠버네티스 서비스	244
애저 CLI 인증	203
엔드포인트	115, 196
오버헤드	7
오케스트레이터	122
우분투	15
우분투 배포판을 버전 2로 변환	20
원격 탐색기	201
원드라이브	38
웹 서버	60
웹 서버가 실행 중인지 확인	60
웹 애플리케이션	58
웹 애플리케이션을 배포	128
웹 앱	188
윈도우 드라이브	64
윈도우 레지스트리	68
윈도우로 파이핑하는 방법	56
윈도우 스토어	137
윈도우에서 리눅스 프로세스를 호출	5
윈도우에서 파워셸을 실행	67
윈도우용 바이너리 파일	3
윈도우용 유틸리티	3
윈도우 컨테이너	107
윈도우 콘솔	28
윈도우 터미널	28
윈도우 터미널 명령	98
윈도우 GUI 애플리케이션	67
응답	61
의존 파일	114
이모지	37
이미지를 레지스트리로 밀어 넣는 방법	121
이미지를 실행	192
인덱싱	224

인스턴스 수를 늘리거나 줄임   121

ㅈ

작업 부하   24
전역 설정   33
제어 그룹   108
중단점   168, 187
지속적 통합   194

ㅋ

커널   108
커맨드릿   51
커밋   216
커밋 메시지   173
커밋 히스토리   175
컨테이너   107, 108
컨테이너를 삭제   114, 147
컨테이너를 형성   147
컨테이너 오케스트레이터   122
컨테이너의 실행   114
컨테이너의 이름   187
컨테이너 이미지로 패키징   128
컨테이너 이미지를 패키징하는 표준화된 방법   111
컨테이너화된 개발 환경   199
컨테이너 ID   112
컴포넌트 컨테이너   121
코드 서버   184
쿠버네티스   122, 188, 193, 242
쿠버네티스 서비스   242
쿠버네티스 클러스터   194, 242, 244
쿠버네티스 통합   193
쿠버네티스 통합체   194
쿠버네티스 API   194
클론   58

ㅌ

탐색기 뷰   185
탭   88
탭 이름 바꾸기   88
탭 제목   89
터미널 뷰   162, 185
터미널 환경   28
통합 터미널   172
통합 터미널 창   164
투명도   45

ㅍ

파드   124
파드의 인스턴스 수를 지정   124
파워셸   28, 29, 226, 232
파워셸 스크립트   67
파워셸 커맨드릿   67
파워셸 탭   171
파이썬   7
파이썬 3   60, 156, 184
파이썬 가상 환경   162
파이썬 버전 선택기   161
파이썬 확장 프로그램   162
파이핑   5, 53
파일 리포지터리   203
파일 탐색기   50, 217
패키지 캐시   203
패키징   107
편성자   122
포워딩   198
포워딩 포트 목록   201
포트를 전달   192
포트 번호   188
포트 포워딩   188, 201
프로비저닝   246
프로필   30, 97
프로필 목록   103
프로필별 설정   33
프로필을 윈도우 터미널이 자동으로 감지   39
프로필 이름   37
프롬프트   15, 90
프롬프트 구성 내용을 확인   92
프리뷰   30
플라스크   115, 163, 185
필터   224

ㅎ

합자   41
호스트   9
호스트 도커 소켓   201
호스트의 포트를 매핑   113
홈 디렉터리   20
확장 뷰   161, 182, 204
확장 프로그램의 ID   204
환경 변수   38